PORTFOLIO GANZTAGSSCHULE

Herausgegeben von

Henry Steinhäuser

Klaus Zierer

Arnulf Zöller

Schneider Verlag Hohengehren GmbH

Umschlag: Lena Kiefer
Layout: Edna Mareille Fröhlich
Lektorat: Katrin Weigert

Leider ist es uns nicht gelungen, die Rechteinhaber aller Texte und Abbildungen zu ermitteln bzw. mit ihnen in Kontakt zu kommen. Berechtigte Ansprüche werden selbstverständlich im Rahmen der üblichen Vereinbarungen abgegolten.

Gedruckt auf umweltfreundlichem Papier (chlor- und säurefrei hergestellt).

Bibliografische Information der Deutschen Nationalbibliothek
Die Deutsche Nationalbibliothek verzeichnet diese Publikation in der Deutschen Nationalbibliografie; detaillierte bibliografische Daten sind im Internet über ›http://dnb.dnb.de‹ abrufbar.

ISBN: 978-3-8340-1921-9

Schneider Verlag Hohengehren, 73666 Baltmannsweiler

Homepage: www.paedagogik.de

Alle Rechte, insbesondere das Recht der Vervielfältigung sowie der Übersetzung, vorbehalten. Kein Teil des Werkes darf in irgendeiner Form (durch Fotokopie, Mikrofilm oder ein anderes Verfahren) ohne schriftliche Genehmigung des Verlages reproduziert werden.

© Schneider Verlag Hohengehren, Baltmannsweiler 2019.
   Printed in Germany. Druck: WolfMediaPress, D-71404 Korb.

Inhaltsverzeichnis

Vorwort der Herausgeber   7

I Die Entwicklung der Ganztagsschule   11

Henry Steinhäuser
Ziele, Strategien und Herausforderungen des Ganztagsschulausbaus in Bayern   *13*

Franz-Michael Konrad
Den ganzen Tag Schule? Ein Blick in die Historie des Schulwesens   23

Marianne Schüpbach
Die Entwicklungen in Deutschland im internationalen Vergleich – Was können wir lernen?   30

Sibylle Rahm
Ganztagsbildung – Perspektiven eines gemeinschaftlichen Vorhabens   37

Christina Hansen
Changes – Chances – Challenges: Die veränderte Rolle der Lehrkraft in der Ganztagsschule   43

II Zeitorganisation und Lernkultur   59

Henry Steinhäuser
Rhythmisierung als zentrales Gestaltungselement des Ganztags   *61*

Meike Munser-Kiefer & Andreas Hartinger
Rhythmisierung als Grundlage gelungener ganztägiger Betreuung   71

Ludwig Haag
Hausaufgaben: ein Dauerthema – kein Ende in Sicht!   82

Theresa Vollmer
Vielfältig vernetzt – Möglichkeiten und Grenzen sozialen Lernens in der Ganztagsschule   89

Beatrix Vogt & Astrid Rank
Gemeinsam gesund durch den Tag – Verpflegung am Mittag   97

III Lern- und Lebensraum Ganztagsschule   109

Henry Steinhäuser
Vorbereitung auf Beruf, Studium und eine aktive Lebensgestaltung   *111*

Florian Hofmann & Michaela Gläser-Zikuda
Gestaltung, Begleitung und Beurteilung von individuellen Lernprozessen in der Ganztagsschule   122

Inhaltsverzeichnis

Ahmet Derecik
Bedarf an Schulfreiräumen im Kontext der Lebensraumgestaltung — 133

Andrea Richter
Lern- und Lebensraum Ganztagsschule: Faktor Architektur — 143

Klaudia Schultheis & Petra Hiebl
Achtsamkeitstraining in der Ganztagsschule — 154

IV Öffnung der Ganztagsschule — **167**

Henry Steinhäuser
Partnerschaftliche Gestaltung des Ganztags — **169**

Ewald Kiel, Marcus Syring, Jonas Scharfenberg & Alina Ivanova
Außerschulische Kooperation in der Ganztagsschule — 178

Andrea Hopf, Stephan Kielblock & Ludwig Stecher
Die veränderte Lehrerrolle in Ganztagsschulen — 191

Elke Inckemann
Ehrenamtliche Vorleser in der gebundenen Ganztagsgrundschule – Förderung von Sprache und Lesen — 197

Doris Streber
Training von Tutorinnen und Tutoren — 207

V Ganztagsschule als lernende Organisation — **219**

Henry Steinhäuser
Wie Qualitätsentwicklung gelingen kann — **221**

Christian Elting, Bärbel Kopp & Michael Haider
Wirkungen des Ganztags auf Leistungs- und Persönlichkeitsentwicklung der Schülerinnen und Schüler — 231

Benedikt Wisniewski & Klaus Zierer
Feedback im Ganztag – Warum Rückmeldungen ein Schlüssel zur guten Schule sind — 240

Arnulf Zöller
Gelebte Kultur statt geduldigen Papiers – Das Potenzial eines Schulentwicklungsprogramms für die Stärkung schulischer Entwicklungsarbeit — 246

Arnulf Zöller
LehrplanPLUS – ein Projekt hat Fahrt aufgenommen — 254

Wolfgang Schönig, Sandra Krump & Barbara Reif
Die Erzbischöfliche Pater-Rupert-Mayer-Volksschule Pullach auf dem Weg zum voll gebundenen rhythmisierten Ganztag: Christliches Profil und ganzheitliche Bildung — 265

Autorenspiegel — *279*

Vorwort der Herausgeber

Der vorliegende Band illustriert in herausragender Weise die Vielfalt der Möglichkeiten und Potenziale, aber auch der Fragen und Herausforderungen, die im Kontext der Hinwendung zu einer vermehrten ganztägigen Bildung und Betreuung an öffentlichen Schulen auftreten. Er steckt damit ein aktuelles und bedeutsames bildungspolitisches Themenfeld und ein in wesentlichen Aspekten erweitertes pädagogisches Aufgabengebiet von Lehrkräften ab. Zudem beschreibt er ein neues inhaltliches und organisatorisches Arbeitsfeld für schulische und außerschulische Akteure.

Einige der nachfolgenden Beiträge widmen sich aus unterschiedlichen Perspektiven der veränderten Rolle von Lehrkräften in Ganztagsschulen. Was läge also näher, als dieses komplexe und herausfordernde Thema von Beginn an in die Lehrerbildung zu integrieren. In Kooperation mit dem Lehrstuhl für Schulpädagogik der Universität Augsburg hat das Staatsinstitut für Schulqualität und Bildungsforschung München (ISB) deshalb die Idee zu diesem Studien- und Arbeitsbuch gern aufgegriffen, genauso wie das ISB aus dieser Zusammenarbeit heraus die interessante Aufgabe angenommen hat, seit dem Sommersemester 2017 im Rahmen eines Lehrauftrags das Thema „Ganztag" an der Universität Augsburg als Seminar anzubieten.

Die Zusammenarbeit des ISB mit Hochschulen hat eine lange Tradition und ist in der Gründungsverordnung verankert. Dort heißt es in § 2, das ISB macht „die Erkenntnisse der Forschung und die Erfahrungen der Praxis für die Schulen nutzbar." (KWMBl I Nr. 9/2005, S. 155). Dieser Auftrag setzt eine enge und kontinuierliche Kooperation mit beiden dort erwähnten Institutionengruppen voraus, der Welt der Hochschulen und der Welt der schulischen Praxis. Dem ISB kommt damit eine Mittlerrolle zwischen zwei durchaus unterschiedlichen „Welten" zu, eine Rolle, die aktuell rund um das Schlagwort „evidenzbasierte Praxisgestaltung" von verschiedenen Seiten engagiert und zum Teil auch kontrovers diskutiert wird (vgl. Sloane 2018). Für das ISB, wie auch für die Institute der anderen Bundesländer, ergibt sich daraus eine ebenso interessante wie herausfordernde Aufgabe, nämlich die Transformation konkreter pädagogischer Herausforderungen aus der schulischen Praxis in Forschungsfragen sowie die Aufbereitung und Bereitstellung von Forschungsergebnissen für die schulische und unterrichtliche Praxis. In einem Interview hat Clement diese „Welten-Spezifik" deutlich gemacht:

> „Sehr häufig werden von der Praxis Fragen sehr grundsätzlich und sehr normativ gestellt. Doch Fragen nach dem „Was sollen wir tun?", oder „Wie erreiche ich xy am besten?" lassen sich auf sozialwissenschaftlichem Wege meist nicht recht beantworten. Forschungsfragen sind in der Regel kleiner, konkreter und gegenwartsbezogener, haben aber den Vorteil, mit gesichertem Wissen Antworten bieten zu können. Hier gilt es, im wechselseitigen

Vorwort der Herausgeber

Verständnis für die Belange der anderen gemeinsam Fragen zu entwickeln, die einerseits Relevanz für die Praxis haben, andererseits aber auch den wissenschaftlichen Qualitätsansprüchen potenzieller Antworten gerecht werden."

(Clement 2018)

Gegenwärtig arbeiten das ISB und viele andere Landesinstitute an dieser Fragestellung. Sie entwickeln die dafür notwendige Infrastruktur und diskutieren die Frage, welche Konsequenzen das für die eigene Organisation und die erforderlichen Unterstützungsangebote haben werde. Die strukturellen Entwicklungen im Hinblick auf diese Herausforderung werden eine spannende Zukunftsaufgabe bleiben, die von allen Beteiligten mit dem Ziel verfolgt wird, die Arbeit an den Schulen zu unterstützen und zu einer Weiterentwicklung von Schule und Unterricht beizutragen.

Zurück zum Ganztag. Mehr oder weniger explizit verknüpfen nahezu alle Beiträge dieses Bandes die Konzeptionierung, Entwicklung und Gestaltung ganztägigen Unterrichts als eine umfassende Schulentwicklungsaufgabe. Dies ist richtig; was aber bedeutet das für die beteiligten Akteure, die Schulleitungen, die Kollegien, die außerschulischen Kooperationspartner, die Bildungsadministration, die Vertreter der Sachaufwandsträger, die Eltern und – nicht zu vergessen – die Schülerinnen und Schüler? Allein diese Aufzählung der Beteiligten lässt erahnen, dass konzeptionelle Klarheit, verbindliche Zielsetzung, regelmäßige interne Evaluation und transparente Kommunikation wesentliche Erfolgskriterien für die Arbeit in und mit Ganztagsschulen sein werden. Der Schritt hin zur Frage nach einem schulischen Qualitätsmanagement ist vor diesem Hintergrund naheliegend. Einzelne allgemeinbildende Schulen haben hier bereits Erfahrungen; berufliche Schulen arbeiten in Bayern seit Jahren flächendeckend im Rahmen des Projekts „Qualitätsmanagement an beruflichen Schulen (QmbS)" (www.qmbs-bayern.de) mit einem vom ISB bereitgestellten Qualitätsmanagementsystem. Hier sei ein Blick über die Grenzen der eigenen Schulart angeregt (vgl. Zöller & Frey 2017):

- Welche schulischen Qualitätsziele gilt es bei der Ganztagsarbeit zu bearbeiten?
- Mit welchen Maßnahmen sollen diese Ziele angegangen werden?
- Welches sind die Indikatoren, an denen die Zielerreichung überprüft werden kann?
- Wie kann die jeweilige Entwicklungsarbeit evaluiert werden?
- Kann ich durch Individualfeedback auch die Einschätzung der Betroffenen (Schüler, Eltern, Partner) bezüglich meiner Arbeit einholen?
- Wer ist für die Prozessgestaltung verantwortlich?

Diese Fragen sind es, die man angesichts der vielfältigen Handlungsfelder in den hier abgedruckten Beiträgen immer wieder stellen muss. Gerade die

Vorwort der Herausgeber

Frage nach den Zielen erscheint aufgrund der hohen Komplexität der schulischen Herausforderungen im Ganztag zentral: Welche personellen und materiellen Ressourcen stehen zur Verfügung? Welche Ziele haben Priorität, welche können zurückgestellt werden? Wie lassen sich verschiedene Zielvorgaben miteinander verknüpfen, z. B. aus der externen Evaluation oder aus der Bildungspolitik? Werden die fixierten Ziele von den betroffenen Partnern mitgetragen?

Dabei ist es wichtig, darauf hinzuweisen, dass ein derartiges systematisches und zielgerichtetes Arbeiten mit einem Qualitätsmanagementsystem kein weiteres, zusätzliches Projekt ist, sondern dass das entsprechende Instrumentarium unterstützend eingesetzt werden kann und damit eine Erleichterung zum Ziel hat. In Bayern fordert das verpflichtende Schulentwicklungsprogramm (vgl. StMBW 2014) genau die hier skizzierte Vorgehensweise.

Mit der inhaltlichen Auswahl und Zusammenstellung der Beiträge wollen wir den Leserinnen und Lesern die Vielseitigkeit ganztagsschulrelevanter Themen nahebringen: Rhythmisierungsaspekte, Raumkonzepte, Beteiligungsstrukturen, Kommunikationsherausforderungen, motivationale Fragestellungen, Ernährungsfragen u. v. a. m. Viele dieser Thematiken laufen letztendlich bei der einzelnen Lehrkraft zusammen und begründen die Besonderheit, als Lehrerin oder Lehrer im Ganztag zu unterrichten: In besonderer Weise sind Lehrkräfte im Ganztag gefordert, Eigenverantwortung und Teamorientierung zusammenzubringen, andere Professionen zu akzeptieren und zu respektieren, die Schule im umfassenden Sinn als Lern- und Lebensraum zu sehen und zu gestalten und schließlich das Lernen mit Kindern und Jugendlichen im Hinblick auf den Bildungs- und Erziehungsauftrag umfassend auszurichten und umzusetzen.

Der Band richtet sich an Studierende aller Lehrämter, an zukünftige Lehrkräfte an Grund-, Mittel- und Förderschulen genauso wie an künftige Realschul- und Gymnasiallehrer. Jedes der fünf Kapitel umfasst einen einleitenden überblicksartigen Aufsatz und vier weitere vertiefende Artikel. Diese Beiträge umspannen sowohl methodisch als auch inhaltlich ein breites Spektrum. Die damit verbundenen Spannungsverhältnisse sind uns bewusst, aber auch gewollt. Denn die Herausforderung von Ganztagsschulen ist sicherlich nicht mit einfachen Antworten zu meistern, sondern erfordert ein stetes Hinterfragen verschiedener Ansichten. Ohne folglich allen vorgebrachten Thesen bis ins Letzte zustimmen zu müssen, ist es vielmehr wichtig, diese als Anstoß für die eigene Position zu nutzen.

Damit bietet der vorliegende Band nicht nur grundsätzliche Orientierung, sondern lädt gleichzeitig dazu ein, sich intensiv und kritisch mit einzelnen Aspekten zu beschäftigen. Jeder einleitende Aufsatz enthält außerdem einen Fragen- und Reflexionsteil. Damit sind die Leserinnen und Leser aufgefordert, sich aktiv mit der Lektüre auseinanderzusetzen und diese vor dem Hintergrund erster eigener Erfahrungen bzw. persönlicher Vorstellungen und

Vorwort der Herausgeber

Zielsetzungen zu reflektieren. Der Fragen- und Reflexionsteil kann als Strukturierungshilfe für das Selbststudium dienen und zugleich Grundlage für die gemeinsame Arbeit im Seminar sein.

Den Leserinnen und Lesern der Beiträge wünschen wir Erkenntnisgewinn und Freude bei der Arbeit mit diesem Studien- und Arbeitsbuch. Den Autorinnen und Autoren danken wir für ihre spontane Bereitschaft, einen Beitrag zu diesem Gemeinschaftsprojekt zu leisten und es damit ermöglicht zu haben, dieses Thema erstmals so umfassend für Studierende aufzubereiten.

Henry Steinhäuser, Klaus Zierer & Arnulf Zöller

Literatur

Bayerisches Staatsministerium für Bildung und Kultus, Wissenschaft und Kunst (2014): Schulentwicklungsprogramm. München.

Clement, U. (2018): Interview mit Expertinnen und Experten der deutschen Berufsbildung. In: Berufsbildung, Heft 170, S. 24-27.

Bayerisches Staatsministerium für Unterricht und Kultus (2005): Verordnung über die Errichtung des Staatsinstituts für Schulqualität und Bildungsforschung, S. 155.

Sloane, P. (2018): Kann Evidenzbasierung Grundlage einer qualitativ hochwertigen schulischen und betrieblichen Ausbildung sein? Chancen und Grenzen dieses Anliegens. In: Berufsbildung, Heft 170, S. 2-5.

Zöller, A. & Frey, A. (2017): Mit Qualitätsmanagement zur Qualitätskultur. Eusl-Verlagsgesellschaft, Detmold.

I

DIE ENTWICKLUNG DER GANZTAGSSCHULE

Henry Steinhäuser
Ziele, Strategien und Herausforderungen des Ganztagsschulausbaus in Bayern

Vereinbarkeit von Beruf und Familie
Der flächendeckende und bedarfsgerechte Ausbau von Ganztagsangeboten ist ein vorrangiges Ziel der Bayerischen Staatsregierung (2015, S. 2) und wird von Freistaat und Kommunen mit großem Engagement vorangetrieben.

Vor dem Hintergrund einer auch in Bayern weiter steigenden Erwerbstätigkeit von Frauen und Müttern hat der Ausbau schulischer Ganztagsangebote nicht nur eine bildungspolitische, sondern auch eine familienpolitische Bedeutung, denn damit unterstützt der Freistaat Familien und eine bessere Vereinbarkeit von Beruf und Familie[1]. Von der Ganztagsschule profitieren also nicht nur die Kinder und Jugendlichen, sondern auch ihre Eltern, somit die ganze Familie.

Chancen- und Teilhabegerechtigkeit
Darüber hinaus hat der Ausbau der Ganztagsschule eine noch weitreichendere sozialpolitische Dimension, denn die Ganztagsschule kann durch das Mehr an Zeit dazu beitragen, alle Kinder trotz unterschiedlicher Ausgangsbedingungen optimal zu fördern. Der Ausbau schulischer Ganztagsangebote zielt damit auch auf eine höhere Chancen- und Teilhabegerechtigkeit in Schule und Gesellschaft ab, denn die Ganztagsschule bietet mit zusätzlichen Förder- und Freizeitangeboten Schülerinnen und Schülern (SuS) vielfältige Lern- und Entwicklungsmöglichkeiten und kann so helfen, den Einfluss der sozialen Herkunft auf den Bildungserfolg zu verringern.

PISA und der Ausbau schulischer Ganztagsangebote
Im Kontext einer gesamtdeutschen Ganztagsschulentwicklung haben die Bundesländer trotz unterschiedlicher Akzentuierungen vergleichbare Motive und Ziele des Ausbaus von Ganztagsschulen. Bereits nach den ersten Ergebnissen von PISA hat die Kultusministerkonferenz (KMK) im Dezember 2001 gemeinsame Anstrengungen zur Qualitätsentwicklung im deutschen Bildungssystem beschlossen. Eines der zentralen Handlungsfelder war damals der Ausbau schulischer und außerschulischer Ganztagsangebote „mit dem Ziel erweiterter Bildungs- und Fördermöglichkeiten insbesondere für SuS mit Bildungsdefiziten und besonderen Begabungen" (Ständige Konferenz der Kultusminister der Länder in der Bundesrepublik Deutschland 2001). Damit

---
[1] Angesichts weiter steigender Erwerbstätigkeit von Müttern ist die Vereinbarkeit von Beruf und Familie in den meisten Familien ein wichtiges Thema: 2012 waren in Bayern bei 70 Prozent der Paare mit minderjährigen Kindern beide Elternteile erwerbstätig (Staatsinstitut für Schulqualität und Bildungsforschung 2015, S. 9).

reagierte die KMK u. a. auf die Erkenntnis, dass in Deutschland schulischer Erfolg stark von der sozialen Herkunft abhängt.

„Investitionsprogramm Zukunft Bildung und Betreuung" (IZBB)

PISA hat nicht nur die Bildungspolitik ins Zentrum des öffentlichen Interesses gerückt, sondern auch dazu geführt, dass die Politik zunehmend auf belastbare Daten der Bildungsforschung zurückgreift, die häufig als Grundlage für politische Entscheidungen dienen. Durch den Beschluss der KMK zum flächendeckenden Ausbau der Ganztagsschule in ganz Deutschland wurde schließlich eines der umfangreichsten Reformprojekte im Bildungswesen angestoßen, das von Bund und Ländern gemeinsam getragen wurde: Mit dem „Investitionsprogramm Zukunft Bildung und Betreuung" (IZBB) wurde der bundesweite Auf- und Ausbau der Ganztagsschule durch das Bundesministerium für Bildung und Forschung (BMBF) 2003 gefördert.

Länderübergreifende Programme: Ganztagsschulforschung und Unterstützung vor Ort

Parallel dazu förderte das BMBF mit der „Studie zur Entwicklung von Ganztagsschulen" (StEG) ein länderübergreifendes Forschungsprogramm sowie das Begleitprogramm „Ideen für Mehr! Ganztägig lernen", um mit den sog. Serviceagenturen, die sich in allen Bundesländern etablierten, Schulen auf ihrem Weg zur Ganztagsschule zu unterstützen und zu begleiten.

Die Entstehung von Ganztagsschulen hat vielerorts weitreichende Konsequenzen sowohl auf die Entwicklung der Lehr- und Lernkultur als auch auf das Engagement vieler Kollegien bei der Schulentwicklung. Lehrerinnen und Lehrer müssen im Ganztag nicht nur ihren Unterricht mit einer Vielzahl an differenzierenden Methoden sinnvoll gestalten und stärker auf die einzelne Schülerin bzw. den einzelnen Schüler zuschneiden, sie müssen sich auch mit anderen Lehrkräften und externen Partnern abstimmen, um die pädagogischen Spielräume zu nutzen, die ihnen der Ganztag aufgrund der zusätzlichen Zeit und der zusätzlichen personellen und räumlichen Ressourcen bietet. Sie sind selten Einzelkämpfer, sondern Teamplayer, und übernehmen meist auch Verantwortung für die Konzeption des Ganztags, seine Umsetzung und Weiterentwicklung.

Seit Anfang 2016 wird das bundesweite Begleit- und Unterstützungsprogramm mit veränderter Organisationsstruktur und einer Laufzeit von zunächst zwei Jahren unter der Hoheit der Länder und mit neuem Namen („Ganztägig bilden") fortgeführt. Kongresse und Fachtagungen für Lehrkräfte und weitere pädagogische Fachkräfte an Ganztagsschulen werden in Bayern seitdem unter der fachlichen und organisatorischen Leitung des Ganztagsschulreferats am Staatsinstitut für Schulqualität und Bildungsforschung (ISB) durchgeführt.

Ziele, Strategien und Herausforderungen des Ganztagsschulausbaus

Offene und gebundene Angebotsform

Um das Verständnis von Ganztagsschule im Bundesgebiet zu vereinheitlichen, hat die Kultusministerkonferenz den Begriff definiert und dabei so allgemein gefasst, dass dieser bei aller Unterschiedlichkeit in den Bundesländern generelle Gültigkeit besitzt. Bei ihrer Definition von Ganztagsschulen berücksichtigt die KMK dabei sowohl den Aspekt der Ganztägigkeit als auch den der Bildung und Betreuung. Ganztagsschulen sind demnach

„Schulen, bei denen im Primar- und Sekundarbereich I
- an mindestens drei Tagen in der Woche ein ganztägiges Angebot für die Schülerinnen und Schüler bereitgestellt wird, das täglich mindestens sieben Zeitstunden umfasst;
- den teilnehmenden Schülerinnen und Schülern an allen Tagen des Ganztagsschulbetriebs ein Mittagessen bereitgestellt wird;
- die Ganztagsangebote unter der Aufsicht und Verantwortung der Schulleitung organisiert und in enger Kooperation mit der Schulleitung durchgeführt werden sowie in einem konzeptionellen Zusammenhang mit dem Unterricht stehen" (KMK 2013, S. 4).

Diese Definition trifft auf die verschiedenen Formen von Ganztagsschulen in den einzelnen Bundesländern zu und schließt ganz unterschiedliche Angebote ein. Kennzeichnend für die gebundene Ganztagsschule[2] ist die rhythmisierte Tagesgestaltung im Klassenverband: An vier Tagen pro Woche wird in Bayern der Unterricht nicht – wie in der Halbtagsschule – am Vormittag gebündelt, sondern – unterbrochen von Freizeit- und Neigungsphasen – über den ganzen Tag bis grundsätzlich 16 Uhr verteilt. Gebundene Ganztagsangebote werden in erster Linie von Lehrkräften gestaltet. Die Schülerinnen und Schüler nehmen an vier Nachmittagen teil. Gebundene Ganztagsangebote sehen eine tägliche Mittagsverpflegung im Klassenverband vor; Hausaufgaben werden durch Intensivierungs-, Lern-, Übungs-, Differenzierungs- und Vertiefungseinheiten ersetzt.

Für Ganztagsangebote, die im Anschluss an den Vormittagsunterricht in klassen- und jahrgangsübergreifenden Gruppen durchgeführt werden und eher flexible Buchungszeiten aufweisen, hat sich in Deutschland die Bezeichnung offenes Ganztagsangebot bzw. offene Ganztagsschule durchgesetzt. In Bayern werden offene Ganztagsangebote in der Regel von einem Kooperationspartner gestaltet, z. B. einem freien Träger der Kinder- und Jugendhilfe, der Erzieher, Sozialpädagogen und weiteres pädagogisches Personal einsetzt.

---

[2] Spricht man von gebundener Ganztagsschule, so bezieht sich dies in der Regel in Bayern auf einen gebundenen Ganztagszug an einer Schule mit weiteren Halbtagszügen. Die Eltern können sich so im Sinne der Wahlfreiheit bei einem vorhandenen Ganztagsangebot immer auch für das Halbtagsangebot entscheiden.

Offene Ganztagsangebote können an zwei, drei oder vier Unterrichtstagen besucht werden. Sie sehen das Angebot einer täglichen Mittagsverpflegung, einer verlässlichen Hausaufgabenbetreuung sowie von Freizeit- bzw. Neigungsangeboten vor und werden an vier Unterrichtstagen grundsätzlich bis mindestens 15.30 Uhr durchgeführt. Häufig bestehen Betreuungsmöglichkeiten auch zu den Tagesrandzeiten und am fünften Wochentag.

Der Besuch der Ganztagsschule in Bayern – in gebundener wie offener Form – ist während der Kernzeit grundsätzlich kostenfrei und steht damit allen Kindern offen, auch solchen aus einkommensschwachen Familien. Die Eltern übernehmen lediglich die Kosten für das Mittagessen. Für Zusatzangebote außerhalb der Kernzeit (nach 16 Uhr bzw. an einem weiteren Wochentag) und für besondere Angebote während der Kernzeit können allerdings Elternbeiträge erhoben werden. Um besondere Förderangebote oder Projekte zu ermöglichen, können so – mit Zustimmung des Elternbeirats bzw. Schulforums – auch vor 16 Uhr Elternbeiträge festgelegt werden (Bayerisches Staatsministerium für Bildung und Kultus, Wissenschaft und Kunst 2018, S. 19).

Ausbaustrategie der bayerischen Staatsregierung

Der Ausbau schulischer Ganztagsangebote in Bayern folgt dem gesetzlich verankerten Grundsatz der Wahlfreiheit zwischen Halbtags- und Ganztagsschule: In Bayern legen die Eltern fest, ob für ihre Kinder der Besuch eines Ganztagsangebots in Betracht kommt. Ein verpflichtender Besuch von Ganztagsangeboten ist nicht vorgesehen, allerdings entscheiden sich immer mehr Eltern für diesen Weg. Die Bayrische Staatsregierung verfolgt das bildungspolitische Ziel, bis 2018 für jede Schülerin und jeden Schüler bis 14 Jahre in allen Schularten ein bedarfsgerechtes Ganztagsangebot zu schaffen.

Mit der sog. Ganztagsgarantie wies der damalige Ministerpräsident Horst Seehofer in seiner Regierungserklärung vom 12. November 2013 (Bayerische Staatskanzlei 2013, S. 5) den Weg für den weiteren Ausbau schulischer Ganztagsangebote.

Die Ganztagsgarantie[3] knüpft an den Beschluss zum flächendeckenden und bedarfsgerechten Ausbau schulischer Ganztagsangebote an, der im Jahr 2009 auf dem kommunalen Bildungsgipfel gefasst wurde. Seitdem ist die Zahl der Schülerinnen und Schüler, die ein offenes Ganztagsangebot wahrnehmen, um ein Viertel gestiegen. Im Bereich der gebundenen Ganztagsangebote ist die Zahl sogar um zwei Drittel gewachsen. So gab es in Bayern im

---

[3] Aus der Ganztagsgarantie leitet sich kein Rechtsanspruch einzelner Eltern auf einen Ganztagsplatz ab. Im Unterschied zum Rechtsanspruch z. B. auf einen Kita-Platz stellen in Bayern vielmehr die Kommunen zusammen mit den Schulen den örtlichen Bedarf zur Einrichtung von Ganztagsgruppen fest. Diese kommunale Bedarfsplanung und der entsprechende „bedarfsgerechte" Ausbau von Ganztagsangeboten sind damit nicht am individuellen Bedarf der Eltern ausgerichtet und verpflichten die Kommune nicht zur Bereitstellung eines Ganztagsplatzes für ein bestimmtes Kind.

Ziele, Strategien und Herausforderungen des Ganztagsschulausbaus

Schuljahr 2013/14 bereits 962 gebundene und 1.372 offene Ganztagsschulen, die von ungefähr 100.000 Ganztagsschülerinnen und -schülern besucht wurden (vgl. Abb.1). Der Bedarf steigt insbesondere an offenen Ganztagsangeboten seitdem weiter kontinuierlich. So ist die Zahl der Schulen mit offenen Ganztagsangeboten im Schuljahr 2016/17 bereits auf rund 1.850 angewachsen.[4]

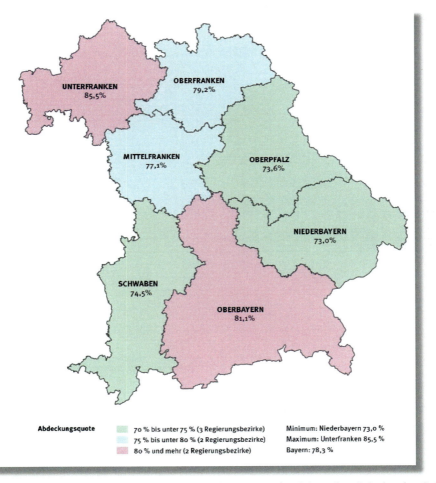

Abb. 1: Abdeckungsquote der Ganztagsangebote an weiterführenden Schulen im Schuljahr 2013/14 (Staatsinstitut für Schulqualität und Bildungsforschung 2015, S. 65).

---

[4] Dies entspricht einem Zuwachs von rund 500 Schulen im Vergleich mit den Zahlen, die dem Bildungsbericht 2015 entnommen sind. Im Schuljahr 2016/17 nahmen bereits nahezu 200.000 Schülerinnen und Schüler ein gebundenes bzw. offenes Ganztagsangebot in Anspruch.

Die Entwicklung der Ganztagsschule

Dies demonstriert die hohe Dynamik des Ausbaus schulischer Ganztagsangebote in Bayern, der sich im Sinne des Grundsatzes der Wahlfreiheit am Bedarf bzw. der Nachfrage der Eltern orientiert. Neben den außerschulischen Ganztagsangeboten der (verlängerten) Mittagsbetreuung und des Hortes, die im Schuljahr 2013/14 von ca. 95.800 bzw. 74.500 Grundschulkindern besucht wurden, spielen dabei die schulischen Ganztagsangebote in gebundener und offener Form eine zunehmend wichtige Rolle, die bis zum Schuljahr 2013/14 bereits an rund 80 Prozent aller weiterführenden Schulen in Bayern eingerichtet werden konnten (vgl. Abb.2). Somit ist der Ganztag inzwischen fester Bestandteil des bayerischen Schulwesens.

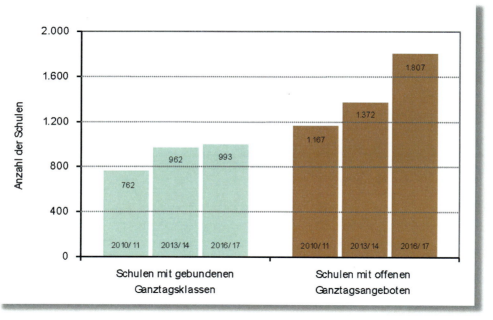

Abb. 2: Schulen mit Ganztagsangeboten in Bayern (Schulen aller Schularten und Träger zusammen) in den Schuljahren 2010/11, 2013/14 und 2016/17 (Bayerisches Staatsministerium für Unterricht und Kultus 2018).

Eine wichtige Funktion kommt den Kommunen zu. Zusammen mit den Schulen stellen sie die örtlichen Betreuungsbedarfe fest und prüfen, welche Angebote eingerichtet werden sollen. Denn im Rahmen des Ganztagsgipfels wurde festgelegt, dass auch alle bewährten Betreuungsangebote weiterhin gefördert werden sollen: Für Kinder in den Jahrgangsstufen 1-4 kommen somit auch Horte und Mittagsbetreuungen in Betracht. Welche Angebotsform eingerichtet wird, hängt dabei von verschiedenen Faktoren ab.

Ganztagsangebote in gebundener und offener Form bieten sich vor allem dort an, wo sich Betreuungsbedarfe an Unterrichtstagen bis ca. 16 Uhr abzeichnen. Wenn an Grundschulen ein hoher Betreuungsbedarf nach 16 Uhr und in den Ferien erkennbar ist, sind Horte häufig eine sinnvolle Lösung. Die Mittagsbetreuung bietet vor allem dann einen geeigneten Rahmen, wenn die Eltern das Bildungs- und Betreuungsangebot selbst gestalten und aktiv in der Kinderbetreuung mitarbeiten möchten.

Die breite Palette unterschiedlicher Angebotsformen ist eine Stärke des bayerischen Ganztags. Allerdings erfordert sie auch vorausschauende Planung und eine Abstimmung von Schule und Kinder- und Jugendhilfe.

Potenziale und Herausforderungen bei der pädagogischen Ausgestaltung des Ganztags

Beitrag zur Förderung von Familien

Gemessen an den angestrebten Zielen des Ausbaus von Ganztagsschulen in Bayern, Eltern zu unterstützen und Chancen gerechter zu verteilen, ist diese Schulform mit einer Abdeckungsquote von nahezu 80 Prozent an weiterführenden Schulen allein schon aufgrund ihrer Reichweite erfolgreich. Die Ganztagsschule gehört damit immer häufiger auch zum Alltag bayerischer Familien. Mit dem Ausbau von Ganztagsschulen trägt der Freistaat den Bedürfnissen berufstätiger Eltern Rechnung. Eltern wählen die Ganztagsschule meist, weil sie hier ihre Kinder gut betreut wissen. Doch viele Eltern schätzen die Ganztagsschule besonders dann, wenn sie Kindern und Jugendlichen nicht nur ein warmes Mittagessen und einen Ort zur Verfügung stellt, an dem sie ihre Hausaufgaben erledigen können, sondern wenn sie sie dabei auch sinnvoll unterstützt und sie darüber hinaus ihre sozialen Fähigkeiten entwickeln können.

Im Vergleich zu Halbtagsschulen beurteilen Eltern Ganztagsschulen insgesamt positiver, insbesondere hinsichtlich der Angebote zur individuellen Förderung (Bertelsmann Stiftung 2016, S. 8). Auch öffnet sich die Ganztagsschule stärker den Eltern mit deren Einstellungen und Erwartungen und handelt Erziehungs- und Bildungsprozesse zunehmend gemeinsam aus. Andererseits kann sie ihr Profil als komplementärer Erfahrungsraum zum familiären Alltag schärfen (Andresen & Richter 2014, S. 14), indem sie gezielt gemeinschaftliche Erlebnisse wie die praktische Arbeit im Schulgarten oder das gemeinsame Mittagessen ermöglicht und im schulischen Alltag fest etabliert.

Spezifische Förderwirkungen bei Schülerinnen und Schülern mit Migrationshintergrund

An Ganztagsschulen können vor allem auch Kinder und Jugendliche mit Migrationshintergrund in spezifischer Weise gefördert werden. Damit leistet die Ganztagsschule einen wichtigen Beitrag zur Integration dieser Schülerinnen und Schüler und kann Benachteiligungen ausgleichen. So scheinen beispielsweise Sportangebote im Ganztag für Mädchen mit Migrationshintergrund eine hohe Attraktivität zu haben, während diese Schülerinnen in

Sportvereinen kaum aktiv sind (Züchner & Arnoldt 2012, S. 11). Die Ganztagsschule entfaltet eine kompensatorische Wirkung auch in Bezug auf kulturelle Aktivitäten, die von Kindern aus bildungsfernen Familien im Ganztag wahrgenommen werden (Klieme 2012). Sie gewährt diesen Kindern damit Zugang zu kultureller Bildung und eröffnet ihnen die Chance zur Teilhabe am kulturellen Leben.

Positive Wirkungen bei allen Schülerinnen und Schülern bei hoher Qualität und regelmäßiger Teilnahme

Insgesamt hat die Ganztagsschule – bei hoher Qualität und regelmäßiger Teilnahme – nicht nur positive Auswirkungen auf die Motivation und das Sozialverhalten von Schülerinnen und Schülern, sondern verringert auch das Risiko für Klassenwiederholungen und verbessert damit Bildungsbiografien (Das Konsortium der Studie zur Entwicklung von Ganztagsschulen 2010, 2015). Bei kontinuierlicher Betreuung und gezielter individueller Förderung profitieren tatsächlich alle Kinder und Jugendlichen vom Besuch der Ganztagsschule.

Auf die fachlichen Leistungen hingegen scheint die Ganztagsschule keine direkten Effekte zu erzielen (Das Konsortium der Studie zur Entwicklung von Ganztagsschulen 2015). Offenbar entfalten einzelne fachbezogene Förderangebote noch keine nachhaltige Wirkung. Der pädagogische Gewinn der Ganztagsschule liegt somit mehr in der Stabilisierung von Noten und im Erreichen des Klassenziels bzw. eines Schulabschlusses als in der Verbesserung der fachlichen Leistungen.

Potenziale bei der inhaltlichen und organisatorischen Ausgestaltung

Nicht nur hinsichtlich der Vermittlung fachlicher Kompetenzen schöpft die Ganztagsschule ihre Potenziale nicht durchgängig aus und bleibt noch hinter ihren Möglichkeiten zurück. Sämtliche positiven Effekte haben Ganztagsschulen nicht automatisch, sondern nur dann, wenn die Qualität ihrer Angebote hoch eingeschätzt wird (Das Konsortium der Studie zur Entwicklung von Ganztagsschulen 2010, 2015). Die Zwischenbilanz Ganztagsgrundschulen des Aktionsrats Bildung (Vereinigung der Bayerischen Wirtschaft e. V. 2013) hat die Entwicklung von Ganztagsgrundschulen unter verschiedenen Gesichtspunkten (z. B. Veränderung der Schul- und Unterrichtskultur, Auswirkungen auf Vereinbarkeit von Familie und Beruf) analysiert und daraus entsprechende Handlungsempfehlungen abgeleitet.

Aus pädagogischer Perspektive müssen u. a. die Rhythmisierung des Schultages, die intensive Förderung und eine sinnvolle Verknüpfung des Unterrichts mit außerschulischen Angeboten Vorrang bei der weiteren Ausgestaltung ganztägiger Angebote haben. Dafür muss sich die Schule einerseits weiter öffnen und ihre Kooperationsaktivitäten intensivieren, andererseits aber auch die Lernkultur gezielt und systematisch weiterentwickeln.

Ziele, Strategien und Herausforderungen des Ganztagsschulausbaus

Lehrkräfte müssen dafür zunehmend auch die Chancen nutzen, die in der Zusammenarbeit im multiprofessionellen Team liegen.

Literatur

Andresen, S. & Richter, M. (2014): Ganztagsgrundschule und Familien – Herausforderungen für Bildung, Erziehung und Betreuung. Vechta.

Bayerische Staatskanzlei (Hrsg.) (2013): Bayern. Die Zukunft. Regierungserklärung des Bayerischen Ministerpräsidenten Horst Seehofer, MdL, am 12. November 2013 im Bayerischen Landtag. München.

Bayerisches Staatsministerium für Bildung und Kultus, Wissenschaft und Kunst (Hrsg.) (2018): Bekanntmachung des Bayerischen Staatsministeriums für Bildung und Kultus, Wissenschaft und Kunst vom 31.01.2018. München.

Bayerische Staatsregierung (Hrsg.) (2015): Ganztagsgipfel 2015. Gemeinsame Vereinbarung der Bayerischen Staatsregierung und der kommunalen Spitzenverbände. München.

Bertelsmann Stiftung (Hrsg.) (2016): Wie Eltern den Ganztag sehen: Erwartungen, Erfahrungen, Wünsche. Ergebnisse einer repräsentativen Elternumfrage. Gütersloh.

Das Konsortium der Studie zur Entwicklung von Ganztagsschulen (StEG) (Hrsg.) (2010): Ganztagsschule: Entwicklung und Wirkungen. Ergebnisse zur Entwicklung von Ganztagsschulen 2005-2010. Frankfurt am Main.

Das Konsortium der Studie zur Entwicklung von Ganztagsschulen (StEG) (Hrsg.) (2015): Ganztagsschule: Bildungsqualität und Wirkungen außerunterrichtlicher Angebote. Ergebnisse der Studie zur Entwicklung von Ganztagsschulen 2012-2015. Frankfurt am Main.

Klieme, E. (2012): Möglichkeiten individueller Förderung an der Ganztagsschule. Vortrag auf dem Fachkongress für neue Ganztagsschulen in Baden-Württemberg am 24. Oktober 2012 in Stuttgart.

Staatsinstitut für Schulqualität und Bildungsforschung (Hrsg.) (2015): Bildungsbericht Bayern 2015. München.

Ständige Konferenz der Kultusminister der Länder in der Bundesrepublik Deutschland (Hrsg.) (2001): 296. Plenarsitzung der Kultusministerkonferenz am 05./06.Dezember 2001 in Bonn.

Ständige Konferenz der Kultusminister der Länder in der Bundesrepublik Deutschland (Hrsg.) (2013): Allgemein bildende Schulen in Ganztagsform in den Ländern in der Bundesrepublik Deutschland. Statistik 2007 bis 2011.

Vereinigung der Bayerischen Wirtschaft e. V. (Hrsg.) (2013): Zwischenbilanz Ganztagsgrundschulen. Betreuung oder Rhythmisierung? Gutachten des Aktionsrats Bildung. Münster: Waxmann.

Züchner, I. & Arnoldt, B. (2012): Sport von Kindern und Jugendlichen in Ganztagsschule und Sportverein. Schulpädagogik heute, 6, 1-13. Online unter: *www.itps.uni-wuppertal.de/fileadmin/itps/Fahlenbock/Schulsport-Schulentwicklung/Sport_von_Kindern_und_Jugendlichen_in_Ganztagsschule_und_Sportverein.pdf* (Zugriff am: 17.09.2016)

Franz-Michael Konrad
Den ganzen Tag Schule? Ein Blick in die Historie des Schulwesens

Über Kindheit und Jugend des Reformators Martin Luther (1483-1546) wissen wir wenig, und das Wenige bleibt „unscharf", sagen seine Biographen (z. B. Schilling 2012, S. 56). Immerhin wissen wir, dass Luther als noch nicht Siebenjähriger die Trivialschule seines Heimatortes Mansfeld besuchte, ab 1496/97 dann die Lateinschule im rd. 70 Kilometer entfernten Magdeburg und bereits im folgenden Jahr die Lateinschule in Eisenach. In Magdeburg, er konnte ja nicht mehr zu Hause bei den Eltern leben, hat Luther in einem klosterartigen Schülerwohnheim Unterkunft gefunden. Wenn der Unterricht an der Lateinschule zu Ende war, dann setzte sich das Diskutieren über das Gelernte, das Beten und gemeinsame Singen – ganz wie in der Schule – am anderen Ort, eben im besagten Schülerwohnheim, nahtlos fort. Alles drehte sich um die Schule, und wenn nicht gelernt oder der Gottesdienst besucht wurde, dann mussten die jungen Leute „ums Brot singen", bei Leichenbegängnissen, im Gottesdienst, auf der Straße. Das Leben bestand aus Lernen und derartigen Diensten. Schule und schulnahe Betätigungen füllten den Tageslauf.

Mit Luther zu beginnen, macht Sinn, denn auch aus bildungsgeschichtlicher Sicht markiert Luther eine Zeitenwende. Die Verhältnisse waren bei seiner Geburt, am Ende des Mittelalters, nicht mehr so zementiert wie ehedem. Soziale Mobilität, wenn auch in höchst bescheidenem Ausmaß, begann Realität zu werden. So wollte auch Luthers Vater, ein kleiner Bergbauunternehmer, den gesellschaftlichen Aufstieg der Familie durch Bildung, durch ein Jura-Studium seines ältesten Sohnes Martin nämlich, absichern. Es kam dann bekanntlich anders. Der Sohn wurde Theologe und zum großen Kirchenreformator. Als solcher hat er eine Konfession begründet, die größten Wert auf das geschriebene Wort legte („sola scriptura") und damit die Schule zur Notwendigkeit für alle Christenmenschen werden ließ. 1524 forderte Luther die „Ratsherren aller Städte deutschen Landes" auf, „die allerbesten Schulen beide für Knaben und Mädchen an allen Orten aufzurichten" (in: Heilmann 1919, S.70). Zunächst nur in den zur neuen protestantischen Konfession gewechselten Ländern folgte die Obrigkeit diesem Appell – wenn auch nicht aus theologischen, sondern aus anderen Gründen (denen der subtilen Machtsicherung nämlich).

Die zur selben Zeit im katholischen Deutschland im Zuge der Gegenreformation entstehenden höheren Schulen standen noch ganz in der Tradition der Dom- und Klosterschulen und wurden deshalb durchweg internatsmäßig und damit selbstverständlich ebenfalls als Ganztagseinrichtungen geführt. Das war den katholischen Pädagogen, oft handelte es sich um Angehörige des eigens zu Schulzwecken gegründeten Jesuitenordens, wichtig, weil man die angehenden Kleriker schon im jungen Alter in die Kirche als Lebensform einsozialisieren und deshalb fremde Einflüsse möglichst von ihnen fernhalten wollte (vgl. Konrad 1912, S. 56ff.).

Solche höheren Schulen gab es zwar auch im protestantischen Deutschland, oftmals in säkularisierten Klöstern. Verbreiteter aber war dort das städtische „Gymnasium" (eine Bezeichnung, die im Humanismus aufkam), ebenso wie eine Fülle anderer Formen höherer Schulen, die dann Ratsschulen, Bürgerschulen, Lateinschulen heißen konnten und ein je differentes, aber durchaus anspruchsvolles Bildungsprogramm boten. Wie sich schon am Beispiel des jungen Luther hat zeigen lassen, machte der Besuch einer solchen Schule oftmals, wenn auch nicht immer, einen Ortswechsel erforderlich. Der junge Mann verließ einige Jahre, bevor er auf die Universität ging, seine Herkunftsfamilie, denn meist war der Universitätsbesuch das Ziel, zu dessen Erreichen die höhere Schule das Mittel bildete.

Es ist nachvollziehbar, dass man unter solchen Umständen einen Ort suchte, an dem die Jugendlichen ganztägig unter Aufsicht waren. Unterricht und nicht-unterrichtliche Aktivitäten – egal ob in der Schule oder in einem angeschlossenen Wohnheim – wechselten einander ab und waren über den ganzen Tag verteilt. Man beachte dazu den Hinweis, den der Bischof der Böhmischen Brüder, der Schulreformer Johann Amos Comenius (1592-1670), in seiner „Großen Didaktik" von 1657 gegeben hat: „Es sollen nur vier Stunden täglich Schule gehalten werden, zwei vormittags und zwei am Nachmittag. Die übrige Zeit wird mit häuslichen Arbeiten (besonders bei den Ärmeren) oder irgendwelcher Erholung nützlich verwendet werden können. In den Morgenstunden sollen Geist und Gedächtnis, am Nachmittag Hand und Stimme geübt werden. Am Morgen wird also der Lehrer die Lektion der betreffenden Stunde, während alle zuhören, vorlesen und wiederholen, was der Erklärung bedarf, möglichst klar und deutlich erklären, so dass niemand umhinkann, es zu begreifen. [...] In den Nachmittagsstunden, in denen nichts Neues begonnen, sondern das Alte wiederholt werden soll, lässt sich das noch mehr festigen" (Comenius 2007, S. 203f.). Wohl gemerkt, das war das Programm; die Realität mag gelegentlich anders ausgesehen haben.

Comenius selbst weist auf die weniger bemittelten unter den jungen Leuten hin, die eine höhere Schule besuchten. Wir kennen das schon von Luther: Diese Schüler hatten regelmäßig Dienste zu verrichten (Hauslehrertätigkeiten etwa oder die erwähnten kirchlichen Nebendienste), um sich das Schul- und Kostgeld zu verdienen. Zudem: Eine städtische höhere Schule wurde oft auch von Knaben besucht, die gar nicht an eine Universität strebten. Sie suchten einfach nach Bildung, die über das Elementare hinausging, um später ein besserer Handwerker oder Kaufmann zu werden.

An den Nachmittagen, die deshalb schulfrei zu halten waren, halfen sie im elterlichen Betrieb aus und lernten so ihr künftiges Tätigkeitsfeld kennen. In diesen Fällen blieb Schule eine auf den Vormittag beschränkte

Den ganzen Tag Schule?

Angelegenheit. Selbst die Wohlhabenden, die jungen Adeligen etwa, soweit sie überhaupt eine Schule besuchten (die Alternative war der Privatunterricht), gaben sich an den Nachmittagen, hatten sie den Schulstoff intus, Vergnügungen wie Reiten, Fechten usw. hin, Tätigkeiten, die sie später auf der Universität nahtlos fortsetzten. Wir sehen also: Die Schülerschaft war nach sozialer Herkunft und Bildungsaspirationen gemischt, und deshalb waren auch die Lösungen vielfältig, die die Schulen finden mussten. Die große Vereinheitlichung des höheren Schulwesens hat im Zeichen wachsenden Staatseinflusses erst im 19. Jahrhundert stattgefunden. Jahrhundertelang herrschte ein rechtes Durcheinander.

Noch mehr gilt das für das niedere Schulwesen, die Elementarschule, auch Deutsche Schule genannt (weil hier nicht in lateinischer, sondern in deutscher Sprache unterrichtet wurde). Hier waren in noch höherem Maß die Verhältnisse vor Ort entscheidend und die Formen, die Schule annahm – wie im höheren Schulwesen – sehr unterschiedlich. Auf dem Land war es oft so, dass Schule überhaupt nur in den Wintermonaten stattfand. Im Sommer mussten die Kinder auf den Höfen mitarbeiten – und übrigens oftmals auch der Lehrer (der sich als Knecht verdingte), sofern er nicht ohnehin als Nebenerwerbslandwirt tätig und deshalb in den arbeitsintensiven Sommermonaten kaum in der Lage war, Schule zu halten. Allenfalls eine auf maximal zwei Tage pro Woche verkürzte „Sommerschule" fand dann statt. In diesem Fall – so das preußische Generallandschulreglement von 1763 – begann der Unterricht um 8 Uhr morgens und endete um 16 Uhr am Nachmittag (Lundgreen 1980, S. 36). Dieselben Unterrichtszeiten galten im Winterhalbjahr, wenn in der Landwirtschaft die Arbeit ruhte. Dann konnte die Schule – wo es eine solche gab! – ihre Pforten ungehindert öffnen. Da man diese wertvolle Zeit zu nutzen gedachte, erfolgte der Unterricht im Winterhalbjahr ganztägig. Freilich fiel der Schulbesuch oftmals den schlechten Witterungs- und Wegebedingungen zum Opfer, und so war es bis ins 19. Jahrhundert hinein das Bestreben der Obrigkeit, die Kinder auf dem flachen Land überhaupt in eine Schule zu bekommen, und wenn es nur für ein paar wenige Stunden am Tag war. In einer Begleitschrift zur württembergischen Kirchenordnung von 1559, der ältesten und einflussreichsten in Deutschland, heißt es, die Eltern sollten ihre Kinder „wenigstens alle Vormittage fleißig zur Schule schicken, damit sie in Gottesfurcht und allen christlichen Tugenden unterwiesen und aufgezogen werden mögen" (Adrion 1991, S. 91). In dieser minimalen Forderung spiegelt sich eine Realität, die auch noch Jahrhunderte später nicht obsolet geworden war. Weder die besagte württembergische noch die anderen Schulordnungen, so ausführlich sie die Inhalte des Unterrichts und weiteres Drumherum (Zeugnisse etc.) auch regelten, enthielten Vorschriften über die tägliche Schulbesuchsdauer.

Günstiger war die Lage in den Städten. Hier gab es (Elementar-)Schulen in ausreichender Zahl, hier wurde das ganze Jahr über unterrichtet. Zudem verbrachten die Kinder nicht selten den ganzen Tag in der Schule. In der Armenschule etwa war das so, wo die Kinder mit leichten Arbeiten (Wollezupfen, Spinnen, Stricken, Schnitzen usw.) das Schulgeld verdienen und an Fleiß und Ausdauer gewöhnt werden sollten. Daneben gab es Elementarschulen, die gut ausgestattet waren, in denen Studienabbrecher recht ordentlich unterrichteten und in manchen Fällen sogar so etwas wie eine nachmittägliche Betreuung der SuS anboten. In der vormodernen Familie war die Mitarbeit der Frau im Handwerksbetrieb oder in der Kaufmannshandlung des Mannes selbstverständlich und deshalb hatte man ein Interesse daran, dass die Kinder „aus dem Haus" waren. Andererseits waren in vielen Fällen dieselben Kinder – besonders die Mädchen, aber, wie bei den Gymnasiasten, nicht nur diese – gehalten, ihrerseits im Haushalt oder im Betrieb mitzuarbeiten.

Ganztagsschulbetrieb war dann weder möglich noch gewünscht. Im Zeichen der Notwendigkeit von Kinderarbeit – gleichgültig ob im Haushalt, im eigenen Betrieb oder außer Hauses in Manufaktur und Fabrik – wurde Schule von vielen Eltern nicht unbedingt geschätzt. Mehr als ein paar Stunden Unterricht am Tag – wenn überhaupt – war man nicht bereit zu akzeptieren – ähnlich wie im 19. Jahrhundert die Fabrikherren, die ebenfalls kein Interesse an einer Beschulung der Kinder hatten, sie wollten ja von deren Arbeitsleistung profitieren. 1839 trat in Preußen ein erstes Kinderschutzregulativ in Kraft, das die Arbeit Schulpflichtiger in bestimmten Industriezweigen verbot, es sei denn, sie hatten die Möglichkeit, neben der Arbeit eine Schule zu besuchen. Da zugleich die tägliche Arbeitszeit auf zehn (!) Stunden festgelegt wurde, kann man sich vorstellen, dass ein Ganztagsschulbetrieb hier keine Chance hatte. Zieht man das in Betracht, dann kann von einer „traditionellen Ganztagsschule", die im Volksschulbereich „noch bis weit in das 20. Jahrhundert hinein" geherrscht habe (Ludwig 2003, S. 26), sicher nicht die Rede sein.

Bleiben wir zunächst noch im 19. Jahrhundert. Sehen wir von den kirchlich getragenen Internaten sowie den wenigen Eliteschulen (den berühmten Alumnaten wie Schulpforta) ab, kehrte mit dem Staatszugriff auf die Schule durchgängig der Halbtagsbetrieb als Normalform ein. An maximal zwei Nachmittagen wurde unterrichtet. Bezüglich der Elementarschule, die jetzt Volksschule hieß, haben wir die Gründe bereits kennengelernt (Kinderarbeit!). Bezüglich der höheren Schule können zwei Gründe geltend gemacht werden: Das Netz an höheren Schulen wurde immer dichter geknüpft, ein Junge musste also nicht mehr, wie zu Luthers Zeiten und danach, das Elternhaus verlassen, um eine höhere Schule zu besuchen. Zudem stand im Bürgertum die Mutter, von zeitraubender Haus- oder gar Erwerbsarbeit entlastet, als Bezugsperson zur Verfügung. Das bürgerliche Familienmodell sah eine klare Rollentrennung vor: Der Vater ging außer Hauses einer Erwerbsarbeit nach, die Mutter sorgte für die physische und psychische Reproduktion der Familie – darunter an erster Stelle die Erziehung der Kinder.

Den ganzen Tag Schule?

Die immer wieder zitierten Entwürfe der so genannten „reformpädagogischen Bewegung" ab den 1890er Jahren, die in der Tat Schule meist als Ganztagsbetrieb konzipierten (Ludwig 1993), haben nicht in die Realität gefunden. Sie sind Projekte geblieben oder allenfalls in Nischen des Schulsystems verwirklicht worden. Um es pointiert zu sagen: Welches Kind besuchte schon eine „Tageswaldschule" oder ein Landerziehungsheim? Ungeachtet eines oftmals ambitionierten Nachmittagsprogramms mit Förderunterricht, Arbeitsgemeinschaften, Sportangeboten etc. ließen die wenigen im öffentlichen Schulwesen erfolgreich umgesetzten reformpädagogischen Konzepte – etwa die Gemeinschaftsschulen in Hamburg, Bremen und Berlin – den Unterricht am Mittag enden (abgesehen von den erwähnten zwei Nachmittagen, an denen Unterricht stattfand). Die bekannte Jena-Plan-Schule Peter Petersens (1884-1952) aus den 1920er Jahren zum Beispiel gehört auch in diese Reihe der Reform(halbtags)schulen. Die berühmte Feldstudie der Kinderpsychologin Martha Muchow (1892-1933) über den „Lebensraum des Großstadtkindes", die erst 1935 (posthum von ihrem Bruder) veröffentlicht, aber bereits in den 20er Jahren durchgeführt wurde, zeichnet akribisch nach, wie Kinder, im Grundschulalter ihre freien Nachmittage auf den Straßen, den Spielplätzen, in den Hinterhöfen und in den Kaufhäusern Hamburgs verbracht haben (Muchow 1935).

Dass die Schule als Halbtagsbetrieb zu diesem Zeitpunkt in der Kritik stand, hatte Gründe, die außerhalb der (reform-)pädagogischen Publizistik zu suchen sind, und betraf auch nur die älter gewordenen Kinder. Um 1900 galt „die Jugend" plötzlich vielen Zeitgenossen als Unruheherd. Das Schlagwort vom „Halbstarken", gemünzt auf die jungen Industriearbeiter, wurde in dieser Zeit geprägt. Auf der anderen Seite des sozialen Spektrums zeigte das Aufkommen des Wandervogels und seine schnelle Verbreitung unter jungen Gymnasiasten in ganz Deutschland, dass sich keineswegs nur beim Nachwuchs des Proletariats so etwas wie eine autonome Jugendkultur zu entwickeln begann. Mehr Kontrolle tue not, hieß es angesichts dieser Lage auf Seiten der etablierten Erziehungsmächte wie Schule, Kirche etc. Gerade die Kirchen engagierten sich, aber auch das Bürgertum in entsprechenden Vereinen, und selbst das Militär schaltete sich ein und veranstaltete Kriegsspiele, die sich in der Tat als attraktive Freizeitbeschäftigung erwiesen. Es konnte nicht ausbleiben, dass man auch über den Beitrag nachdachte, den die Schule leisten könnte. In der Folge entstanden an den Gymnasien Schülervereine, Volksschullehrer unternahmen an den Nachmittagen mit ihren Schülern Wanderungen, boten sportliche Aktivitäten an usw. Gerade dort, wo es die Lehrer waren, die sich, vom Staat ermuntert und finanziell unterstützt, in dieser Weise um ihre Schüler kümmerten, wurde Schule zu einer ganztägigen Veranstaltung, wobei die Teilnahme an den außerunterrichtlichen Angeboten stets freiwillig war und man – ganz wichtig – bezüglich der Handlungsformen um Abstand zur Schule bemüht war. „Nicht schulmäßig" müssten die Angebote sein, hieß es wörtlich 1911 in einem einschlägigen Erlass, sonst könne man die jungen Leute nicht locken (Naudascher 1980).

In der NS-Zeit vertiefte die Hitlerjugend (HJ) die Kluft zur Schule. Man bediente sich der „Jugendpflege", machte sie sogar verpflichtend, löste sie aber ganz aus dem schulischen Kontext heraus. Weil man der Schule als potentiell widerständiger Einrichtung misstraute, hatte man kein Interesse, sie zur Ganztagseinrichtung werden zu lassen. Die eigentliche Erziehungsarbeit sollte am Nachmittag und nunmehr ganz außerhalb der Schule, eben in der HJ, erfolgen. Selbst als Halbtagseinrichtung geriet die Schule unter Druck: HJ-Führer durften jederzeit im Unterricht fehlen, um an Parteiaktivitäten teilzunehmen; der Samstag blieb unterrichtsfrei zugunsten von HJ-Aktivitäten.

Dass sich mit der Gründung der Bundesrepublik nichts am Halbtagscharakter der Schule änderte, obwohl die Besatzungsmächte aus ihren Ländern Schulbetrieb im Ganztagsmodus gewohnt waren, hat vor allem zwei Gründe: zum einen das unangefochtene Weiterleben des oben angesprochenen bürgerlichen Familienmodells (male-breadwinner-model), zum anderen das als abschreckend empfundene Beispiel der DDR, die ja mit Hort und FDJ- Angeboten so etwas wie eine Ganztagsbetreuung pflegte. Der damit verbundene Staatseinfluss wurde im Westen jedoch abgelehnt. In das sehr rigide ausgelegte Erziehungsrecht der Familie einzugreifen, galt als nicht opportun. Während das Ganztagsangebot der dortigen Schule von den allermeisten DDR-Bürgern, wenn sie nach der „Wende" dazu befragt wurden, zu den (wenigen) positiven Errungenschaften dieses untergegangenen Staates gezählt wurde, hat sich die öffentliche Meinung in der BRD mit der Anerkennung der Ganztagsschule lange schwergetan, auch wenn der Deutsche Bildungsrat in den 1970er Jahren die Einrichtung von Ganztagsschulen (im Rahmen von Gesamtschulgründungen) vorschlug. Nicht zuletzt die Feminisierung des Lehrberufs dürfte sich faktisch als Bremsklotz erwiesen haben. Für viele Frauen war es attraktiv, Lehrerin zu sein, war man doch am Nachmittag flexibel und disponibel und konnte sich der Familie widmen (dazu Mattes 2015). Ab den 1970-er Jahren wirkte sich auch, ganz in der Tradition der alten Jugendpflege, das neugeschaffene Instrument der Schulsozialarbeit hemmend auf die Entstehung eines modernen Ganztagsschulbetriebs aus. Zwar sollten die Kinder den ganzen Tag über in der Schule bleiben, der Nachmittag aber sollte unterrichtsfrei und der von den Sozialpädagoginnen und -pädagogen betriebenen Freizeitgestaltung vorbehalten sein – eine Trennung, die längst als falsch erkannt und zugunsten einer Durchmischung der pädagogischen Handlungsformen korrigiert ist. Immerhin: Schon 1955 hatte sich die „Gemeinnützige Gesellschaft Tagesheimschule" als Lobby gegründet.

Erst der gesellschaftliche Wandel der letzten zwei bis drei Jahrzehnte hat zu einem grundlegenden Umschwung geführt: Stichwort „Veränderte Kindheit" (Konrad 2010). Mit wachsender mütterlicher Erwerbstätigkeit erwartete (und erwartet) eine große Zahl von Eltern von der Schule mehr als nur vormittäglichen Unterricht, und die wissenschaftliche Pädagogik definierte schon in den 1980er Jahren Schule als einen nicht nur auf den Vormittag zu beschränkenden, vielmehr ganzheitlichen „Lebens- und Erfahrungsraum". Diese Impulse hat die Politik aufgenommen.

Zuletzt hat das Projekt Ganztagsschule von der Initiative der damaligen Bundesregierung profitiert, die 2003 vier Milliarden Euro zum Ausbau des Ganztagsangebots bereitgestellt hat. Wie bei so vielen anderen bildungspolitischen Maßnahmen der jüngeren Zeit war es jedoch auch in diesem Fall ein ganz anderes Ereignis, das als Katalysator fungierte, der allseits zitierte „PISA-Schock" nämlich.

Literatur

Adrion, D. (1991): Schulanfang im Herzogtum Württemberg. Die früheren Schulordnungen des 16. und 17. Jahrhunderts. Die frühen Schulordnungen des 16. und 17. Jahrhunderts. Ludwigsburg.

Comenius, J. A. (2007): Große Didaktik. Die vollständige Kunst, alle Menschen alles zu lehren. Übersetzt und herausgegeben von Andreas Flitner. Stuttgart.

Heilmann, K. (Hrsg.) (1919): Handbuch der Pädagogik nach den neuesten Lehrplänen bearbeitet. Berlin.

Konrad, F.-M. (2010): Aufwachsen von Kindern heute. In: L. Duncker, G. Lieber, N. Neuss & B. Uhlig (Hrsg.): Bildung in der Kindheit. Das Handbuch zum Lernen in Kindergarten und Grundschule. Seelze, S. 85-91.

Konrad, F.-M. (2012): Geschichte der Schule. Von der Antike bis zur Gegenwart. München.

Ludwig, H. (1993): Entstehung und Entwicklung der modernen Ganztagsschule in Deutschland. Bd.1. Köln, Weimar, Wien.

Ludwig, H. (2003): Moderne Ganztagsschule als Leitmodell von Schulreform im 20. Jahrhundert. Historische Entwicklung und reformpädagogische Ursprünge der heutigen Ganztagsschule. In: Jahrbuch Ganztagsschule 2004. Neue Chancen für die Bildung. Schwalbach/Taunus, S. 25-41.

Lundgreen, P. (1980): Sozialgeschichte der deutschen Schule im Überblick. Teil I. Göttingen.

Mattes, M. (2015): Das Projekt Ganztagsschule. Aufbrüche, Reformen und Krisen in der Bundesrepublik Deutschland (1955-1982). Köln, Weimar, Wien.

Muchow, M. & Muchow, H.-H. (1935): Der Lebensraum des Großstadtkindes. Hamburg.

Naudascher, B. (1980): Freizeit in öffentlicher Hand. Behördliche Jugendpflege in Deutschland 1900-1980. Düsseldorf.

Schilling, H. (2012): Martin Luther. Rebell in einer Zeit des Umbruchs. München.

Marianne Schüpbach
Die Entwicklungen in Deutschland im internationalen Vergleich – Was können wir lernen?

Ausgangslage

In Deutschland wie auch in Bayern wurden in den letzten 10 bis 20 Jahren zahlreiche Anstrengungen unternommen, über traditionelle institutionelle Bildung hinaus, erweiterte Bildungs- und Betreuungsangebote aufzubauen und anzubieten. Gesellschaftliche Veränderungen im Verlaufe des 20. und Anfang des 21. Jahrhunderts – namentlich der demographische und familiale Wandel –, die dadurch veränderten Sozialisationsbedingungen, ein Anstieg in der Bedeutung schulischer Bildung und eine stärkere Institutionalisierung von Kindheit prägten den Diskurs um den Inhalt von Bildung und die Bedeutung des Bildungssystems im deutschsprachigen Raum. Maßgeblich für den Aus- und Aufbau des Angebots an non-formalen Bildungsgelegenheiten verantwortlich waren aber auch der Wunsch nach einer besseren Vereinbarkeit von Familie und Beruf und die zunehmende Verbreitung elektronischer Medien (Schüpbach 2010).

Dabei wird die Ganztagsschule häufig als mögliche Antwort auf o. g. Herausforderungen und Ansprüche betrachtet, was sich in den vielfältigen Erwartungen an die Ganztagsschule manifestiert. Ganztagsschulen werden als wertvoller Beitrag zur soziokulturellen Infrastruktur gesehen, welcher die Erwerbstätigkeit der Eltern erleichtert und auch den Kindern eine gesellschaftliche und bildungsbezogene Teilhabe ermöglicht. Ganztagsschulen sollen dem zunehmenden Bedürfnis nach außerfamilialer und institutionalisierter Sozialisation gerecht werden und zu sozialer Integration beitragen. Ganztagsschulen werden als Antwort auf gewachsene Anforderungen an Schulabgängerinnen und Schulabgänger gesehen. Zudem sollen Ganztagsschulen Bildungsungleichheiten aufgrund der sozialen und/oder kulturellen Herkunft verringern (BMFSFJ 2005; Schüpbach 2010).

Gemeinsame Merkmale der non-formalen Lerngelegenheiten im internationalen Vergleich

Die zunehmende Verbreitung von non-formalen Lerngelegenheiten ist jedoch nicht nur ein deutsches Phänomen. In Wissensgesellschaften – in nahezu jedem modernen Land in Europa, Nordamerika, Asien und in Australien – besteht heute aus vergleichbaren Gründen wie in Deutschland ein zunehmender Bedarf an non-formalen Lerngelegenheiten. Von der Kindheit bis zur Adoleszenz sind junge Menschen weltweit immer mehr in verschiedenen öffentlichen oder privaten Formen von Aktivitäten und Programmen außerhalb des regulären Schulunterrichts aktiv. Die am meisten verbreitete Form in Deutschland ist die Ganztagsschule, die von immer mehr Kindern und

Jugendlichen in Deutschland und seit 10 Jahren auch in Bayern besucht werden. Obwohl die Schwerpunktsetzungen und die Ausgestaltung sowie die institutionellen Organisationsformen der staatlichen bzw. nichtstaatlichen Programme und Angebote von Land zu Land variieren, haben sie viele gemeinsame institutionelle Merkmale sowie eine Anzahl von parallelen bildungsbezogenen pädagogischen Problemfeldern. Dies ist unabhängig davon, ob es sich zum Beispiel um Angebote an deutschen Ganztagsschulen, Sommerlagern in den Vereinigten Staaten oder um Aktivitäten in schwedischen *school-age educare centers* handelt. So sind außerunterrichtliche und außerschulische Angebote – ähnlich wie bei Unterricht – von Erwachsenen konzipierte, pädagogische Settings, die (häufig) unter der Aufsicht der Schule bzw. von kommunalen Organen stehen.

Diese Angebote und Programme unterscheiden sich vom regulären Unterricht darin, dass in den meisten Ländern nicht Lehrkräfte dafür verantwortlich sind, dass es keine Leistungsbeurteilung gibt, dass teilweise eine altersgemischte Organisation der Gruppen vorliegt sowie dass die Kinder und Jugendlichen freiwillig teilnehmen und sie Wahlmöglichkeiten zwischen meist extra-curricularen Themen und Aktivitäten haben.

Unterschiedliche Entwicklung im internationalen Vergleich: Institutionelle Anbindung der Angebote und beruflicher Hintergrund der Mitarbeitenden

Eine unterschiedliche Entwicklung findet man jedoch in der institutionellen Anbindung der Angebote. In einigen Ländern wie den Vereinigten Staaten sind die Angebote (strukturell und inhaltlich) meistens klar getrennt vom Unterricht. Im Gegensatz dazu wurde in Deutschland eine Ganztagsschule auf- und ausgebaut, die den Schultag von der Halbtagsschule hin zu einer Schule über den gesamten Tag ausdehnt. Ganztagsschulen sind nach der Definition des Sekretariats der Ständigen Konferenz der Kultusminister der Länder in der Bundesrepublik Deutschland (KMK) Schulen, bei denen im Primar- und Sekundarbereich I

- an mindestens drei Tagen in der Woche ein ganztägiges Angebot für die Schülerinnen und Schüler bereitgestellt wird, das täglich mindestens sieben Zeitstunden umfasst,
- den teilnehmenden Schülerinnen und Schülern an allen Tagen des Ganztagsschulbetriebs ein Mittagessen bereitgestellt wird,
- die Ganztagsangebote unter der Aufsicht und Verantwortung der Schulleitung organisiert und in enger Kooperation mit der Schulleitung durchgeführt werden sowie in einem konzeptionellen Zusammenhang mit dem Unterricht stehen (KMK 2012, S. 4).

Die Entwicklung der Ganztagsschule

Die Ganztagsschule[1] wurde in Deutschland wie auch in Bayern als eine pädagogische und organisatorische Einheit konzipiert. Dabei wird die Kooperation zwischen Unterricht und Ganztagsschulangeboten sowie auch mit außerschulischen Partnern als wichtig erachtet. Die Kooperation ist Teil der Definition der KMK in Deutschland (vgl. oben). Mit einer Verzahnung von Unterricht und Angebot soll ein kohärentes, optimales Lernumfeld für Kinder und Jugendliche gestaltet werden, indem „Bildungs- und Erziehungspartnerschaften" gemeinsam das Ziel der individualisierten Entwicklungsförderung der Kinder und Jugendlichen verfolgen (Stange 2012). Zudem soll damit die Lebensweltorientierung gestärkt werden sowie den Interessen und Begabungen der Schülerinnen und Schüler besser Rechnung getragen werden. Auch in den europäischen Nachbarländern sind die Kooperationsbeziehungen von Schulen äußerst vielfältig und für die ganztägige Form oft unabdingbar bzw. erwünscht (Coelen 2014). So besteht zum Beispiel in Schweden eine enge Kooperation zwischen Schule und *school-age educare center* (Klerfelt 2017). Diese ist festgelegt im Nationalen Schwedischen Curriculum für die obligatorische Schule, Vorschule und das *educare center* (The Swedish National Agency, 2011 (rev. 2016)). Die für die Ganztagsschule in Deutschland geforderte Verbindung zwischen Unterricht und Ganztag findet man jedoch in den wenigsten Ländern in dieser Klarheit und Stärke vor.

Ein weiterer Unterschied, der damit einhergeht, zeigt sich im Hinblick auf den beruflichen Hintergrund der Mitarbeitenden in den non-formalen Bildungsangeboten. Im Ganztag in Deutschland weisen nach wie vor nur rund die Hälfte der Mitarbeitenden oder des weiteren pädagogisch tätigen Personals, wie es verbreitet genannt wird, einen pädagogischen Hintergrund auf (Autorengruppe Bildungsberichterstattung 2016). Dies erstaunt insofern, als eine Zusammenarbeit mit dem Unterricht und somit mit den unterrichtenden Lehrkräften mit einem akademischen beruflichen Hintergrund als zentral eingeschätzt wird. In den schwedischen *school-age educare centers* hingegen arbeitet ausschließlich ausgebildetes Personal. Verschiedene vor allem US-

---

[1] Es werden nach der KMK drei Formen unterschieden:
- In der **voll gebundenen Form** sind *alle* Schülerinnen und Schüler verpflichtet, an mindestens drei Wochentagen für jeweils mindestens sieben Zeitstunden an den ganztägigen Angeboten der Schule teilzunehmen.
- In der **teilweise gebundenen Form** verpflichtet sich *ein Teil* der Schülerinnen und Schüler (z. B. einzelne Klassen oder Klassenstufen), an mindestens drei Wochentagen für jeweils mindestens sieben Zeitstunden an den ganztägigen Angeboten der Schule teilzunehmen.
- In der **offenen Form** können *einzelne* Schülerinnen und Schüler auf Wunsch an den ganztägigen Angeboten dieser Schulform teilnehmen. Für die Schülerinnen und Schüler ist ein Aufenthalt, verbunden mit einem Bildungs- und Betreuungsangebot in der Schule, an mindestens drei Wochentagen im Umfang von täglich mindestens sieben Zeitstunden möglich. (KMK 2012, S. 4)

amerikanische Studien haben aufgezeigt, dass die pädagogische Qualität solcher Angebote mit der Qualifizierung der Mitarbeitenden steht und fällt (vgl. z.B. Vandell & Lao 2016).

Professionalität und Professionalisierung in der Ganztagsschule in Deutschland – Was können wir im internationalen Vergleich lernen?

Die in der deutschen Ganztagsschule verlangte sinnvolle Zusammenarbeit zwischen verschiedenen Berufsgruppen muss die Professionalitäts- und Professionalisierungsdebatte von Lehrkräften und des weiteren pädagogisch tätigen Personals an Ganztagsschulen beeinflussen (Böhm-Kaspar, Dizinger & Gausling 2016). Es stellt sich die Frage, wie die Professionalität und Professionalisierung in der Ganztagsschule in Deutschland, in der eine pädagogische Einheit angestrebt wird, künftig weiterentwickelt werden soll. Was können wir im internationalen Vergleich lernen?

Mit dem Auf- und Ausbau von Ganztagsschulen haben sich verschiedene Voraussetzungen verändert. Durch die Verlängerung des Schultages stehen die Lehrkräfte neuen Situationen außerhalb des Unterrichts gegenüber, die ihr Aufgabengebiet – hin zu mehr allgemein pädagogischen und die kindliche Entwicklung unterstützenden Aufgaben – erweitern. Folglich nehmen die Anforderungen bezüglich der pädagogisch-psychologischen Fachkompetenzen der Lehrkräfte zu. Als Antwort auf die zunehmende Komplexität der Verantwortlichkeit hinsichtlich der Bildungsaufgaben und der Weiterentwicklung zur Ganztagsschule in Deutschland finden nebst Lehrkräften weiteres pädagogisch tätiges Personal, häufig mit einem sozialpädagogischen oder nicht-pädagogischen beruflichen Hintergrund, Eingang in die Schule.

Dadurch wird zunehmend von den Beteiligten eine multiprofessionelle Kooperation erwartet (Böhm-Kasper et al. 2016). Eine wichtige Gelingensbedingung von multiprofessioneller Kooperation ist, dass dem Team gemeinsame Möglichkeiten zur Professionalisierung zur Verfügung stehen (Arnoldt 2008). Die Kooperation in der Ganztagsschule sowie mit ihren externen Partnern wird nur dann einen größeren pädagogischen Ertrag erbringen, wenn an Ganztagschulen nebst Lehrkräften pädagogisch kompetente Mitarbeitende tätig sind, die als Kooperationspartner anerkannt und mit eingebunden werden (Speck 2010). Das heißt, um das professionelle Handeln der Lehrkräfte und des weiteren pädagogisch tätigen Personals zu stärken, muss künftig an der Aus- und Weiterbildung angesetzt werden.

Um eine pädagogische Einheit zwischen Unterricht und Angebot zu schaffen, wie dies bei der Ganztagsschule in Deutschland erwartet wird, braucht es nach schwedischem Vorbild eine gemeinsame *grundlegende akademische Ausbildung an der Universität von allen* (unterrichtende Lehrkräfte und weitere Mitarbeitende). In Schweden bringen die meisten Mitarbeitenden in den *school-age educare centers* ein dreijähriges Universitätsstudium zum *school-age educare teacher* mit. Es wirken keine Mitarbeitenden ohne pädagogische

Ausbildung in den schwedischen *school-age educare centers* mit (Klerfelt 2017).

An den schwedischen Universitäten werden in der Lehrerbildung mit einer Ausrichtung auf *Kinder der Primarstufe* – in enger Zusammenarbeit – drei unterschiedliche Orientierungen angeboten: (a) eine für die Vorschule und die ersten drei Grundschuljahre, (b) eine für die Grundschuljahre vier bis sechs und schließlich (c) eine für die Spezialisierung zur Arbeit mit Schulpflichtigen im *educare center*. Diese *school-age educare teachers,* also diejenigen mit der Orientierung c, können außerdem eine Zusatzqualifikation erlangen, um Schülerinnen und Schüler der Grundschuljahre vier bis sechs in praktischen und ästhetischen Fächern zu unterrichten (Klerfelt 2017). Die Kernaufgabe der unterrichtenden Lehrkräfte bleibt weiterhin der Unterricht und für *school-age educare teachers* die Gestaltung informeller Lern- und pädagogischer Interaktionsprozesse. Ein solches Modell, wie es an den schwedischen Universitäten vorherrscht, ermöglicht es den unterschiedlichen Akteuren an der Schule, eine gemeinsame pädagogische Basis, insbesondere ein gemeinsames Bildungsverständnis, zu schaffen. Somit kann eine zentrale Grundlage und Gelingensbedingung für eine Kooperation auf Augenhöhe zwischen allen Akteuren an der Schule entstehen. Dies ist eine Forderung, die auch in Deutschland verbreitet an die Kooperation der verschiedenen Akteure an der Ganztagsschule gestellt wird (vgl. Coelen 2014; Speck 2010). Sie könnte künftig mit einem mit Schweden vergleichbaren Modell erzielt werden. Das Prestige der Mitarbeitenden in außerunterrichtlichen Angeboten der Ganztagsschule könnte damit erhöht werden und sich demjenigen der unterrichtenden Lehrkräfte annähern. Eine solche Reform und Entwicklung verlangt im Weiteren gemeinsame *Standards für die universitäre Ausbildung* zur Qualitätssicherung und -steigerung bzw. Ausschöpfung der Potenziale und Realisierung der Ziele der Ganztagsschule, z. B. der Chancengleichheit oder einer ganzheitlichen Bildung.

Eine zentrale Grundlage für das Zusammenbringen von Unterricht und Angebot zu einer pädagogischen Einheit stellt ein *Curriculum* dar, das beides umfasst: formale und non-formale Bildung. In Schweden liegt seit 2011 ein solches vor:

> „The Swedish National Curriculum stipulates that forms of co-operation between preschool, compulsory school and educare provided for school-age children in school-age educare centers shall be developed with an objective to enrich each pupil's general learning and development."
>
> (The Swedish National Agency 2011 (rev. 2016), S. 18)

Damit könnte nach dem Vorbild Schwedens auch in Deutschland eine Grundlage für eine neue Schule, eine Ganztagsschule mit einer pädagogischen Einheit geschaffen werden. In den nächsten Jahren sind eine Professionalisierung

Die Entwicklungen in Deutschland im internationalen Vergleich

der beteiligten Professionen und eine Weiterentwicklung der Professionalität notwendig. Die Ganztagsschule in Deutschland und in Bayern ist auf einem guten Weg. Es braucht jedoch weitere Entwicklungsschritte. Die oben skizzierten Schritte sind als mittel- und längerfristiger Prozess zu verstehen, die auf verschiedenen Ebenen von verschiedenen Stakeholdern weiter vorangetrieben werden sollten.

Literatur

Arnoldt, B. (2008): Kooperationsformen: Bedingungen für gelingende Zusammenarbeit? In: Holtappels, H.-G., Klieme, E., Rauschenbach, T. & Stecher, L. (Hrsg.): Ganztagsschule in Deutschland, Weinheim und München.

Autorengruppe Bildungsberichterstattung (2016): Bildung in Deutschland 2016. Ein indikatorengestützter Bericht mit einer Analyse zu Bildung und Migration, Bielefeld.

Coelen, T. & Stecher, L. (Hrsg.): Ganztagsschule in Deutschland. Ergebnisse der Ausgangserhebung der „Studie zur Entwicklung von Ganztagsschulen" (StEG), 2. Auflage, Weinheim und München, S. 123-136.

BMFSFJ, Bundesministerium für Familie, Senioren, Frauen und Jugend (2005): Zwölfter Kinder- und Jugendbericht. Bericht über die Lebenssituation junger Menschen und die Leistungen der Kinder- und Jugendhilfe in Deutschland, Berlin.

Böhm-Kasper, O., Dizinger, V. & Gausling, P. (2016): Multiprofessional collaboration between teachers and other educational staff at German all-day schools as a characteristic of today's professionalism. In: International Journal for Research on Extended Education, 1, S. 29-51.

Coelen, T. (2014): Kooperationen zwischen Ganztagsschulen und außerschulischen Organisationen. In: Coelen, T. & Stecher, L. (Hrsg.): Ganztagsschule in Deutschland, Weinheim, S. 29-48.

Klerfelt, A. (2017): Teachers in school-age educare centers describe their professional position. Manuscript submitted for publication.

Schüpbach, M. (2010): Ganztägige Bildung und Betreuung im Primarschulalter: Qualität und Wirksamkeit verschiedener Schulformen im Vergleich, Wiesbaden.

Sekretariat der Ständigen Konferenz der Kultusminister der Länder in der Bundesrepublik Deutschland (2012): Allgemeinbildende Schulen in Ganztagsform in den Ländern der Bundesrepublik Deutschland. Statistik 2007-2011. Online unter: *www.kmk.org/fileadmin/pdf/Statistik/Dokumentationen/GTS_2012_Bericht.pdf* (Zugriff am: 15.12.2017).

Speck, K. (2010): Qualifikation und pädagogische Eignung des Personals an Ganztagsschulen. In: Der pädagogische Blick, 18 (1), S. 13-21.

Stange, W. (2012): Erziehungs- und Bildungspartnerschaften. Grundlagen, Strukturen, Begründungen. In: Stange, W., Krüger, R., Henschel, A. & Schmitt, S. (Hrsg.): Erziehungs- und Bildungspartnerschaften, Wiesbaden, S. 12-40.

Swedish National Agency for Education. (2011): Curriculum for the compulsory school, preschool class and the recreation centre 2011. Online unter: *www.skolverket.se/om-skolverket/publikationer* (Zugriff am: 15.12.2017).

Vandell, D. L. & Lao, J. (2016): Building and retaining high quality professional staff for extended education programs. In: International Journal for Research on Extended Education, 1, S. 52-64.

Sibylle Rahm
Ganztagsbildung – Perspektiven eines gemeinschaftlichen Vorhabens

Antworten auf gesellschaftliche Herausforderungen

Schule ist eine gesellschaftliche Einrichtung, die als Sache des Staates gesellschaftliche Funktionen übernimmt (Fend 2008). Sie ist der Tradierung von Kulturen verpflichtet und sie qualifiziert die nachwachsenden Generationen. Angesichts eines komplexen gesellschaftlichen Wandels und angesichts der Vielzahl der beteiligten Akteure im Bildungssystem richten sich an die Schule vielfältige Erwartungen, die nicht nur auf eine Reproduktion der Gesellschaft, sondern zudem auf eine Optimierung des gesellschaftlichen Miteinanders abzielen. Schule ist somit auch ein Ort der Innovation und sie entwickelt Perspektiven eines demokratischen Zusammenlebens als nachhaltige Orientierung für die nachwachsende Generation.

Gerade an die Ganztagsbildung richten sich hohe Erwartungen (Nerowski 2015). Diese beziehen sich auf eine Steigerung der Bildungserfolge, die Erhöhung des Wohlbefindens sowie auf die erhöhte Kompatibilität von Familie und Beruf. In der Ganztagsbildung, so die gesellschaftliche Erwartung, sollen nicht nur die Voraussetzungen für eine autonome Lebensgestaltung und soziale Kompetenz, sondern auch für Partizipation und Solidarität geschaffen werden (ebd., S. 47). Züchner und Fischer skizzieren folgende Erwartungskomplexe (Züchner et al. 2011, S. 9):

a) Förderung von Schülerinnen und Schülern mit Blick auf schulische Leistung und die in internationalen Leistungsstudien festgestellten Kompetenzdefizite,
b) Verbesserte soziale Integration von sozial benachteiligten Kindern, verbesserte schulische Förderung von Kindern mit Migrationshintergrund und Kindern aus ressourcenärmeren Familien (Abbau herkunftsbedingter Bildungsungleichheiten),
c) Thematische und konzeptionelle Ausweitung der unterrichtszentrierten Halbtagsschule um andere Bildungsinhalte, andere Lernformen sowie andere Akteure jenseits von Schulfächern, Unterricht und Lehrkräften,
d) Lösung für den gestiegenen Bedarf an Betreuung, Erziehung und erzieherischer Versorgung von Kindern sowie eine bessere Vereinbarung von Familie und Beruf.

Mit ihrem ganztägigen Angebot an mindestens drei Tagen in der Woche, mit der Bereitstellung eines Mittagessens, der notwendigen Verantwortungsübernahme seitens der Schulleitung sowie der Koppelung von Ganztag und Unterrichtsentwicklung (KMK 2010) geht die Ganztagsschule konzeptionell auf eine Reihe gesellschaftlicher Erwartungen ein und beantwortet diese systematisch in der Ganztagsschulentwicklung als gemeinschaftlichem gesellschaftlichen Vorhaben. Dass sie dabei erfolgreich ist, zeigt die bemerkenswerte Zunahme der Ganztagsschulen im Primar- und Sekundarbereich I von 2002 bis 2014 (Autorengruppe Bildungsberichterstattung 2016). Ganztagsangebote finden sich in Deutschland v. a. in integrierten Gesamtschulen (87%) und an Schulen mit mehreren Bildungsgängen (78%). Die meisten Grundschulen und Gymnasien arbeiten im offenen Ganztagsbetrieb. Das bundesweite Ganztagsangebot hat sich bis 2014 auf ca. 16.500 Einrichtungen erhöht, was einer Ganztagsquote von knapp 60% aller Schulen entspricht (ebd., S. 83).

Zusammenarbeit als Leitorientierung

Die Ausweitung des Ganztagsangebots ist in besonderem Maße auf die Zusammenarbeit mit dem pädagogischen Personal angewiesen. Eine Schule, die an mindestens drei Tagen ein Angebot bereitstellt, das sieben Zeitstunden umfasst (KMK 2010), muss – etwa im Freizeitbereich oder beim Mittagessen – die Kooperation von Lehrkräften und weiterem pädagogischen Personal gewährleisten. Die sich aus dem erweiterten Zeitrahmen ergebenden unabdingbaren Voraussetzungen einer ganztägigen Beschulung sind zu ergänzen durch schulentwicklungs- und professionstheoretische Reflexionen. Schulentwicklung, die eine Steigerung der Qualität einer Einzelschule verfolgt, ist auf die Mobilisierung der Ressourcen aller Mitglieder eines Kollegiums angewiesen. Ziel ist die gemeinschaftliche Verbesserung des Lernangebots für alle Schülerinnen und Schüler. Gerade vor dem Hintergrund einer wachsenden Heterogenität der Schülerschaft (Richter & Pant 2016) muss beispielsweise auf den Ebenen von Jahrgangs- und Fachteams oder auf der Ebene der Schulführung kooperiert werden (Rahm 2014). Typische Felder der Zusammenarbeit sind (Bonsen et al. 2013, S. 110):

- unterrichtsbezogene Kooperation (Planung, Durchführung und Analyse von Unterricht)
- gegenseitige Unterrichtsbesuche
- reflektierender Dialog über Unterricht, Mentoring (Begleitung neuer Lehrkräfte)

Der Anspruch, Kooperation als intentionale, kommunikative Form der längerfristigen Zusammenarbeit auf der Basis von Vertrauen an lernenden Schulen zu etablieren (Huber 2014, S. 4), stellt auch unter professionstheoretischer Perspektive einen Einschnitt dar. Die gerade in Deutschland ausgeprägte Perspektive der Lehrkraft als Einzelkämpferin bzw. Einzelkämpfer wird mit der Bemühung um gemeinsame Zielerreichung, um Gleichberechtigung unter den Beteiligten und um eine gemeinsame soziale Orientierung im ganztägigen Miteinander obsolet (Rahm et al. 2015). In Ganztagsschulen ist demnach die innerschulische Kooperation mit Sozialpädagoginnen und -pädagogen sowie dem weiteren pädagogischen Personal notwendig (Speck et al. 2011). Inklusive ganztägige Beschulung erfordert zudem die Bereitschaft aller Beteiligten zum Austausch (Döbert & Weishaupt 2013). Neben die innerschulische Kooperation tritt die Zusammenarbeit mit außerschulischen Kooperationspartnern.

Kooperative Schulentwicklung erfordert Planungskompetenzen und das Verfolgen einer Orientierung, wie sie etwa im Schulleitbild einer Schule formuliert ist. Mindestens zwei Personen widmen sich einer geteilten Vorstellung von schulischer Qualitätsentwicklung und verständigen sich über Formen des kooperativen Miteinanders. Jüngere Studien belegen eine zunehmend positive Einstellung von Lehrkräften: Lehrkräfte halten die Zusammenarbeit mit Kolleginnen und Kollegen für einen wichtigen Bestandteil ihrer Arbeit, doch sie berichten gleichzeitig davon, dass in der Praxis einfache Formen des Austauschs, wie etwa der Austausch von Unterrichtsmaterialien, dominieren. Komplexere Formen des kollegialen Miteinanders, wie etwa zeitintensive Unterrichtshospitationen, werden dagegen lediglich von ca. 20 Prozent der Lehrkräfte durchgeführt. (Richter & Pant 2016, S. 8, S.14).

Lehrerkooperation in professionellen Lerngemeinschaften

Kooperative Schulentwicklung ist ein Lernprozess, in dem organisationseigene Ressourcen über das Zusammenwirken aller schulischen Statusgruppen mit dem Ziel einer Qualitätsverbesserung des Bildungsangebots mobilisiert werden (Rahm 2010). Dieses Zusammenwirken ist getragen von geteilter Führungsverantwortung, geteilten Werten und Visionen, gemeinsamem Lernen, unterstützenden Rahmenbedingungen und geteilter Praxis (vgl. Rolff 2013). Die Zusammenarbeit von pädagogischen Expertinnen und Experten im organisationalen Miteinander des Ganztags kann unterschiedliche Grade der Intensität annehmen. Sie reichen vom Austausch (z. B. von Unterrichtsmaterialien) über Arbeitsteilung (z. B. geteilte Erledigung von Aufgaben zur Unterrichtsvorbereitung) bis hin zur Ko-Konstruktion (gemeinsame Aufgabenbearbeitung, gemeinsame Problemlösung) (Gräsel et al. 2006; Huber 2014).

Betrachten wir Schulen als Communities of Practice, die sich aus den Mitgliedern einer Bildungseinrichtung zusammensetzen und die gemeinsam soziale Praxis herstellen, so wird deutlich, dass das gemeinsame Lernen als leitende Orientierung entwickelt werden kann. Nach Wenger entwickelt sich Praxis als eine Form der Kommunikation über geteilte historische und soziale Ressourcen, die wechselseitiges Engagement befördern kann (Wenger 1998, S. 5). Der unlängst erhobene Befund, dass die Kooperation der Lehrkräfte in Deutschland weniger ausgeprägt ist als in anderen Ländern, ist vor dem Hintergrund diesbezüglich defizitären historischen Erfahrungswissens in Regelschulen zu deuten (Rahm 2010). Darüber hinaus kann der

Kooperationsmangel in der additiven, zellularen Struktur von Schule begründet sein. Dies führt dazu, dass Lehrkräfte strukturell isoliert voneinander arbeiten und für sich pädagogische Handlungsfreiheit reklamieren (Pröbstel et al. 2012, S. 55).

Der Austausch als einfache Form der Kooperation dominiert. „In Deutschland unterstützen sich mehr Lehrer gegenseitig mit Unterrichtsmaterialien als im OECD-Mittelwert (62 zu 46 %). Bei fachlichen oder pädagogischen Diskussionen über die Lernentwicklung von Schülerinnen und Schülern (50 zu 62 %) oder gemeinsamen Bewertungsstandards (33 zu 41 %) fällt Deutschland hinter den internationalen Durchschnitt zurück" (Richter & Pant 2016, S. 7).

Ansätze gemeinschaftlicher Ganztagsschulentwicklung

Tragfähige Ansätze gemeinschaftlicher Ganztagsschulentwicklung lassen sich v. a. in den Bereichen einer Förderung von Schülerinnen und Schülern, in der Beteiligung von Eltern und Schülern an der Schulentwicklung sowie im Bereich der Kooperation mit außerschulischen Partnern beobachten.

Die Förderung von Lernenden in der Ganztagsschule erscheint aufgrund der erweiterten zeitlichen Optionen deutlich erleichtert. Es können zusätzliche Förderangebote, die Wiederholung, Übung und Vertiefung ermöglichen, im Schulalltag etabliert werden. Dabei ist darauf zu achten, dass die Fördermaßnahmen an den regulären Fachunterricht gekoppelt bleiben und somit eine intensive strukturierte Begleitung der Lernenden ermöglichen (Holtappels & Rollet 2008, S. 295). Maßnahmen wie innere und äußere Differenzierung, Methodenarbeit, Förderkurse, Hausaufgabenbetreuung, Begabtenförderung, Theater, Sport- und Musikprojekte sind möglich (Lehmann 2011).

59 % der befragten Lehrkräfte in Deutschland geben an, regelmäßig mit Sonderpädagoginnen und -pädagogen zusammenzuarbeiten (Richter & Pant 2016, S. 16). Richter & Pant konstatieren: „An Schulen mit Inklusionsangebot arbeiten Lehrkräfte erwartungskonform häufiger mit Sonder- und Sozialpädagogen zusammen und unterrichten häufiger regelmäßig im Team. Aber auch andere Formen des Austauschs wie die Weitergabe von Material, das Gespräch über die Lernentwicklung mit den Schülerinnen und Schülern und die Erarbeitung von Bewertungsstandards finden an Inklusionsschulen häufiger statt" (Richter & Pant 2016, S. 9).

Bezüglich der Partizipation von Eltern und Schülern lässt sich feststellen, dass der offene Ganztagsbetrieb durch das erweiterte Angebot zu einer stärkeren Beteiligung der Akteure einlädt. Gemeinschaftliche Ganztagsbildung erfordert eine Annäherung und einen intensiven Austausch der Bildungsorte Familie und Schule. Die Mitwirkung von Schülern und Eltern an der Schulentwicklung kann als zentrales Merkmal von Schulqualität gewertet werden (Börner 2010, S. 6). Die Kooperation von Schule und Elternhaus reicht aus Familienperspektive von einer Zusammenarbeit für die Belange des Kindes, der Beratung des Schulpersonals (Lehrkräfte und weiteres pädagogisches Personal) seitens der Eltern im Bedarfsfall, einer schulischen Unterstützung der Eltern in ihrer Erziehungsverantwortung bis hin zur optionalen Information der Eltern über Schulbelange (Soremski 2011, S. 117).

Die Einbeziehung von Schülerinnen und Schülern in die Schulentwicklung gelingt einerseits über die Schülermitverwaltung oder über die Einbeziehung in Projekte wie z. B. Streitschlichtung, andererseits über die Etablierung einer Anerkennungskultur, in der Kinder und Jugendliche breite Mitwirkungsmöglichkeiten erhalten (Becker 2014).

In der Kooperation mit außerschulischen Partnern eröffnen sich vielfältige Entwicklungsmöglichkeiten für die Ganztagsschule. In der Zusammenarbeit mit Sportvereinen, Umweltorganisationen oder Musikschulen können beide Partner profitieren, erweitern sie doch jeweils ihr Profil und gewinnen durch die Vernetzung Chancen zum Aufbau zusätzlicher Kompetenzen (Bloße et al. 2011). Gerade hier kann Schule als gesellschaftliche Einrichtung einerseits in die Gesellschaft hineinwirken und andererseits gesellschaftliche Impulse aufnehmen.

Kooperation ist eine unabdingbare Voraussetzung für die Entwicklung der Ganztagsschule. Sie dient der Förderung von Schülerinnen und Schülern, dem Miteinander in der Schulgemeinschaft sowie dem breiten gesellschaftlichen Engagement für Bildung.

Literatur

Autorengruppe Bildungsberichterstattung (2016): Bildung in Deutschland 2016. Bielefeld: Bertelsmann.

Becker, H. (2014): Partizipation von Schülerinnen und Schülern im Ganztag. In: Der Ganztag in NRW – Beiträge zur Qualitätsentwicklung. Hrsg. v. Institut für Soziale Arbeit e. V. Münster. H. 27.

Bloße, S., Böttcher, S. & Förster, A. (2011): Partnerschaften auf Augenhöhe? In: Gängler, H. & Markert, T. (Hrsg.): Vision und Alltag der Ganztagsschule. Weinheim und München: Juventa, S. 115-144.

Börner, N. (2010): Mittendrin statt nur dabei – Elternpartizipation in der Offenen Ganztagsschule. In: Der Ganztag in NRW – Beiträge zur Qualitätsentwicklung. Hrsg. v. d. Serviceagentur Ganztägig lernen Nordrhein-Westfalen, S. 6-16.

Bonsen, M., Hübner, C. & Mitas, O. (2013): Teamqualität in der Schule – Lehrerkooperation als Ausgangspunkt für Schul- und Unterrichtsentwicklung. In: Keller-Schneider, M., Albisser, S. & Wissinger, J. (Hrsg.) (2013): Professionalität und Kooperation in Schulen. Bad Heilbrunn: Klinkhardt, S. 105-122.

Döbert, H. & Weishaupt, H. (Hrsg.) (2013). Inklusive Bildung professionell gestalten. Münster: Waxmann.

Fend, H. (2008): Neue Theorie der Schule – Einführung in das Verstehen von Bildungssystemen. Wiesbaden: VS.

Gräsel, C., Fußangel, K. & Pröbstel, C. (2006): Lehrkräfte zur Kooperation anregen – Eine Aufgabe für Sisyphos? In: Zeitschrift für Pädagogik 52, 2, S. 205-219.

Holtappels, H.G. & Rollett, W. (2008): Individuelle Förderung an Ganztagsschulen. In: Kunze, I. & Solzbacher, C. (Hrsg.): Individuelle Förderung in der Sekundarstufe I und II. Hohengehren: Schneider, S. 291-308.

Huber, S.G. (2014). Kooperation in Bildungslandschaften: Aktuelle Diskussionsstränge, Wirkungen und Gelingensbedingungen. In: Huber, S.G. (Hrsg.): Kooperative Bildungslandschaften. Netzwerke(n) im und mit System, S. 3-29. Kronach: Wolters Kluwer Deutschland.

Kultusministerkonferenz (2010): Allgemeinbildende Schulen in Ganztagsform in den Ländern in der Bundesrepublik Deutschland. Statistik 2004 bis 2008. Berlin.

Lehmann, T. (2011): Individuelle Förderung. In: Gängler, H. & Markert, T. (Hrsg.): Vision und Alltag der Ganztagsschule. Weinheim: Juventa, S. 239-264.

Nerowski, C. (2015): Erwartungen an Ganztagsschulen. In: Rahm, S., Rabenstein, K. & Nerowski, C.: Basiswissen Ganztagsschule. Weinheim und Basel: Beltz, S. 38-64.

Pröbstel, C. H. & Soltau, A. (2012): Wieso Lehrkräfte (nicht) kooperieren. Die Bedeutung „personaler Faktoren" in der Zusammenarbeit am Arbeitsplatz Schule. In: Baum, E., Idel, T.-S. & Ullrich, T.: Kollegialität und Kooperation in der Schule. Wiesbaden: Springer VS, S. 55-75.

Rahm, S. (2010): Theorien der Schule und ihrer Entwicklung. In: Rahm, S. und Nerowski, C. (Hrsg.): Enzyklopädie Erziehungswissenschaft Online (EEO). Fachgebiet Schulpädagogik, Weinheim und München.

Rahm, S., Rabenstein, K. & Nerowski, C. (2015): Basiswissen Ganztagsschule. Weinheim und Basel: Beltz, S. 38-64.

Richter, D. & Pant, H. A. (2016): Lehrerkooperation in Deutschland. Hrsg. v. Bertelsmann Stiftung, Gütersloh.

Rolff, H.-G. (2013): Schulentwicklung kompakt. Weinheim und Basel: Beltz.

Soremski, R. (2011): „Da gucken wir, dass wir an einem Strang ziehen". Kooperation zwischen Familie und Ganztagsschule als Bildungs- und Erziehungspartnerschaft? In: Soremski, R., Urban, M. & Lange, A. (Hrsg.): Familie, Peers und Ganztagsschule. Weinheim und München: Juventa, S. 11-128.

Speck, K., Olk, T., Böhm-Kasper, O., Stolz, H.-J. & Wiezorek, C. (Hrsg.) (2011): Ganztagsschulische Kooperation und Professionsentwicklung. Weinheim und Basel: Beltz Juventa.

Wenger, E. (1999): Communities of Practice. Cambridge University Press.

Züchner, I. & Fischer, N. (2011): Ganztagsschulentwicklung und Ganztagsschulforschung. In: Fischer, N., Holtappels, H.G., Klieme, E., Rauschenbach, T., Stecher, L. & Züchner, I. (Hrsg.): Ganztagsschule: Entwicklung, Qualität, Wirkungen. Weinheim: Juventa, S. 9-17.

Christina Hansen
Changes – Chances – Challenges: Die veränderte Rolle der Lehrkraft in der Ganztagsschule

„Die meisten Studierenden sind erstaunt, wenn sie erfahren, dass über 60 % der Schulen in Deutschland Ganztagsschulen[1] sind. Dies wird in der Lehrerbildung bis heute wenig transportiert und thematisiert. Visionen von Ganztagsschulen scheitern deshalb häufig an der mangelnden Akzeptanz der Lehrkräfte" (Fischer 2014). Das Fazit der Erziehungswissenschaftlerin Natalie Fischer zur Frage des Berufsbilds von Lehrkräften spiegelt mit der Vorstellung angehender Lehrkräfte über Schule ein Missverhältnis zur veränderten Schulwirklichkeit wider und begründet die schleppende Umsetzung innovativer Schulentwicklungskonzepte in der Ganztagsschule (vgl. StEG 2016, 15. Kinder- und Jugendbericht 2017).

Dies mag zum einen daran liegen, dass Lehrkräfte und Lehramtsstudierende, die aktuell kurz vor der ersten Staatsprüfung stehen, die Ganztagsschule nur bedingt aus der eigenen Schulzeit kennen. Ihre Vorstellung vom Lehrberuf passt häufig nicht zur Realität, mit der sie konfrontiert werden (Popp 2011, Kulig & Müller 2011, Kraler 2008, S. 773). Zum anderen mag es daran liegen, dass die Kompetenzen, die in der Ganztagsschule in besonderem Maße relevant sind, in der Lehrerbildung noch nicht ausreichend und konsequent mitgedacht werden (vgl. Börner et al. 2011, Wiezorek et al. 2011 oder Lehmann 2011, S. 253). Weiterhin darf man auch nicht die bildungspolitische Debatte außer Acht lassen, die zu Entscheidungen über die Rahmenbedingungen für Lehrerbildung und Schulentwicklung führt und einen zentralen Stellenwert bei der Einführung von Ganztagsschulen einnimmt (vgl. Börner et al. 2011).

Bedenkt man nun, dass im Zuge des verstärkten Ausbaus von Ganztagsschulen die Wahrscheinlichkeit steigt, im Lehrberuf zukünftig mit Aufgaben, Fragen und Problemen konfrontiert zu werden, die über die Herausforderungen der Halbtagsschule hinausgehen (Stichwort: Didaktisierung der Freizeitgestaltung und Rhythmisierung des Unterrichts), dann müssten solche Befunde alarmieren. Es wird jedenfalls nicht mehr ausreichen, immer mehr

---

[1] Ganztagsschulen sind nach Definition der Kultusministerkonferenz (KMK) Schulen, bei denen über den vormittäglichen Unterricht hinaus an mindestens drei Tagen in der Woche ein ganztägiges Angebot für die Schülerinnen und Schüler bereitgestellt wird, das täglich mindestens sieben Zeitstunden umfasst, den teilnehmenden Schülerinnen und Schülern an allen Tagen des Ganztagsschulbetriebs ein Mittagessen angeboten wird, die nachmittäglichen Angebote unter der Aufsicht und Verantwortung der Schulleitung organisiert und in enger Kooperation mit der Schulleitung durchgeführt werden und die in einem konzeptionellen Zusammenhang mit dem vormittäglichen Unterricht stehen (KMK 2016, S. 4).

Schulen zu Ganztagsschulen zu machen, ohne auch Lehrkräfte zu gewinnen, die sich an der konkreten und handlungsorientierten Implementierung von Ganztagskonzepten beteiligen können und auch gewillt sind, sich in diesem Rahmen auf pädagogisches Neuland einzulassen: Der Ganztag ist kein Selbstläufer und muss aktiv und sinnvoll gestaltet werden bzw. auch gestaltet werden können.

Changes: Wozu Ganztagsschule?

Es lassen sich – in diesem Beitrag nur grob skizziert – gesellschafts- und bildungspolitische Begründungslinien für die Ganztagsschule nennen:

Durch die veränderten *gesellschaftlichen* Rahmenbedingungen der letzten 30 Jahre, wie beispielsweise gewandelte Familienformen, die gestiegene Erwerbstätigkeit von Frauen oder die Erreichbarkeit von Spiel-, Freizeit- und Kulturangeboten, sind Bedingungen für das Aufwachsen von Kindern und Jugendlichen gegeben, in denen die Ganztagsschule erzieherische Unterstützung bietet und einen Lern- und Erfahrungsraum schafft, der den gestiegenen Ansprüchen und Forderungen der Eltern nach Schlüsselkompetenzen und Qualifikationen durch die erweiterte Lernzeit entgegenkommt.

Als *bildungspolitische* Ziele der Ganztagsschule lassen sich in erster Linie die Erhöhung von Bildungschancen unabhängig vom sozioökonomischen Hintergrund der Kinder nennen. An die veränderte Lernkultur einer Ganztagsschule (Stichwort: Differenzierte Lehrmethoden und rhythmisierter Schultag) sind Erwartungen geknüpft, den sozialen Chancenungleichheiten durch kompetente Diagnostik, individuelle Lernförderung und Ausschöpfung der Begabungen entgegenzuwirken.

Chances: Potenziale der Ganztagsschule

Je nachdem, ob man nun bildungs- oder gesellschaftspolitische Faktoren betont, erkennt man unterschiedliche Bildungsvorstellungen in einer postmodernen Gesellschaft, die zwischen „mehr Bildungsgerechtigkeit" und „ökonomischen Begründungslinien" pendeln – je nachdem, welches Verständnis von ganztägiger Bildung vertreten wird, um den oben umrissenen Entwicklungslinien und dem rasanten Wandel auf dem Arbeitsmarkt mit den damit einhergehenden veränderten Qualifikationsanforderungen (Stichwort: Digitalisierung, Globalisierung, Migration und Umwelt) zu begegnen.

Was ist damit gemeint? Erleichtert durch den schnellen technologischen Fortschritt und die sinkenden Transportkosten, bewegen sich Personen immer freier über Länder- und Kontinentalgrenzen hinweg und bringen dabei eine größere ethnische, sprachliche und kulturelle Vielfalt in die OECD-Mitgliedsländer. Ein weiterer Punkt: Das im zwanzigsten Jahrhundert dominante Familienmodell – charakterisiert durch einen allein erwerbstätigen Vater und eine Mutter, die sich um Haushalt und Kinder kümmert – hat sich verändert. Über die letzten 50 Jahre hinweg hat die Anzahl von Patchworkfamilien und alleinerziehenden Eltern zugenommen, Familien werden kleiner und

Menschen entscheiden sich immer später im Leben dazu, Kinder zu bekommen, oder sie verzichten ganz darauf. Schließlich Digitalisierung: Technologischer Fortschritt wird sich durch Erfahrungen in virtuellen Räumen auf noch nie dagewesene Weise in unserem Leben etablieren. Dies betrifft aber nicht nur das Internet. Innovationen in der Biotechnologie, beispielsweise Genomsequenzierungen, haben das Potenzial, unser Leben zu revolutionieren. (vgl. OECD 2016).

Zusammenfassend kann hier festgehalten werden, dass sich für Schülerinnen und Schüler in den nächsten Jahren ein Bruch zwischen einer tradiert vorherrschenden und im gesellschaftlich vorgegebenen Bildungsprozess vermittelten Raumvorstellung und der gelebten, erlebten Welt der Kinder ergeben wird, dem sie begegnen lernen müssen.

In der Ganztagsschule würden sich für die genannten globalen und gesellschaftlichen Veränderungsprozesse mehr Raum und die Zeit bieten, Lern- und Erprobungsräume für Schülerinnen und Schüler erfahr- und gestaltbar zu machen, damit sie auf die Veränderungen besser vorbereitet werden können und später eine größere Chance erhalten, an den gesellschaftlichen Entwicklungen zu partizipieren und diese auch entsprechend ihrer Interessen mitzugestalten.

Im Besonderen wird das im 15. Kinder- und Jugendbericht (2017, S. 334) schon diskutiert und die oben genannten Kernkompetenzen in folgende Teilaspekte unterteilt:

a) individuelle Förderung und personalisiertes Lernen
b) erweiterte Bildungsmöglichkeiten
c) multiprofessionelle Zusammenarbeit und Kooperation
d) Rhythmisierung des Schulalltags und des Lernens
e) Partizipation und (Mit-)Verantwortung aller Beteiligten an der Ausgestaltung des Schullebens, z. B.

- Räume zur gemeinschaftlichen Mit- und Selbstgestaltung (z. B. Lernsettings)
- Möglichkeit der inhaltlichen Teilhabe (z. B. Lerninhalte und Arbeitsweisen)
- institutionelle Öffnung nach innen und außen (z. B. außerschulische Lernorte)
- Demokratiebildung und Demokratieerfahrung (z. B. Demokratie als Lebensform)

f) lebenslanges Lernen und gesellschaftliche Wirksamkeit (z. B. *service learning*)

Die Erweiterungen der Ganztagsschule – so formuliert es Stefan Appel – müssen in Anbetracht der genannten Herausforderungen deshalb aber mehr sein als eine „verlängerte Halbtagsschule mit Suppenausgabe" (Appel et al. 2009, S. 32). Ganztagsschulen tragen vielmehr das Potenzial einer zukunftsweisenden Ausrichtung von Schule in sich, die nicht nur eine neue Lernkultur beinhaltet, indem sie bessere Rahmenbedingungen im Umgang mit Diversität in der Schule schafft. Hier tritt auch ein stärkerer gesellschaftlicher Auftrag als in der Halbtagsschule in den Vordergrund, beispielsweise hinsichtlich der Verbesserung des Schulerfolgs durch den forcierten Ausgleich sozialer Benachteiligung oder der aktiven (Mit-)Verantwortung und Mitgestaltung der Akteure im Schulalltag. Damit ist die Erwartung verbunden, dass mit der Ganztagsschule in effektiverer Weise auf gesellschaftliche Themen, Entwicklungen und Herausforderungen reagiert werden kann, als dies in den klassischen Halbtagsschulen der Fall war. Damit kommt der Ganztagsschule eine verstärkte Sozialisations- und Integrationsfunktion zu.

Challenges: Ohne Lehrkräfte geht es nicht

Mit diesem Potenzial verbunden, sind natürlich auch veränderte Anforderungen an die Schule und ihrer Akteure gestellt, denn: „Mehr Zeit – mehr Raum – mehr Lernen – mehr Miteinander" bedeuten noch keine Etablierung der Ganztagsschule als *pädagogische* Einrichtung. Wie die Schule im Allgemeinen, so ist auch die Ganztagsschule im Besonderen zunächst aus bildungs- und gesellschaftspolitischen Motiven heraus entstanden, und es liegt in der Verantwortung der pädagogischen Akteure, diesen gesellschaftlichen und politischen Begründungslinien eine *pädagogische* Wendung zu geben. Berücksichtigt man die Erkenntnisse und Bemühungen zur Gestaltung von „guten" Schulen, so weiß man längst, dass eine wichtige Voraussetzung für eine gelingende Schulentwicklung eine Klärung der pädagogischen Grundlagen und Ziele ist. Nur wenn im Kollegium der Schule gemeinsame Grundvorstellungen und Ziele sowie entsprechende Arbeitsbedingungen und Organisationsstrukturen vorhanden sind, werden Erneuerungsbestrebungen nicht ins Leere laufen und die pädagogischen Akteure die Unterstützung erfahren, die sie zur Bewältigung von Schulentwicklungsprozessen brauchen, sollen diese nachhaltig sein (vgl. StEG 2016).

Im Folgenden soll in Anlehnung an den 15. Kinder- und Jugendbericht 2017 diskutiert werden, welche Schlüsselkompetenzen von Lehrkräften in der Ganztagsschule besonderes Gewicht erhalten und daher auch in der Lehrerbildung von zentraler Bedeutung sind:

Schlüsselkompetenzen für Lehrkräfte in Ganztagsschulen für:

a) Kooperation und multiprofessionelle Teamarbeit
b) Partizipation und aktive Mitgestaltung von Schulentwicklungsprozessen
c) Umgang mit Diversität in inklusiven Strukturen
d) Lebenslanges Lernen in „profigraphischer" Perspektive
e) Reflexion und Transformation

Changes – Chances – Challenges

a) Kooperation und multiprofessionelle Teamarbeit

Der erweiterte Erziehungsauftrag an Ganztagsschulen bedeutet für Lehrkräfte, dass sie nicht nur Fachwissen vermitteln, sondern auch über größere sozialpädagogische Professionalität verfügen müssen (vgl. Kinder- und Jugendbericht 2017, S. 335). Das heißt nicht, dass Lehrkräfte an Ganztagsschulen alle anfallenden Arbeiten alleine bewältigen. Vielmehr müssen sie die Bereitschaft und Fähigkeit haben, mit „anderem" pädagogisch-professionellen Personal (z. B. Sozialpädagoginnen und -pädagogen, Sonderpädagoginnen und -pädagogen, Psychologinnen und Psychologen, Erzieherinnen und Erziehern), aber auch mit „nicht-pädagogischem" Personal (z. B. Eltern, Ehrenamtlichen oder Honorarkräften) erfolgreich zusammen arbeiten zu können. Der Lehrkraft kommt hierbei eine besondere Rolle zu: Neben der Sicherstellung einer funktionierenden Zusammenarbeit behält sie den ganzheitlichen Blick auf ihre Schülerinnen und Schüler, um das an individuellen Bedürfnissen ausgerichtete Lernen für jeden Einzelnen sicherzustellen.

b) Partizipation in und aktive Mitgestaltung von Schulentwicklungsprozessen

Die formale Umstellung von einer Halbtagsschule („top down") in eine ganztägige Bildungseinheit kann relativ schnell erfolgen. Eine Ganztagsschule im Sinne einer ganzheitlichen Lebens- und Lernkultur zu entwickeln, ist jedoch mit Sicherheit ein länger währender Prozess. Er kann nur wirkungsvoll und nachhaltig umgesetzt werden, wenn er von den pädagogischen Akteuren („bottom-up") gestaltet und mitgetragen wird. Dafür ist eine offene Haltung *zu* und eine Identifikation *mit* den pädagogischen Zielen einer Ganztagsschule notwendig. Weiterhin ist vor allem die Fähigkeit von Lehrkräften erforderlich, sich an diesem Prozess aktiv zu beteiligen und mit eigenen Vorstellungen und Konzepten sowie dem dafür notwendigen professionellen „Handwerkszeug" zu füllen und zu verstetigen.

So tritt beispielsweise der Lebensweltbezug durch außerschulische Bildungsangebote in prägender Weise neben den „normalen" Fachunterricht, und es gilt in diesem Sinne nicht nur Arbeitsgemeinschaften, Projekte und Freizeitaktivitäten zu organisieren, sondern in besonderer Weise auch unterschiedliche Erfahrungswelten durch kreative und andere vielfältige Lernangebote für Kinder und Jugendliche zu realisieren, das heißt: Lernsettings im Unterricht – der ja weiterhin Kernaufgabe der Schule bleibt – adaptiv im Hinblick auf aktuelle gesellschaftliche Themen und unterschiedliche Lernausgangslagen der Kinder und Jugendlichen zu gestalten und diese nachhaltig als strukturelle Maßnahme zu implementieren (z. B. durch *service learning*-Projekte als Unterrichtselemente).

c) Umgang mit Diversität in inklusiven Strukturen

Heterogenität im Klassenzimmer war zwar immer schon vorherrschend. Dennoch sind neben dem dafür gestiegenen Bewusstsein von Lehrkräften auch die faktischen Herausforderungen im Sinne sozioökonomischer, kultureller, sprachlicher, ethischer und leistungsbezogener Vielfalt der Schülerinnen und Schüler in den letzten Jahren gestiegen. Diese Entwicklung wird wohl auch in den nächsten Jahren anhalten. Um den Herausforderungen in einem inklusiven Setting professionell zu begegnen, bedarf es z. B. dynamischer Zeitfenster („Freiarbeitsschienen") zur Vertiefung des Gelernten oder zur Förderung der Schülerinnen und Schüler, der stärkeren Präsenz multiprofessioneller Teamarbeit oder alternativer Unterrichtsmodelle. Auch die zunehmende kulturelle Heterogenität der Schülerinnen und Schüler durch Migration und der Anteil von Kindern und Jugendlichen, deren Erstsprache nicht Deutsch ist, erfordern das Know-how und den Raum zur Gestaltung eines sprachsensiblen Unterrichts, abseits von separierenden „Deutschkursen für Ausländerinnen und Ausländer" und im Sinne eines modernen integrativen DaZ-Unterrichts. Die *Struktur* der Ganztagsschule mit ihrem rhythmisierten und ganzheitlichen Ansatz als „Lern- und Lebensraum" stellt zwar mehr Zeit und Raum für diese Ansprüche individueller Förderung *und* gemeinsam zu gestaltenden Raum bereit, gleichwohl bedarf es der Lehrkräfte, die diesen erweiterten Rahmen mit individuellen Forder- und Förderangeboten auch didaktisch und methodisch füllen können. Dazu benötigen sie die Fähigkeit, unterschiedlichste Lern- und Erfahrungswelten der Schülerinnen und Schüler inklusiv zu denken und mit gemeinschaftlichem, partizipativem Handeln auch inklusiv zu verankern.

d) Lebenslanges Lernen in „profigraphischer" Perspektive

Der stetige Wandel in der Arbeitswelt und in der Gesellschaft verlangt von Lehrkräften, dass sie ihren Unterricht auf immer mehr und immer schneller wechselnde Anforderungen ausrichten. Sie müssen beispielsweise hinsichtlich der potenziellen Auswirkungen veränderter Gesundheits- und Umweltprioritäten in einer zunehmend digitalisierten Welt auf dem neuesten Stand sein, um ihren Unterricht für ein Lernen in Lebenszusammenhängen anpassen zu können (OECD 2016). Dabei ist es wichtig, dass sich Lehrkräfte vor Augen führen, dass gesellschaftliche Trends nicht nur die Schule beeinflussen, sondern sie sich gleichzeitig auch als Gestalter dieser Trends wahrnehmen lernen, das heißt, sie müssen sich die Frage stellen: Was bedeutet eine gesellschaftliche Entwicklung für meine Schule und meine Arbeit? Und: Wie können wir (Lehrkräfte und Schülerinnen und Schüler) lernen, aktiv an diesen Veränderungen als kritische und mündige Menschen zu partizipieren?

Lehrkräfte an Ganztagschulen stehen durch die für diese Schulform charakteristische Verknüpfung formeller und informeller Lernsettings vor der Herausforderung, Inhalte und Arbeitsweisen schulischen Lernens und Lebens „zukunftsfest" für Herausforderungen gesellschaftlicher Veränderungen und Entwicklungen zu machen. Dabei sind Lehrkräfte aufgerufen, auch ihre eigene professionelle Rolle im Sinne einer zukunftsfähigen Perspektive zu überdenken und im Verständnis eines „profigraphischen" (berufslebenslangen) Prozesses (Schenz 2012, S. 125) an sich verändernde Bedarfe informellen und formellen Lernens anzupassen.

e) Reflexion und Transformation

Es gibt eine Vielzahl an theoretischen und empirischen Studien zur Unterrichtsforschung, Schulentwicklung und Lehrerbildung, in denen ein enger Zusammenhang zwischen persönlicher und professioneller Entwicklung bei Lehrkräften festgestellt wird (vgl. König 2010, Neuweg 2012). Als zentraler Faktor für eine gelungene professionelle Entwicklung wird dabei die *reflexive Distanz zu Routinen und Gewohnheiten des Alltags* genannt, die möglich wird durch intensive Reflexion auf allen Ebenen, z. B. durch Nachdenken über die Schule und die eigene Schulzeit, durch Kontakte mit Reformideen und -projekten oder in Auseinandersetzung mit pädagogischen Fragestellungen durch die heterogene Schülerschaft.

Die Befragten haben durch Reflexion einen „anderen" Blick auf die Schulrealität erworben und schneller gelernt, sie unter pädagogischen Gesichtspunkten zu analysieren und (neu) zu gestalten (vgl. König 2010). Für Lehrkräfte an Ganztagsschulen wird es für ihre facettenreichen Unterrichts- und Erziehungsaufgaben deshalb im besonderen Maße von Bedeutung sein, ob es ihnen gelingt, ihr professionelles Wissens- und Handlungsrepertoire für Innovationsprozesse für die neuen schulischen und gesellschaftlichen Aufgabenstellungen anzupassen und die daraus resultierenden Transformationsprozesse für zukunftsfähige Lern- und Lebenskonzepte nachhaltig zu verändern.

Anstelle eines Fazits: Was ist noch zu tun?

Entlang der fünf genannten Schlüsselkompetenzen für Lehrkräfte an Ganztagsschulen lassen sich zusammenfassend vier noch offene Punkte nennen, die bei der Gestaltung zukunftsfähiger Ganztagsschulen Beachtung finden sollten:

1) Das Berufsbild der Lehrkräfte

Die Vorstellung der „klassischen" Halbtagsschule prägt nach wie vor das Berufsbild, der grundlegende Mentalitätswechsel hat noch nicht flächendeckend stattgefunden (StEG 2016).

2) Eine multiprofessionelle Kooperationskultur

Die vielfältigen Aufgaben, der sich Lehrkräfte an Ganztagsschulen stellen müssen, können vor allem dann bewältigt werden, wenn diese sich als Teil eines Teams verstehen. Neben der Bereitschaft zur Kooperation mit anderen Lehrkräften muss es vermehrt auch darum gehen, die Grenzen der eigenen Professionalität und der eigenen professionellen Zuständigkeit zu kennen, um zu wissen, wann man wen hinzuziehen muss (vgl. 15. Kinder- und Jugendbericht 2017, S. 338ff).

3) Flächendeckende und erfahrungsbasierte Konzepte

Nach wie vor gibt es noch relativ wenige empirische Befunde und Erkenntnisse zur Validierung gelingender Handlungskonzepte. Zwar haben Forschungsprojekte wie die StEG-Studie bereits erste wertvolle Ergebnisse und belastbare Daten zur Ganztagsschulpraxis geliefert, dennoch muss der Austausch zwischen Schule und Hochschule intensiviert werden, um mehr tragfähige, auch regional spezifische Konzepte entwickeln zu können.

4) Lehrangebote und Forschung in der Lehrerbildung

Damit das Thema Ganztagsschule in der Lehrerbildung mehr als nur „theoretisches Konstrukt" ist, muss es auch in den Hochschulen stärker in Forschung und Lehre berücksichtigt werden: Nicht nur die Schulwirklichkeit hat sich verändert, auch die Lehrerbildung muss sich stärker auf eine ganztägige Schule hin ausrichten, beispielsweise mit mehr Lehrangeboten für adaptive und inklusive Lehr- und Lernformen, für den Kompetenzaufbau in multiprofessioneller Zusammenarbeit, der Befähigung zu „profigraphischer" Reflexion und der Öffnung zum lebenslangen Lernen.

Was mit der Entwicklung von Ganztagsschulen vor unseren Augen passiert, ist also ein „Kulturwandel" in der Schullandschaft. Wir tun gut daran, diesen Veränderungen „reziprok" (*Changes* und *Chances*) zu begegnen, denn: Um die Chancen von Ganztagsschulen zu nutzen, müssen Lehrkräfte erstens ihre bisherige professionelle Rolle sowie ihre alltägliche didaktische Arbeit den Herausforderungen des Ganztagsbetriebs anpassen. Zweitens müssen dafür in der Lehrerbildung curriculare Verankerungen geschaffen werden, die – neben theoretischen Konstrukten und Modellen – auch mit den tatsächlichen Bedürfnissen und Erfahrungen der Ganztagsschulen angereichert werden. Diese könnten dann drittens wiederum als Lösungsstrategien in den Berufsalltag der Lehrkräfte zurückwirken. Um im Wortspiel zu bleiben: *Chancen* stellen nur das Potenzial für Veränderung dar, sie sind nicht die Veränderung selbst. Vielmehr gilt es, diese als Herausforderung anzunehmen und zukunftsfähige Handlungskonzepte (mit-)zugestalten – sonst verpufft die beste Chance. Lehrkräfte sollten dann auch dafür die Verantwortung übernehmen. Schließlich muss die bildungspolitische Debatte um den Stellenwert der Ganztagsschule (weiter-)geführt werden, um die Rahmenbedingungen für die Arbeit der Lehrkräfte konkret und nachhaltig zu verbessern.

Literatur

Appel, S. & Rutz, G. (2009): Handbuch Ganztagsschule. Praxis, Konzepte, Handreichungen. Schwalbach/Ts: Wochenschau-Verlag.

Börner, N., Eberitzsch, S., Grothues, R. & Wilk, A. (2011): Bildungsbericht Ganztagsschule NRW 2011. Dortmund.

Fischer, N. (2016): Ergebnisse nutzbar machen – Transfer und Erträge aus der Studie zur Entwicklung von Ganztagsschulen (StEG). In: Bundesministerium für Bildung und Forschung (Hrsg.): Bildungsforschung 2020. Zwischen wissenschaftlicher Exzellenz und gesellschaftlicher Verantwortung (S. 100-107). Berlin.

König, J. (2010): Längsschnittliche Erhebung pädagogischer Kompetenzen von Lehramtsstudierenden (LEK): Theoretischer Rahmen, Fragestellungen, Untersuchungsanlage und erste Ergebnisse zu Lernvoraussetzungen von angehenden Lehrkräften. Lehrerbildung auf dem Prüfstand 3(1), S. 56-83.

Kraler, C. (2008): Lehrerbildung. In: Coelen, T. & Otto, H.-U. (Hrsg.): Grundbegriffe Ganztagsbildung. S. 765-775. Wiesbaden: VS Verlag.

Kulig, W. & Müller, M. (2011): Rhythmus und Rhythmisierung. Begriffsgeschichtliche Lektüren und schulische Praxis. In: Gängler, H. & Markert, T. (Hrsg.): Vision und Alltag der Ganztagsschule. Die Ganztagsschulbewegung als bildungspolitische Kampagne und regionale Praxis, S. 163-182. Weinheim: Juventa.

Lehmann, T. (2011): Individuelle Förderung. Möglichkeiten und Grenzen der Förderung in Ganztagsschulen. In: Gängler, H. & Markert, T. (Hrsg.): Vision und Alltag der Ganztagsschule. Die Ganztagsschulbewegung als bildungspolitische Kampagne und regionale Praxis, S. 239-263. Weinheim: Juventa.

Neuweg, G. H. (2004): Figuren der Relationierung von Lehrerwissen und Lehrerkönnen. In: Hackl, B. & Neuweg, G. H. (Hrsg.): Zur Professionalisierung pädagogischen Handelns. Münster.

OECD (2016): Trends Shaping Education 2016, OECD Publishing, Paris.

Popp, U. (2011): Wie sich Lehrkräfte an ganztägigen Schulen wahrnehmen und was sich Schüler(innen) von ihnen wünschen. In: Appel, S. & Rother, U. (Hrsg.): Jahrbuch Ganztagsschule 2011: Mehr Schule oder doch: Mehr als Schule? S. 34-47. Schwalbach/Ts: Wochenschau Verlag.

Schenz, C. (2012): LehrerInnenbildung und Grundschule: Professionalisierung im Spannungsfeld zwischen Person und Gesellschaft. München: Utz.

Sekretariat der Ständigen Konferenz der Kultusminister der Länder in der Bundesrepublik Deutschland (KMK) (2016): Allgemeinbildende Schulen in Ganztagsform in den Ländern in der Bundesrepublik Deutschland – Statistik 2010 bis 2014. Berlin. Online unter: *www.kmk.org/fileadmin/Dateien/pdf/Statistik/GTS_2014_Bericht_Text.pdf* (Zugriff am: 31.03.2018).

StEG 2012-2015: Zentrale Befunde und Schlussfolgerungen. Online unter: *www.projekt-steg.de/sites/default/files/StEG_Brosch_FINAL.pdf* (Zugriff am: 01.10.2017).

Wiezorek, C., Stark, S. & Dieminger, B. (2011): „Wissen Sie, die Infrastruktur ist einfach nicht so, dass ich aus dem Vollen schöpfen kann" – Ganztagsschulentwicklung in ländlichen Räumen. In: Stecher, L, Krüger, H.-H. & Rauschenbach, T. (Hrsg.): Sonderheft 15 der Zeitschrift für Erziehungswissenschaft. Ganztagsschule. Neue Schule? Eine Forschungsbilanz. S. 109-124. Wiesbaden: VS Verlag.

Bundesministerium für Familie, Senioren, Frauen und Jugend (Hrsg.) (2017): 15. Kinder- und Jugendbericht 2017. Bericht über die Situation junger Menschen und die Leistungen der Kinder- und Jugendhilfe in Deutschland: Zwischen Freiräumen, Familie, Ganztagsschule und virtuellen Welten – Persönlichkeitsentwicklung und Bildungsanspruch im Jugendalter. Online unter: *www.bmfsfj.de/blob/115438/d7ed644e1b7fac4f9266191459903c62/15-kinder-und-jugendberichtbundestagsdrucksache-data.pdf* (Zugriff am: 28.10.2017).

Die Entwicklung der Ganztagsschule – Fragenteil

Auf welche Weise fördert der Freistaat Bayern den Ausbau von Ganztagsschulen?

Die Entwicklung der Ganztagsschule

In welchen Bereichen ist die Ganztagsschulentwicklung in Bayern erfolgreich? Wo liegen Potenziale?

Fragen – Reflexion – Concept Mapping

Die Entwicklung der Ganztagsschule – Reflexionsteil

Denken Sie noch einmal an die Inhalte des Kapitels. Vervollständigen Sie einen der folgenden Satzanfänge, indem Sie Ihre Gedanken dazu ausführen.

- „Eine Schlüsselerkenntnis für mich war…"
- „Die neue Perspektive für mich ist…"
- „Ich habe gelernt/verstanden, dass…"

_____

_____

_____

_____

_____

_____

Welche Auswirkungen hat das auf Ihr persönliches Rollenverständnis als Lehrerin bzw. Lehrer?

_____

_____

_____

_____

_____

_____

_____

Die Entwicklung der Ganztagsschule

Welche Anregungen/Ideen möchten Sie sich für Ihre spätere berufliche Praxis bewahren?

Worüber möchten Sie noch mehr erfahren?

Fragen – Reflexion – Concept Mapping

Die Entwicklung der Ganztagsschule – Concept Mapping

Stellen Sie Ihren jetzigen Kenntnisstand zum Themenkomplex mithilfe eines Schaubildes dar. Ergänzen Sie dieses mit Hinweisen und Symbolen, die Ihnen beim Lernen helfen und das Gelernte in Beziehung setzen.

II
ZEITORGANISATION UND LERNKULTUR

Henry Steinhäuser
Rhythmisierung als zentrales Gestaltungselement des Ganztags

Aufgrund der zusätzlichen Zeit und der Verlängerung des Schultages bis 16 Uhr wurde mit der Einführung des Ganztags nicht nur der Wechsel von Lehr- und Lernformen im Unterricht forciert. Die verschiedenen unterrichtlichen und außerunterrichtlichen Einheiten müssen auch sinnvoll auf den Schultag verteilt werden. Dafür hat sich im deutschsprachigen Raum der Begriff Rhythmisierung etabliert. Eine sinnvolle Rhythmisierung zählt zu den wichtigsten Gelingensbedingungen vor allem gebundener Ganztagsschulen und umfasst sowohl eine ziel- und adressatengerechte Gestaltung des Unterrichts, der außerunterrichtlichen Angebote und der Pausen als auch deren ausgewogene Verteilung über den gesamten Schultag.

Die Entwicklung eines entsprechenden Konzepts, wie die zusätzliche Zeit im Ganztag genutzt und strukturiert werden soll, ist eine der vorrangigen Schulentwicklungsaufgaben jeder einzelnen Schule. Im gebundenen Ganztag kann die Schule im Sinne einer rhythmisierten Tagesgestaltung den Unterricht und die außerunterrichtlichen Angebote über den gesamten Tag verteilen. Auch im offenen Ganztag ist eine lern- und schülerfreundliche Rhythmisierung möglich, allerdings eingeschränkt durch die vorgegebene Zweiteilung in die Pflichtunterrichtszeit am Vormittag und die Bildungs- und Betreuungsangebote am Nachmittag.

Rhythmisierung im Ganztag: Prinzip des Wechsels von Konzentration und Entspannung

Rhythmisierung im Ganztag beinhaltet einen ausgewogenen Wechsel von Konzentration und Entspannung, von Ruhe und Bewegung, kognitiven und praktischen Leistungen sowie von unterschiedlichen Lehr- und Lernformen und Methoden.[1] Eine entsprechende zeitliche Strukturierung des Schultages dient dabei einerseits einer möglichst effektiven, intensiven Nutzung der Lernzeit und soll andererseits den natürlichen Bedürfnissen von Schülerinnen und Schülern, ihrem Wohlbefinden und ihrer Zufriedenheit Rechnung tragen. Die Ganztagsschule muss deshalb auch Raum für Spiel und Bewegung einplanen, für Entspannung, soziales Miteinander und das Knüpfen von Freundschaften, für Reflexion und mußevolle Auseinandersetzung.

Zum einen müssen dafür verlässliche organisatorische Rahmenbedingungen durch eine sinnvolle Rhythmisierung des Stundenplans geschaffen werden. Zum anderen ermöglichen längere Zeiteinheiten zusätzliche

---

[1] „Dem gebundenen Ganztagsangebot liegt als Organisationsprinzip eine rhythmisierte Tages- und Unterrichtsgestaltung zugrunde, die sich im pädagogischen Konzept und den jeweiligen Stundenplänen der gebundenen Ganztagsklassen niederschlagen muss." (Bayerisches Staatsministerium für Unterricht und Kultus, Wissenschaft und Kunst 2018).

Gestaltungsspielräume für eine entsprechende didaktisch-methodische Rhythmisierung des Unterrichts. Mit Konzepten für einen schüleraktivierenden und differenzierenden Unterricht wird dabei an Ganztagsschulen zunehmend auch der Lernprozess jeder einzelnen Schülerin und jedes einzelnen Schülers in den Blick genommen.

Rhythmisierung des Stundenplans: Möglichkeiten auf schulorganisatorischer Ebene

An Ganztagsschulen sind inzwischen verschiedene Modelle der Zeitstrukturierung gängig:

Durch eine Auflösung des strikten 45-Minuten-Takts zugunsten größerer Zeiteinheiten von z. B. 60 oder 90 Minuten ergeben sich größere Gestaltungsspielräume für eine Rhythmisierung des Unterrichts und die Durchführung von Projekten oder anderen besonderen unterrichtsbezogenen Vorhaben in und außerhalb der Schule. Je nach Länge der Unterrichtseinheiten finden so am Vormittag lediglich zwei oder drei Unterrichtsblöcke statt. Neben ausreichend langen Pausen zwischen den Unterrichtsblöcken können zusätzliche Pausen innerhalb dieser Zeiteinheiten von den Lehrkräften flexibel nach Bedarf gemacht und gestaltet werden.

Die Rhythmisierung des Schultags schließt auf schulorganisatorischer Ebene außerdem eine ausgewogene Verteilung des Unterrichts und der außerunterrichtlichen Angebote auf Vor- und Nachmittag mit wechselnden Phasen der Konzentration und Entspannung sowie der Ruhe und Bewegung ein. Bei der Planung, Organisation und Umsetzung des rhythmisierten Ganztags fließen auch die Erkenntnisse der Lernpsychologie mit ein: Lern-, Arbeits-, und Entspannungsphasen werden über den Schultag verteilt und orientieren sich an der durchschnittlichen Leistungsfähigkeit der Schülerinnen und Schüler im Tagesverlauf. Am frühen Morgen ist die Leistungsfähigkeit vieler Kinder und Jugendlichen noch nicht sehr ausgeprägt. Ein gleitender Beginn des Unterrichtstages mit offenen Lernarrangements und Angeboten hingegen kommt dem individuellen Leistungsvermögen und der persönlichen Leistungskurve eines großen Teils der Schülerinnen und Schüler entgegen.[2]

Eine längere Mittagspause[3], die neben dem warmen Mittagessen ausreichend Zeit und Raum für die Bedürfnisse der Schülerinnen und Schüler nach Erholung durch Ruhe und Bewegung, Spiel oder kreative Angebote bietet, stärkt die Leistungs- und Konzentrationsfähigkeit für das rhythmisierte

---

[2] Viele von ihnen erreichen erst vormittags gegen 10 Uhr den Zenit ihrer Leistungsfähigkeit und sind erst dann besonders konzentrations- und leistungsfähig. Deshalb sollten auch in der Ganztagsschule die Kernfächer mit den höchsten geistigen Anforderungen idealerweise auf den späten Vormittag gelegt werden. Danach fällt die Leistungsfähigkeit ab und steigt erst am Nachmittag ab ca. 15 Uhr wieder an.

[3] Die Deutsche Gesellschaft für Ernährung e. V. (2015, S. 23) empfiehlt eine Mittagspause von mindestens 60 Minuten.

Rhythmisierung als zentrales Gestaltungselement des Ganztags

Lernangebot am Nachmittag. Nach dieser Regenerationsphase ist konzentriertes Arbeiten wieder gut möglich – vorausgesetzt Lehr- und Betreuungskräfte gestalten den Unterricht und Lernzeiten am Nachmittag so, dass sie zu selbstgesteuertem und handlungsorientiertem Lernen anregen.

An vielen Schulen werden z. B. Programme zur Anleitung und Förderung selbstständigen Lernens („Lernen lernen") angeboten. Im Ganztag besteht die besondere Chance, die Schülerinnen und Schüler in einer konstruktiven Lernatmosphäre dabei zu unterstützen, die vermittelten Lernstrategien und Arbeitstechniken im Schulalltag bewusst anzuwenden und so ihre Methodenkompetenz zu erweitern und zu festigen. Dies setzt voraus, dass sich Lehrkräfte und pädagogische Betreuungskräfte gut abstimmen in Bezug auf Materialien und Methoden sowie gemeinsame Ziele einschließlich geltender Regeln und Umgangsformen.[4]

Zusammenfassend ist festzuhalten, dass bei der Stundenplangestaltung vor allem die beiden folgenden Gesichtspunkte berücksichtigt werden müssen:

- die Verteilung des stundenplanmäßigen Unterrichts über den gesamten Schultag in einem ausgewogenen Wechsel mit außerunterrichtlichen Angeboten,
- der Wechsel von Phasen der Konzentration und Entspannung, der Ruhe und Bewegung, der geistigen, körperlichen und praktischen Aktivität, mit wechselnden Möglichkeiten des sozialen Miteinanders.

Eine Vielzahl unterschiedlicher Bildungs- und Betreuungsangebote – von Förder- und Unterstützungsangeboten bis hin zu Neigungsangeboten zur sinnvollen, an den Interessen der Schülerinnen und Schüler ausgerichteten Freizeitgestaltung – sollten in einem ausgewogenen Wechsel aufeinanderfolgen. Folgende Strukturelemente haben sich bei der äußeren Rhythmisierung im Stundenplan zudem bewährt:

- ein Tagesbeginn mit offenem Anfang und anschließendem Morgenkreis, sodass Schülerinnen und Schüler „ankommen" und sich selbstständig auf die bevorstehenden Fächer und Aufgaben vorbereiten können,
- der Wechsel von stärker lehrerzentrierten Unterrichtseinheiten mit individuellen Lern- und Übungszeiten, in denen Schülerinnen und Schüler größtenteils selbstständig arbeiten,
- die Einplanung von ausreichend langen Pausen mit genügend Zeit für Erholung und Freizeit,

---

[4] Für die erforderlichen Abstimmungsprozesse werden an einigen Ganztagsschulen gemeinsame Zeitfenster im Stundenplan der beteiligten Lehr- und pädagogischen Fachkräfte eingeplant und im Idealfall auch ein Raum für Besprechungen reserviert.

- die Schaffung von Bewegungs- und Rückzugsmöglichkeiten in den Pausen mit einer Mischung aus angeleiteten und selbstgestalteten Freizeitangeboten,
- Mahlzeiten als fester Bestandteil des rhythmisierten Tagesablaufs, ggf. mit einem gemeinsamen Frühstück am Morgen, einem warmen Mittagessen sowie Zwischenmahlzeiten.

Die Rahmenbedingungen und Herausforderungen sind dabei je nach Schulart sehr unterschiedlich. Aufgrund der höheren Pflichtstundenzahl an weiterführenden Schulen und des überwiegenden Fachunterrichts mit Fachlehrerprinzip an Realschulen und Gymnasien unterscheiden sich hier Rhythmisierungsmodelle im Ganztag häufig weniger stark vom Unterrichtsbetrieb der Halbtagsklassen als das beispielsweise an Grundschulen der Fall ist. Durch eine Bündelung des Stundendeputats von Lehrkräften an Realschulen und Gymnasien lassen sich pädagogische Handlungsspielräume allerdings erweitern, indem diese mit möglichst vielen Unterrichtsstunden in einer Klasse eingesetzt werden.[5]

Rhythmisierung des Unterrichts: Möglichkeiten auf pädagogischer Ebene

Größere Zeiteinheiten mit Unterrichtsblöcken von 60 oder 90 (statt 45) Minuten erleichtern nicht nur die Durchführung von Wochenplan- und Freiarbeit, Projekten und besonderen Unterrichtsvorhaben, sondern eröffnen Lehrkräften insgesamt größere Handlungsspielräume hinsichtlich der Gestaltung ihres Unterrichts, des Wechsels der Unterrichtsmethoden und der Lehr- und Lernformen.

Im Wechsel mit lehrerzentrierten Unterrichtsphasen wird Schülerinnen und Schülern an Ganztagsschulen verstärkt Raum für individuelles Lernen und eigenverantwortliches Arbeiten gegeben. Durch den Einsatz offener Lehr- und Lernformen steuern sie ihren Lernprozess entsprechend ihrer individuellen Leistungsfähigkeit zunehmend selbst und entwickeln dafür geeignete Lernstrategien.

Eine Vielzahl strukturierender Gestaltungselemente tragen zur Rhythmisierung des Unterrichts bei:

---

[5] Beispielsweise könnte eine Lehrkraft zwei Fächer in einer Ganztagsklasse, also z. B. Deutsch und Englisch oder Mathematik und Sport (entsprechend ihrer Lehrbefähigung) unterrichten. Auf der Basis stabiler und vertrauensvoller Beziehungen können Lehrkräfte so auch die individuelle Entwicklung der Schülerinnen und Schüler im Ganztag gezielter fördern.

Rhythmisierung als zentrales Gestaltungselement des Ganztags

- der Wechsel von lehrerzentrierten und eigenverantwortlichen Unterrichtsphasen,
- vielfältige Wahlmöglichkeiten hinsichtlich Zeiteinteilung, Arbeitsplatz bzw. Lernort sowie Lernpartner,
- eine Vielfalt von Aufgaben unterschiedlicher Anforderungsniveaus und individueller Zugänge,
- der Wechsel von individuellen und kooperativen Lernformen, von konzentrierter Einzelarbeit und intensiver Zusammenarbeit,
- praktische, handlungsorientierte und kreative Tätigkeiten und Lernformen als Ergänzung und Ausgleich zu kognitivem Lernen,
- bewegtes Lernen als Teil der Lernkultur.

Bewegtes Lernen

Durch verschiedene bewegungsorientierte Arbeitsformen und Lernphasen wie Stationenlernen und Projektarbeit müssen die Schülerinnen und Schüler nicht 45 oder gar 90 Minuten lang fest an einem Platz sitzen, sondern holen sich Arbeitsmaterialien wie Karteikarten, Nachschlagewerke, Arbeitsblätter bei Bedarf z. B. von einer „Themenecke" oder „Lerntheke". An einem „Erklärtisch" erhalten sie ggf. nötige Unterstützung.

Neben unterschiedlichen fach- und themenspezifischen Möglichkeiten, Lernen zu „bewegen", können Lehrkräfte auch durch Methoden der Selbstkontrolle und die Einführung von Lerntutoren gezielt Bewegung in den Unterricht integrieren.[6] Jederzeit können aber auch konzentrierte Arbeitsphasen durch kurze Bewegungspausen aufgelockert werden, die der Entspannung, der Aktivierung und dem Wohlbefinden dienen. Ob Yoga, Partnerübungen mit Theraband, Jonglieren oder Geschicklichkeitsspiele – sie können meist ohne Aufwand jederzeit eingesetzt werden.[7]

Rituale – Elemente eines rhythmisierten Schullebens

Auch Rituale tragen zur Rhythmisierung bei. Sie sind wichtige Bestandteile des Schullebens, sind den Schülerinnen und Schülern vertraut und bieten Orientierung im Tages-, Wochen-, Monats- und Jahresablauf. Sie vermitteln Struktur, Sicherheit und Zugehörigkeit. Innerhalb der Klassengemeinschaft können dies das gemeinsame Frühstück, Morgen-, Montags- oder Wochenabschlusskreise sein, aber auch feste Zeitfenster für Klassenrat oder

---

[6] Bewegungskonzepte verschiedener Ganztagsschulen stellt der Film „Bewegt den ganzen Tag" (Becker, Michael & Laging, R. 2008) vor.
[7] Ziel der Bewegungsinitiative „Voll in Form" an bayerischen Grundschulen ist es, Bewegung und Ernährung systematisch und regelmäßig in den Schulalltag einzubeziehen. Ein Karteikartenset und eine Materialbox unterstützen Grundschullehrkräfte dabei, an jedem Unterrichtstag, an dem kein Sportunterricht stattfindet, eine intensive Bewegungsphase von mindestens 20 Minuten zu gestalten. Informationen erteilt die Bayerische Landesstelle für den Schulsport.

Wochenplanarbeit. Darüber hinaus sind Kinderkonferenzen oder regelmäßig stattfindende Schülerversammlungen, Klassenpatenschaften, Schulfeiern und Feste im Jahreskreis für die gesamte Schulgemeinschaft identitätsstiftend und ebenfalls Teil eines rhythmisierten Schullebens.

LehrplanPLUS:

Kompetenzerwerb statt Stoffvermittlung

Der bayerische „LehrplanPLUS" stellt den Kompetenzerwerb der Schülerinnen und Schüler ins Zentrum des schulischen Lernens und vollzieht damit einen Perspektivwechsel von der Stoffvermittlung der Lehrkräfte hin zum Kompetenzerwerb der Schülerinnen und Schüler.[8] Die Ganztagsschule bietet eine besondere Chance für die Umsetzung des kompetenzorientierten Lehrplans. Einerseits sind in der strukturellen Verknüpfung mit außerschulischen Partnern eine stärkere Lebensweltorientierung und die kontextuelle Einbettung fachlicher Inhalte bereits angelegt. Andererseits kann im Ganztag die zusätzliche Zeit genutzt werden, Erlerntes zu vertiefen und anzuwenden.

Kompetenzen entwickeln sich in der Wiederholung, sie konsolidieren sich im Transfer und im Handeln, in der Anwendung des Gelernten in entsprechenden Aufgabenstellungen und gesellschaftlichen Kontexten zur Bewältigung alltäglicher Herausforderungen. Eine auf eine heterogene Schülerschaft zugeschnittene Vielfalt an Methoden und Materialien trägt so zu einer Rhythmisierung des Lernens bei. Die Lehrkräfte tragen mit ihrem Engagement, ihren Fähigkeiten und ihrer Phantasie die Verantwortung dafür, im Unterricht Situationen zu schaffen, in denen die Schülerinnen und Schüler selbst Handlungsträger sind. Lehrkräfte hingegen unterstützen den Lernprozess als Lernbegleiterin bzw. Lernbegleiter.

Die Rolle der Lehrkräfte

Nehmen Lehrkräfte in ihrem Unterricht die Rolle der Lernbegleiterin bzw. des Lernbegleiters bewusst wahr, bestimmt die Auswahl des Materials wesentlich das Ergebnis bzw. die Effektivität und Qualität der Schülerarbeit. Hier bedarf es der gründlichen Planung und ggf. der kollegialen Abstimmung im Blick auf kompetenzorientierte Arbeitsformen und Materialien, die Impulse für forschendes und entdeckendes Lernen bieten und zum Konstruieren, Knobeln sowie zum spielerisch-experimentellen Untersuchen von Alltagsphänomenen anleiten.

---

[8] Im Vergleich zur Wissens- und Stoffvermittlung wird Lernen vom Ergebnis her geplant, von der Schülerin bzw. dem Schüler her konzipiert, was sie oder er können soll, nicht was im Unterricht behandelt wurde. Schülerinnen und Schüler sollen auf der Grundlage erworbenen Wissens Fähigkeiten entwickeln, mit denen sie unterschiedliche Situationen bewältigen können. Damit ist kompetenzorientierter Unterricht eng mit individualisiertem Lernen verbunden und schafft Lernsituationen, die selbstständiges und eigenverantwortliches Arbeiten im Sinne eines rhythmisierten Lernkonzepts ermöglichen.

Rhythmisierung als zentrales Gestaltungselement des Ganztags

Die Rolle des Lernbegleiters oder der Lernbegleiterin erschöpft sich allerdings nicht in der Sichtung und Auswahl anregender Materialien im Vorfeld des Unterrichts. Wie die Studie zur Lernkultur- und Unterrichtsentwicklung an Ganztagsschulen (Bundesministerium für Bildung und Forschung 2012, S. 16) zeigt, ist im Ganztag die Schaffung eines Klimas von Anerkennung und Unterstützung ganz besonders wichtig. Dazu bedarf es einer an der einzelnen Schülerin und am einzelnen Schüler orientierten pädagogischen Haltung. Sie ist zum einen geprägt von der Wertschätzung individueller Fähigkeiten der Schülerinnen und Schüler und der Anerkennung individueller Lernfortschritte, Lösungswege und Lernstrategien. Zum anderen nehmen Lehrkräfte eine aktive Haltung ein bei der individuellen Unterstützung des Lernprozesses. Sie unterstützen konstruktiv und situationsbezogen, indem sie zuhören und nachfragen, strategische Strukturierungshilfen anbieten, zur Selbstreflexion anregen oder auch Arbeitsgruppen arrangieren, sodass sich Schülerinnen und Schüler gegenseitig unterstützen oder ein Problem gemeinsam lösen.

Die Entwicklung einer Feedbackkultur und die Reflexion des Lernprozesses in regelmäßigen Schüler-Lehrer-Gesprächen gehören inzwischen ebenso wie die Nutzung eines Logbuchs zum Standardrepertoire pädagogischen Handelns an vielen bayerischen Ganztagsschulen. Das Logbuch als persönlicher „Lernbegleiter" unterstützt die Selbstreflexion und Arbeitsorganisation von Schülerinnen und Schülern, dokumentiert den Lernfortschritt und macht Erfolge sichtbar. Es trägt außerdem zu einer konstruktiven Kommunikation zwischen Lehrkräften und Schülerinnen und Schülern bei, wenn darin Erfolgserlebnisse, Probleme und Fragestellungen, Ziele und Vereinbarungen festgehalten sind und es als Gesprächsgrundlage für individuelle Feedback-Gespräche genutzt wird.

Organisatorische Aspekte bei der Planung selbstgesteuerten Lernens

Viele Schulen sind phantasievoll in der Schaffung von Differenzierungsmöglichkeiten innerhalb der Unterrichtsblöcke. Stehen Tandemlehrkräfte zur Verfügung, können Gruppen ohnehin unkompliziert geteilt und zusätzliche Förderangebote leichter koordiniert und intensiver betreut werden. Eine freie Wahl der Lernräume ist möglich, wenn z. B. die Klassen einer Jahrgangsstufe in benachbarten Räumen von einem Lehrerteam parallel unterrichtet werden und sich jede Schülerin und jeder Schüler für einen Lernraum und damit für ein Fach oder einen bestimmten Lerngegenstand bzw. eine Arbeits- oder Sozialform (Stillarbeit, Partnerarbeit, Gruppenarbeit) entscheidet. In jedem Raum kann eine Lehrkraft gezielt Unterstützung anbieten. Ein weiterer Raum kann ggf. für Feedbackgespräche (Vier-Augen-Gespräche) genutzt werden.

Das Beispiel zeigt, wie Phasen des selbstgesteuerten Lernens systematisch bei der Unterrichtsplanung berücksichtigt werden können. Im Rahmen einer teamorientierten Planung können solche Phasen auch gemeinsam gestaltet werden. Sie können aber auch, insbesondere in den Hauptfächern an

Zeitorganisation und Lernkultur

weiterführenden Schulen, fest im Stundenplan verankert werden. In sogenannten Lernbüros z. B. können Schülerinnen und Schüler mehrmals pro Woche ihren Lernprozess selbstständig gestalten und selbst entscheiden, woran, mit wem und wie lange und intensiv sie arbeiten wollen.[9] Diese Lernbüro-Stunden tragen dem individuellen Lernrhythmus des einzelnen Kindes Rechnung, sie gewähren Schülerinnen und Schülern größere Handlungsspielräume hinsichtlich ihrer Ansprüche und Fähigkeiten, ihrer Wünsche und Interessen sowie ihres Lerntempos und ihrer bevorzugten Lernwege.

Die Lehrkräfte steuern den Lernprozess, indem sie den Lernstoff vorstrukturieren und entsprechende Arbeitsmaterialien bereitstellen, Hilfestellungen leisten und mit den Schülerinnen und Schülern regelmäßig Einzelgespräche führen, in denen verbindliche Absprachen über deren Lernverhalten und Leistungsziele getroffen werden. Die Schülerinnen und Schüler können so ihren Lernprozess selbst gestalten und durch die kindgerecht aufbereiteten Lernbausteine selbstständig navigieren.

Projekte und Kooperationen als rhythmisierende Elemente

Jede Form von Projekten und Kooperationen mit externen Partnern ist per se eine willkommene Abwechslung im Schulalltag. Schülerinnen und Schüler erhalten häufig neue unerwartete Einblicke und treffen auf andere Menschen mit interessanten Berufen, Werdegängen und Überzeugungen. Suchen Schülerinnen und Schüler außerschulische Lernorte auf, lernen sie jenseits gewohnter Rhythmen und Routinen auch andere Arbeitszusammenhänge kennen, die nicht der Taktung von Schule und Unterricht folgen, sondern der Logik der jeweiligen Arbeits- und Betriebsabläufe. Die Durchführung jeder Art von Projekten oder die Einführung von Projektphasen während des Schuljahres tragen ebenfalls zur Rhythmisierung bei.

Die Mittagspause als Baustein im rhythmisierten Schulalltag

Die Mittagspause ist ein besonders wichtiger Baustein, sie ist die zentrale Achse im rhythmisierten Tagesverlauf der Ganztagsschule. Sie ist die einzige Pause mit mehr Zeit und größeren Freiräumen. Schülerinnen und Schülern sollten diese Zeit und diese Freiräume bewusst gewährt werden, denn hier können sich soziale Beziehungen entwickeln. Hier können die Kinder und Jugendlichen Kraft und Energie tanken, auf andere Gedanken kommen und Abstand gewinnen. Sie können die Erlebnisse des Vormittags austauschen und verarbeiten.

Das Einnehmen einer warmen Mahlzeit in der Mensa der Ganztagsschule hat für die Schülerinnen und Schüler einen hohen Stellenwert. Gutes Essen,

---

[9] Ein Lernbüro kann zum Beispiel ein Silentiumbereich (Klassenraum) sein, vor dem (auf dem Gang) ein weiterer Bereich mit Tischen und Stühlen eingerichtet wird, wo man sich leise unterhalten kann, um Logbuchgespräche zu führen oder sich gegenseitig unterstützen zu können.

das schmeckt und in Gesellschaft am Tisch eingenommen wird, fördert die Gemeinschaft und stärkt für das Lernen, Arbeiten und die Aktivitäten am Nachmittag. Das Organisationsteam der Ganztagsschule trägt bei der Bereitstellung der Schulverpflegung eine zentrale Mitverantwortung. Die Qualität der Verpflegung beeinflusst die körperliche und geistige Leistungsfähigkeit der Schülerinnen und Schüler und ist somit ein maßgebliches Qualitätskriterium für die gelingende Ganztagsschule.

Laut der Deutschen Gesellschaft für Ernährung sollten für das Mittagessen mindestens 60 Minuten einkalkuliert werden (Deutsche Gesellschaft für Ernährung e. V. 2015, S. 23), denn die Schülerinnen und Schüler müssen zur Mensa gehen, möglicherweise bei der Essensausgabe anstehen, wollen aber auch in Ruhe essen und sich mit Freunden austauschen. Auch für jüngere Schülerinnen und Schüler, die manchmal schon ungeduldig zum Spielen und Toben nach draußen drängen, sollte wenigstens eine halbe Stunde für die warme Mahlzeit am Mittagstisch vorgesehen werden, bevor sie sich an frischer Luft bewegen und Freizeitangebote wahrnehmen können.

Bewegungs- und Rückzugsräume

Je mehr Zeit Kinder und Jugendliche in der Schule verbringen, desto stärker muss ihrem Bewegungs- und Freizeitbedürfnis Rechnung getragen werden. Die Planung von Freizeitangeboten soll sich sinnvollerweise an den Interessen der Schülerinnen und Schüler orientieren und sowohl Neigungsgruppen (z. B. Yoga, Schach oder kreatives Gestalten) als auch freien oder angeleiteten Aktivitäten adäquaten Raum bieten. Schülerinnen und Schüler können beispielsweise in einer „Schmökerecke" lesen, im Ruheraum chillen, im Schülercafé beisammensitzen, im Freizeitraum kickern oder im Freien Fußball spielen.

Neben Bewegung und Aktivität ist auch das Bedürfnis der Schülerinnen und Schüler nach Ruhe und Rückzug ernst zu nehmen. Viele Kinder und Jugendliche benötigen zwischendurch Zeit für sich, sie wollen sich alleine beschäftigen oder auch einfach nur nichts tun und abschalten. Deswegen gilt es, diese Rückzugsräume so zu gestalten, dass die Schülerinnen und Schüler einerseits ihre „Ruhe" haben, andererseits aber auch die Aufsichtspflicht der Schule gewährleistet werden kann. Dafür können nur gemeinsam Lösungen gefunden werden, die die Interessen und Bedürfnisse aller Beteiligten berücksichtigen.

Literatur

Bayerisches Staatsministerium für Bildung und Kultus, Wissenschaft und Kunst (Hrsg.) (2018): Bekanntmachung des Bayerischen Staatsministeriums für Bildung und Kultus, Wissenschaft und Kunst vom 31.01.2018. München.

Becker, A., Michael, M. & Laging, R. (Hrsg.) (2008): Bewegt den ganzen Tag. Baltmannsweiler: Schneider.

Deutsche Gesellschaft für Ernährung e. V. (Hrsg.) (2015): DGE-Qualitätsstandard für die Schulverpflegung. Online unter: *www.schuleplusessen.de/qualitaetsstandard.html* (Zugriff am: 04.10.2016).

Meike Munser-Kiefer & Andreas Hartinger
Rhythmisierung als Grundlage gelungener ganztägiger Betreuung

Problemaufriss

An die Ganztagsschule werden soziale, wirtschaftliche, gesellschaftliche und bildungspolitische Erwartungen gestellt (Schüpbach, Andrey & Arpagaus 2018), die mit umfassenden Förderanliegen in Bildung und Erziehung verbunden sind. Diese vielfältigen Erwartungen sollen durch das erweiterte Zeitkontingent erfüllt werden, indem die Schule für die Schülerinnen und Schüler stärker zu einem Lern-, Lebens- und Erfahrungsraum wird. Durchdacht und qualitativ hochwertig gestaltet, können Ganztagsschulen Bildungs- und Erziehungsprozesse positiv beeinflussen (Fischer et al. 2012); umgekehrt stehen sie aber auch in der Pflicht, negative Auswirkungen zu vermeiden, z. B. indem nicht ausreichend Ruhe- und Rückzugsphasen ermöglicht werden.

Dieses Potenzial von Ganztagsschulen zu nutzen, ist eine schul- und unterrichtsorganisatorische Herausforderung, die einer umfassenden Konzeption der einzelnen Ganztagsschule bedarf. Eine Rhythmisierung des Schultags, die fachbezogene und außerfachliche Förderangebote, informelle Lern- und Erfahrungsmöglichkeiten sowie Freizeit- und Pausengestaltung in ein abgestimmtes Verhältnis bringt (ebd.), ist dafür ein zentrales Element.

Begriff der Rhythmisierung

Der Begriff Rhythmus geht auf das altgriechische Wort rhythmós zurück (Kluge & Seebold 2011) und bedeutet „fließen, strömen", wird meist aber synonym zu „Gleichmaß, gleichmäßig gegliederte Bewegung, periodischer Wechsel, regelmäßige Wiederkehr" (Duden o. J.) verwendet. Zentral ist dabei der Rhythmus als harmonische Bewegung im periodischen Wechsel „mutualer Gegensätzlichkeiten […] in der Art einer Wellenbewegung" (Appel & Rutz 2009, S. 142).

Die Begriffsfacetten von Rhythmisierung werden im pädagogischen Kontext sehr uneinheitlich verwendet (vgl. z. B. Burk 2005; Messner 1991; Scheurer 2008). Für eine trennscharfe Definition des Begriffs Rhythmisierung wird hier in Anlehnung an und gleichzeitig in Abgrenzung zu Kamski (2016) vorgeschlagen, zwischen Takt bzw. Taktung (organisatorische Maßnahmen auf der Ebene der Schule), äußerer Rhythmisierung (inhaltliche und pädagogische Maßnahmen auf der Ebene des Unterrichts) und innerer Rhythmisierung (gesundheitspädagogische und -psychologische Maßnahmen auf der Ebene des Individuums) zu unterscheiden.

Zeitorganisation und Lernkultur

Takt/Taktung

Rhythmisierung als Taktung verstanden, bezieht sich auf die Unterteilung des Schultags in unterrichtliche und außerunterrichtliche Blöcke sowie in Pausen. Dazu findet eine (aus organisatorischen Gründen in der Regel schuleinheitlich festgelegte) zeitliche Strukturierung statt. Zu beachten sind dabei das Gesamtstundenvolumen des lehrplanbezogenen Unterrichts, die außerlehrplanmäßigen Unterrichtsangebote sowie Zeitpunkt und Dauer der Pausen. Dabei begrenzen Rahmenbedingungen wie z. B. der Fahrplan der Schulbusse oder die Anwesenheitszeiten des pädagogischen und nichtpädagogischen Personals oft die freie Ausgestaltung. In Tab. 1 finden sich typische Stundenraster für eine Schultagesdauer von 8.00 Uhr bis 16.30 Uhr nach Appel und Rutz (2009, S. 148). Sie unterscheiden sich in der Anzahl der Schulstunden (à 45 Minuten):

Tab. 1: Stundenraster bei Schultagesdauer von 08:00 Uhr bis 16:30 Uhr (Appel & Rutz 2009)

Raster	8-Schulstunden	9-Schulstunden	10-Schulstunden
Vormittag	6 Schulstunden	5 Schulstunden	6 Schulstunden
Mittagspause	45 bis 70 Minuten	30 bis 50 Minuten	15 bis 30 Minuten
Nachmittag	2 Schulstunden	4 Schulstunden	4 Schulstunden

Innerhalb dieser Raster (und anders als beim musikalischen Takt, der in der Regel innerhalb eines Stücks nicht variiert) sind die Zeitfenster der einzelnen Einheiten (Schulstunden) nicht zwingend gleich groß (z. B. im 45-Minuten-Takt), sondern können so aufeinander abgestimmt werden, dass ein harmonischer Wechsel möglich ist. Dirkmann (2010) verweist auf verschiedene Kombinationen aus 30-, 45-, 60- und 90-Minuten-Takten, die eine flexiblere und bedürfnisorientiertere Pausensetzung nach sich ziehen. Kolbe, Rabenstein und Reh (2006) beschreiben als zusätzliche Alternative das 40-Minuten-Modell, bei dem „Schulen durch zeitliche Umstrukturierung Lehrerstunden bzw. Unterrichtsstunden »gewinnen«, um sie entsprechend ihrer eigenen pädagogischen Ziele einzusetzen" (S. 14). Dadurch entstehen Zeitblöcke und offene Unterrichtsdeputate, die z.B. für Arbeitsgemeinschaften und außerunterrichtliche Angebote, angeleitete Pausen, Intensivierung oder individuelle Förderung eingesetzt werden können.

Äußere Rhythmisierung

Die äußere Rhythmisierung bezieht sich auf inhaltliche Förderung sowie pädagogische Ziele und damit auf die Sichtebene des Unterrichts (beobachtbare Elemente in der Oberflächenstruktur des Unterrichts, die an das Lernen der Schülerinnen und Schüler anpassbar sind; Oser & Patry 1994) bzw. die

Gestaltung der Pausenzeiten. Sie beschreibt die *Orchestrierung von Lernen*. Dies gilt sowohl für das formale (curricular gesteuerte, strukturierte und hierarchisch gegliederte), das non-formale (außerunterrichtlich organisierte und angebotene) und das informelle (nebenunterrichtliche, nicht intentionale) Lernen. Innerhalb des Unterrichts findet eine solche äußere Rhythmisierung z. B. durch den Wechsel von Lehr-, Lern- und Spielformen, die Variation von Sozialformen oder die Balancierung von Phasen der Selbst- und Fremdsteuerung statt.

Die äußere Rhythmisierung ist jedoch auch auf das Stundenraster bzw. die Anordnung von Unterricht und außerunterrichtlichen Angeboten innerhalb der Taktung des Ganztags zu beziehen. Hier sind u. a. der Wechsel aus Phasen der An- und Entspannung sowie die Verknüpfung und Verzahnung inhaltlicher Schwerpunkte (z. B. theoretische Einführung und praktische Übung, Intensivierung und individuelle Förderung) zu berücksichtigen. Für die Pausen- bzw. Freizeitphasen sind eine arbeits- und psychohygienische Verteilung innerhalb des Tages sowie ein angemessener Umfang zu beachten, und sie sind dabei mit Blick auf Erholung (z. B. durch die Möglichkeiten zur Bewegung, Entspannung, sozialen Interaktion und zum Rückzug) sinnvoll zu gestalten.

Innere Rhythmisierung

Sie bezieht sich auf die Tiefenstruktur des Lernens, bezogen auf das *lernende Individuum*. Vielfach wird in der Literatur auf die „grundlegende Bedeutung von Rhythmus für das Leben und die Lebewesen hingewiesen" (zusammenfassend: Kamski 2016, S. 16). Jahreszeiten, Wocheneinteilung und Tagesabläufe wirken sich auf den menschlichen Körper aus und manifestieren sich in individuellen biologischen Rhythmen und Leistungsschwankungen (vgl. Chronobiologie).

Für die innere Rhythmisierung bedeutsam ist daher der *Eigenrhythmus eines Individuums*, der nicht zwingend mit der fremdbestimmten (Zeit-)Taktung und den äußeren Rhythmen der Unterrichts- und Pausengestaltung zusammenpasst. Kolbe, Rabenstein und Reh (2006) weisen darauf hin, dass verschiedene Individuen nicht den gleichen Biorhythmus aufweisen und dass es keine prototypischen Lebens- und Lernrhythmen gibt, wie es von der ideologisch geprägten und nicht empiriebasierten Biorhythmuslehre unterstellt wird. Sie warnen deshalb vor einer Rhythmisierung von Unterricht in der Ganztagsschule, die nicht am individuellen Bedarf der Schülerinnen und Schüler orientiert ist, und postulieren das *Primat der pädagogisch-didaktischen Entscheidung* als Basis für die innere Rhythmisierung von Zeitmodellen. In diesem Zusammenhang erscheint es sinnvoll, offene und selbstgesteuerte Phasen (z. B. Freiarbeit, Wochenplanarbeit, Rückzugsmöglichkeiten) so einzuplanen, dass Freiraum für die angemessene Berücksichtigung individueller Bedürfnisse entsteht.

Alle Facetten der Rhythmisierung haben gemein, dass es dabei um den Umgang mit der Dimension Zeit geht. Deshalb werden synonym zur Rhythmisierung häufig Begriffe wie Zeitstrukturierung (Willems & Holtappels 2014) bzw. Zeitstrukturmodelle (Burk 2005; Kolbe, Reh & Rabenstein 2006) und Zeitkonzepte (Holtappels, Kamski & Schnetzer 2007) verwendet. Da es jedoch um einen sinnvollen Wechsel und eine harmonische Abstimmung in den jeweiligen Bereichen geht, trifft der Begriff der Rhythmisierung in seinem Wortursprung unseres Erachtens den Funktionskern am besten und wird daher beibehalten.

Elemente gelingender Rhythmisierung in Ganztagsschulen

Im Folgenden werden zentrale Elemente einer gelingenden Rhythmisierung im Ganztag beschrieben, begründet und mit ausgewählten Beispielen illustriert.

Stabilität:

Klare *Abläufe, Wiederholungen* und *Rituale* gewährleisten Stetigkeit und geben Stabilität, denn sie „vermitteln […] Sicherheit und Verlässlichkeit" (Wulf 2008, S. 72). Sie unterstützen im Sinne des Kohärenzgefühls die Verstehbarkeit und Handhabbarkeit der Welt (Antonovsky 1979) und reduzieren durch die Einschätzbarkeit der Situation den Stress (Lazarus & Folkmann 1984). Darüber hinaus entlasten sie analog zu Gewohnheiten, da sie durch die Automatisierung Gedächtniskapazität freigeben (Wood, Quinn & Kashy 2002) und den Entscheidungsdruck verringern. Auch für die Gemeinschaftsbildung spielen ritualisierte Rhythmen eine wichtige Rolle, z. B. gemeinsame Mahlzeiten (zusammenfassend: Wulf 2008).

Um Stabilität zu erreichen, ist eine klare Zeittaktung hilfreich (s. o.); daneben bieten sich Rituale an. Diese können durch die stetige Wiederholung auch inhaltlich fördern, wenn z. B. im Zuge der Gesundheitsbildung ausgewogene Snacks über den Tag verteilt angeboten werden, an Trinkwasserbrunnen bewusst regelmäßige Trinkpausen gemacht werden und die Mittagspause mit Tischkultur im sozialen Miteinander von Schülerinnen und Schülern (und idealerweise Lehrkräften bzw. pädagogischen Fachkräften) ritualisiert gestaltet wird (Carlsohn 2018).

Berücksichtigung individueller Förderung:

In der Ganztagsschule ergibt sich durch die erweiterte Lernzeit die Möglichkeit der individuellen Förderung, z. B. durch eine Intensivierung der lehrplanbezogenen Unterrichtsinhalte. Hier entsteht eine gelungene Rhythmisierung, wenn die Inhalte des Unterrichts zeitlich passend in Zusatzangeboten aufgegriffen und dadurch vertieft, erweitert oder gefestigt werden. Die individuelle Förderung kann sich aber auch auf erweiterte akademische (z. B. Sprachen, Forschergruppen in Naturwissenschaft und Technik) und nichtakademische Inhalte (z. B. musische Angebote wie Chor, Band und Instrumentalunterricht,

Malkurse, Fotografie, Sportangebote) beziehen, wenn diese passend in die Taktung des Tages eingebettet sind.

Allerdings zeigen Forschungsbefunde, dass die Abstimmung der Unterrichtsangebote nur eingeschränkt gelingt: An einem Lernförderangebot nimmt lediglich rund ein Drittel der Ganztagsschülerinnen und -schüler teil (Holtappels 2011) und nur gut die Hälfte der Lehrkräfte tauschen sich kontinuierlich mit dem weiteren pädagogischen Personal über Unterricht, erweiterte Lernangebote und Freizeitformen aus. Vermutlich auch aus diesem Grund sieht über die Hälfte der Kooperationspartner „keine sinnvolle Verknüpfung ihrer Angebote mit den Unterrichts- und Freizeitangeboten" (Holtappels et al. 2007, S. 30). Sinnvoll wäre auch, dass Eltern und Schülerinnen und Schüler verstärkt bei der Auswahl der Angebote beraten werden (z. B. durch das gemeinsame Abwägen und Festlegen von Angeboten) – dies geschieht allerdings in nur 25 Prozent der Schulen (zusammenfassend: Holtappels 2005).

Gute Arbeits- und Lernhygiene:

Ein erweiterter Zeitrahmen erfordert und ermöglicht den Einsatz anderer und gezielt variierter Unterrichtsmethoden (s. o.). Diese können einerseits dafür sorgen, dass keine einseitige Belastung für die Schülerinnen und Schüler entsteht, und andererseits pädagogische Ziele wie Selbstständigkeit, Verantwortungsbewusstsein und die personale Entwicklung (z. B. Selbstkonzept und Selbstwirksamkeitserwartungen) unterstützen (Kammermeyer & Martschinke 2009). Besonderes Potenzial haben dabei *offene und selbstbestimmte Lernformen* (z. B. Freiarbeit, Offener Unterricht, Werkstattunterricht, Stationenlernen, Tages- und Wochenpläne), da diese zum einen Freiraum für individuelle Eigenrhythmen geben und zum anderen viele Gelegenheiten zur metakognitiven Planung, Überwachung und Steuerung des eigenen Lernprozesses sowie zur sozialen Interaktion bieten. Die Rhythmisierung bietet damit für Schulen auch die Chance, bewusst an der Entwicklung der Lernkultur zu arbeiten – eine Chance, die in vielen Ganztagsschulen offenbar auch genutzt wird (Holtappels 2007).

Berücksichtigung gesundheitlicher Aspekte:

Sowohl Schülerinnen und Schüler als auch Eltern sind darauf angewiesen, dass die zusätzliche Zeit sinnvoll auch zur Gesundheitsförderung genutzt wird. Zum einen ist die Schule ein wichtiger Lernraum für gesundheitsbezogene Inhalte – insbesondere dann, wenn diese in den Familien nicht berücksichtigt oder vorgelebt werden. Zum anderen wird die Schule im Ganztag verstärkt zum Lebensraum, in dem gesundheitsfördernde Rahmenbedingungen von Bedeutung sind (vgl. in diesem Zusammenhang zur Gesundheitsfördernden Schule: Dadarczynski & Paulus 2011).

Zu berücksichtigen sind im Sinne eines umfassenden biopsychosozialen Gesundheitsbegriffs der *körperliche* (z. B. Ernährung, Bewegung), der *psychische* (z. B. Entspannung) und der *soziale Bereich* (z. B. Freundschaften, soziale Ressourcen). Für die Rhythmisierung des Schultages mit gesundheitsförderlichen Angeboten bedeutet das u. a.,

- ein Gesamtkonzept für Schulverpflegung zwischen den Unterrichtsblöcken zu entwickeln (mit Frühstück, Mittagessen, Nachmittagssnack; ausreichend Trinkpausen),
- angemessen Bewegungspausen einzubauen sowie offene und intentionale Sportangebote zu unterbreiten,
- einen Wechsel von intensiven Arbeitsphasen und ausgleichenden Zusatzangeboten zu berücksichtigen,
- Ruheräume einzurichten (für Stillarbeitsphasen im Unterricht oder Rückzugsmöglichkeiten während der Pausen) sowie
- auf das soziale Miteinander in den verschiedenen Phasen des Tagesablaufs zu achten (zusammenfassend: Munser-Kiefer & Göttlein 2017).

Verbindung von formalem, non-formalem und informellem Lernen

Durch den erweiterten Zeitrahmen besteht für Ganztagsschulen die Chance und Herausforderung, in besonderer Weise mit dem Elternhaus zu kooperieren, den Umgang mit Freunden und Peers einzubeziehen und auch die kommunale Lebenswelt der Schülerinnen und Schüler zu berücksichtigen. Bei geschickter Rhythmisierung kommt es dadurch zu einer *Verzahnung von formalem Lernen, non-formalem Lernen und informellem Lernen* (vgl. dazu auch Rauschenbach et al. 2004).

Die Befürchtung, dass sich Eltern in ihrem Erziehungsrecht beeinträchtigt sehen, wenn z. B. die Verpflegung oder die Gestaltung von Wahlangeboten in der Hand der Schule liegen, lässt sich anhand der empirischen Befundlage nicht aufrechterhalten. Vielmehr stehen die Eltern der Ausweitung schulischer Zuständigkeit in der Mehrheit positiv gegenüber (Helsper & Zummerich 2008), und es finden sich positive Wirkungen des Ganztagsschulbesuchs auf das Familienklima, auch und insbesondere bei Familien mit Migrationshintergrund (Züchner 2011). Wenn zudem mit der Stadt oder der Gemeinde sowie den ortsansässigen Vereinen (z. B. Sportvereinen) und Anbietern (z. B. Musikschulen, Sozialtrainern) Kooperationen vorhanden sind, besteht die Möglichkeit, außerschulische Lernorte rhythmisiert in den Schultag einzubeziehen (Holtappels 1997, 2002). Mit Blick auf Freunde und Peers können die Pausenzeiten im Umfang von etwa elf Schulstunden pro Woche in einem rhythmisierten Schultag pädagogisch genutzt werden. Hier sind sowohl das Schaffen altersangemessener Räume auf dem Schulgelände (z. B. Sport- und Spielplätze für Freizeitaktivitäten; ein Schülercafé für Begegnungs- und Sozialerfahrungen oder eine Musiklounge und/oder eine Liegewiese als Rückzugsort zur Entspannung; Scheurer 2008) als auch gebundene und ungebundene Freizeitangebote (z. B. Spiel-, Entspannungs- und

Sportangebote, Kunst und Musik) und Partizipationsangebote (z. B. SMV, AG Mittagessen) zu nennen.

Rhythmisierung als Teil der Pädagogischen Konzeption einer Ganztagsschule

Die oben beschriebenen Elemente einer gelungenen Rhythmisierung lassen sich nur dann realisieren, wenn sie im Rahmen einer Pädagogischen Konzeption der Ganztagsschule eingebunden sind. Abb. 1 zeigt in Anlehnung an Kamski (2016) die verschiedenen Konzeptfacetten, die in einem Zusammenspiel aufeinander abgestimmt werden sollten.

Abb. 1: Pädagogische Konzeption der Ganztagsschule (Adaption nach Kamski 2016, S. 67)

Diese Konzeptfacetten sind abhängig von den entsprechenden Raum-, Förder- oder Kooperationsbedingungen und beeinflussen diese zugleich. Aus diesem Grund wird auch im „Theoretischen Rahmenmodell zur Erklärung der Ausbauqualität des Ganztagsbetriebs" (Holtappels & Rollett 2007) die Konzeption als ein zentrales Element der Schulentwicklung postuliert und in Analysen zu StEG 2005 und 2007 als Voraussetzung für eine hochwertige Angebotsqualität herausgestellt (Holtappels & Rollett 2009).

Allerdings wird vielfach noch eine *„konzeptionelle Unterentwicklung"* konstatiert (Holtappels 2011, S. 117; Schüpbach, Andrey & Arpagaus 2018, S. 128). Eine inhaltliche und methodische Verzahnung bzw. eine Verzahnung durch Kooperation und Koordination findet sich nur in weniger als zehn Prozent der Schulen – sowohl in Deutschland (Holtappels 2007) als auch in der deutschsprachigen Schweiz (Schüpbach, Andrey & Arpagaus 2018).

Schüpbach und Kolleginnen (2018) konnten sogar zeigen, dass 30 Prozent der schweizerischen Ganztagsschulen die Verzahnung in ihren Leitlinien (Leitbild, Konzept, Schulprogramm) überhaupt nicht berücksichtigen.

Die komplexe Aufgabe, möglichst all die oben genannten Konzeptfacetten miteinander zu verbinden, kann nicht allein von der Schulleitung bewältigt werden: Befunde aus der Schulentwicklungsforschung weisen darauf hin, dass es von hoher Bedeutung ist, wie sehr die Entwicklungsmaßnahmen innerhalb des Lehrerkollegiums akzeptiert werden. Sie zeigen auch, dass die schulweite Partizipation und die kooperative Entwicklungsarbeit des Kollegiums wichtige Voraussetzungen für das Gelingen sind (Holtappels 2003). Überwunden werden muss dazu auch die Neigung, Muster, Elemente und Vorstellungen in Bezug auf die Halbtagsschule auf die Ganztagsschule zu übertragen (Kolbe, Rabenstein & Reh 2006), um den besonderen Bedingungen und Möglichkeiten des Ganztags ausreichend Rechnung zu tragen. Dies sind Indizien für die Notwendigkeit eines Fortbildungs- und Personalorganisationskonzepts für die Ganztagsschule, in dem die Rhythmisierung des Ganztags im Zusammenhang mit den anderen Elementen zu thematisieren ist (Kamski 2016).

Fazit und Ausblick

Die Forschung zur Ganztagsschule macht deutlich, dass ihr Potenzial nur durch eine hohe Qualität der Angebote ausgeschöpft werden kann. Eine zentrale Voraussetzung für eine solch hohe Angebotsqualität ist eine angemessene Rhythmisierung mit Blick auf die verschiedenen Zielbereiche und die Entwicklung einer vom gesamten Kollegium getragenen umfassenden Ganztagsschulkonzeption.

Allerdings ist es darüber hinaus im Sinne des Angebots-Nutzungsmodells (vgl. Helmke 2007) erforderlich, die Nutzung der Angebote vonseiten der Schülerinnen und Schüler sicherzustellen, z. B. indem Förderangebote diejenigen erreichen, für die sie hilfreich sind (Fischer, Theis & Züchner 2014).

Literatur

Antonovsky, A. (1979): Health, Stress and Coping. New Perspectives on Mental and Physical Well-Being. San Francisco, London: Jossey-Bass.

Appel, S. & Rutz, G. (2009): Handbuch Ganztagsschule: Praxis, Konzepte, Handreichungen, Schwalbach.

Burk, K. H. (2005): Zeitstrukturmodelle. In: Höhmann, K., Holtappels, H.-G., Kaminskis, I. & Schnetzer, T.: Entwicklung und Organisation von Ganztagsschulen. Anregungen, Konzepte, Praxisbeispiele, Dortmund, S. 66-72.

Carlsohn, A. (im Druck): Modul Ernährung. In: Munser-Kiefer, M. & Göttlein, E. (Hrsg.): Studienheft Gesundheitsförderung. Praktische Umsetzungen in der Ganztagsschule, Hiltpoltstein.

Dadaczynski, K. & Paulus, P. (2011): Gesundheitsmanagement in der guten gesunden Schule: Handlungsfelder, Prinzipien und Rolle der Schulleitung. In: Dür, W. & Felder-Puig, R.: Lehrbuch Schulische Gesundheitsförderung, Bern, S. 164-178.

Dirkmann, K. H. (2008): Rhythmisierung in der Ganztagsschule. Online unter: *www.niedersachsen.ganztaegig-lernen.de/Niedersachsen/home.aspx* (Serviceagentur Niedersachsen) (Zugriff am: 27.02.2018).

Dudenredaktion (o. J.): „Rhythmus" auf Duden online. Online unter: *www.duden.de/node/678450/revisions/1355603/view* (Zugriff am: 27.02.2018).

Fischer, N., Radisch, F., Theis, D. & Züchner, I. (2012): Qualität von Ganztagsschulen – Bedingungen, Wirkungen und Empfehlungen. Gutachten im Auftrag der SPD-Bundestagsfraktion.

Fischer, N., Theis, D. & Züchner, I. (2014): Narrowing the gap? The role of all-day schools in reducing educational inequality in Germany. In: IJREE–International Journal for Research on Extended Education, 2 (1), S. 79-96.

Helmke, A. (2007): Was wissen wir über guten Unterricht? Online unter: *www.bertelsmann-stiftung.de/bst/de/media/xcms_bst_dms_26572_26573_2.pdf* (Zugriff am: 27.2.2018).

Helsper, W. & Hummrich, M. (2008): Familien. In: Coelen, T. & Otto, H. (Hrsg.): Grundbegriffe Ganztagsbildung. Das Handbuch, Wiesbaden, S. 371-381.

Holtappels, H. G. (1997): Grundschule bis mittags. Innovationsstudie über Zeitgestaltung und Lernkultur, Weinheim/München.

Holtappels, H. G. (2002): Die Halbtagsgrundschule: Lernkultur und Innovation in Hamburger Grundschulen, Beltz.

Holtappels, H. G. (2003): Schulqualität durch Schulentwicklung und Evaluation: Konzepte, Forschungsbefunde, Instrumente, Luchterhand.

Holtappels, H. G. (2005): Individuelle Förderung – Bildungschancen für alle. Zweiter Ganztagsschulkongress am 2. und 3. September 2005, Berlin.

Holtappels, H. G. (2007): Ziele, Konzepte, Entwicklungsprozesse. In: Holtappels, H. G., Klieme, E., Rauschenbach, T. & Stecher, L. (Hrsg.): Ganztagsschule in Deutschland. Ergebnisse der Ausgangserhebung der „Studie zur Entwicklung von Ganztagsschulen" (StEG), Weinheim und München, S. 139-163.

Holtappels, H. G. (2011): Ganztagsschule. In: Empirische Bildungsforschung, Wiesbaden, S. 113-124.

Holtappels, H. G., Kamski, I. & Schnetzer, T. (2007): Ganztagsschule im Spiegel der Forschung. Zentrale Ergebnisse der Ausgangserhebung der „Studie zur Entwicklung von Ganztagsschulen " (StEG) – Eine Informationsbroschüre, Berlin.

Holtappels, H. G. & Rollett, W. (2007): Organisationskultur, Entwicklung und Ganztagsschulausbau. Ganztagsschule in Deutschland, Weinheim/München, S. 209-227.

Holtappels, H. G. & Rollett, W. (2009): Schulentwicklung in Ganztagsschulen. In: Zeitschrift für Pädagogik, 54, S. 18-39.

Kammermeyer, G. & Martschinke, S. (2009): Qualität im Anfangsunterricht, Unterrichtswissenschaft, 1, S. 35-54.

Kamski, I. (2016): Rhythmisierung in Ganztagsschulen. Erprobte Praxis – funktionierende Modelle, 2. Auflage, Schwalbach.

Kluge, F. (2011): Etymologisches Wörterbuch der deutschen Sprache, 25. Auflage, bearbeitet von E. Seebold. Berlin.

Kolbe, F. U., Rabenstein, K. & Reh, S. (2006): Expertise „Rhythmisierung ". Hinweise für die Planung von Fortbildungsmodulen für Moderatoren. Online unter: *www.lernkultur-ganztagsschule. de/html/downloads/Kolbe% 20Rabenstein% 20 Reh% 20Expertise% 20Rhythmisierung. pdf* (Zugriff am: 27.02.2018).

Lazarus, R. S. & Folkman, S. (1984): Stress, Appraisal and Coping. New York.

Messner, R. (1991): Die Rhythmisierung des Schultages. Erfahrungen und pädagogische Überlegungen zu einem dringlich gewordenen Problem. In: Kubina, Ch. & Lambrecht, H.-J. (Hrsg.): Die Ganztagsschule, Bestandsaufnahme – Grundlegung – Perspektiven, Wiesbaden, S. 54-66.

Munser-Kiefer, M. & Göttlein, E. (Hrsg.) (2017): Studienheft Gesundheitsförderung. Theoretische Grundlagen für die Ganztagsschule, Hilpoltstein.

Oser, F. & Patry, J. L. (1994): Sichtstruktur und Basismodelle des Unterrichts: Über den Zusammenhang von Lehrern und Lernen unter dem Gesichtspunkt psychologischer Lernverläufe.

Rauschenbach, T., Mack, W., Leu, H. R., Lingenauber, S., Schilling, M., Schneider, K. & Züchner, I. (2004): Konzeptionelle Grundlagen für einen Nationalen Bildungsbericht – Non-formale und informelle Bildung im Kindes- und Jugendalter, Bildungsreform Band 6, Bundesministerium für Bildung und Forschung (BMBF) (Hrsg.). Online unter: *http://www.akjstat.tu-dortmund.de/fileadmin/Weiterfuehrende_Links/nonformale_und_informelle_bildung_kindes_u_jugendalter.pdf* (Zugriff am: 27.02.2018).

Scheuerer, A. (2008): „Rhythm is it!" – Rhythmisierung, Ganztagsschule und schulische Förderung. In: Appel, St., Ludwig, H., Rother U. & Rutz, G.: Leitthema Lernkultur, Jahrbuch Ganztagsschule, Schwalbach, S. 53-64.

Schüpbach, M., Andrey, S. & Arpagaus, A. (2018): Ziele und Konzeption der Tagesschule. Tagesschulleitlinien im Fokus. In: Schüpbach, M., Frei, L. & Nieuwenboom, W. (Hrsg.): Tagesschulen: Ein Überblick, Wiesbaden, S. 119-144.

Willems, A. & Holtappels, H. G. (2014): Pädagogische Prozessqualität an Ganztagsschulen: Ausgewählte Befunde des bundesweiten StEG-Bildungsmonitoring 2011 zu Zielen und Konzepten von Ganztagsgrund- und Sekundarstufenschulen. In: Drossel, K., Strietholt, R. & Bos, W. (Hrsg.): Empirische Bildungsforschung und evidenzbasierte Reformen im Bildungswesen, Münster, S. 327-348.

Wood, W., Quinn, J. M. & Kashy, D. A. (2002): Habits in everyday life: thought, emotion, and action, In: Journal of personality and social psychology, 83 (6), S. 1281-1297.

Wulf, C. (2008): Rituale im Grundschulalter: Performativität, Mimesis und Interkulturalität. In: Zeitschrift für Erziehungswissenschaft, 11(1), S. 67-83.

Züchner, I. (2011): Ganztagsschulen und Familienleben. In: Fischer, N., Holtappels, H. G., Klieme, E., Rauschenbach, T., Stecher, L. & Züchner, I. (Hrsg.): Ganztagsschule: Entwicklung, Qualität, Wirkungen, Weinheim und Basel, S. 291-311.

Ludwig Haag
Hausaufgaben: ein Dauerthema – kein Ende in Sicht!

Es gibt Themen in der Schule, die in bestimmten Zyklen immer wieder Konjunktur haben. Ein solcher „Dauerbrenner" ist das Thema Hausaufgaben, gegenwärtig aus zwei Gründen:

1. Grund: Im Zusammenhang mit der flächendeckenden Einführung von Ganztagsschulen sind Hausaufgaben nun wieder einmal auf die pädagogische Bühne gehoben worden.

In gebundenen Formen von Ganztagsschulen sind Hausaufgaben meist Teil und Aufgabe des Unterrichts. Es handelt sich hier häufig nicht um zusätzliche Studier- oder Unterrichtszeiten. Der Unterricht und die Hausaufgaben sind dabei nicht mehr zeitlich und räumlich getrennte Einheiten des Lernprozesses, sondern gehen ineinander über. Hausaufgaben werden in den Unterricht integriert und sind eigentlich zusätzliche unterrichtliche Übungsaufgaben. Die Frage ist, wie gut es der Schule gelingt, die didaktischen Funktionen der Hausaufgaben in den Unterricht zu integrieren.

In offenen Formen von Ganztagsschulen bleiben die Hausaufgaben mit den ihnen zugeschriebenen Funktionen erhalten, sie werden allerdings in die Schule verlagert. Die Frage ist hier eher eine organisatorische, wie bzw. von wem die Schülerinnen und Schüler am Nachmittag betreut werden. Gemeinsam ist beiden Formen von Ganztagsschulen, dass Hausaufgaben aus dem Elternhaus nahezu vollständig in den Verantwortungsbereich der Schule übergehen.

2. Grund: Hausaufgaben und Nachhilfe kann man als zwei Seiten derselben Medaille „außerunterrichtliche Lerngelegenheiten" bezeichnen, die eng zusammenhängen. Die gängige Hausaufgabenpraxis begünstigt offenbar eine erhöhte Nachfrage an Nachhilfeunterricht.

Nicht alle Familien sind zeitlich und fachlich in der Lage, die nachmittägliche Betreuung der Kinder entsprechend leisten zu können, und nehmen deshalb vermehrt außerfamiliale Dienstleistungen in Anspruch. Die elterliche Unterstützung ist wohl mehr davon abhängig, in welcher Jahrgangsstufe sich das Kind befindet. Ab der 9. Jahrgangsstufe, so die Befundlage (vgl. Haag & Jäger 2010), scheint den Eltern die Hausaufgabenkontrolle aus den Händen zu gleiten. Ob dies darauf zurückzuführen ist, dass Eltern selbst keine adäquaten Strategien mehr sehen, ihrem Kind zu helfen, sich fachlich und zeitlich überbeansprucht fühlen, mit ihrem Kind erzieherisch nicht mehr zurechtkommen oder weil sie glauben, ihr Kind müsse ab diesem Alter für sich selbst Sorge tragen, kann aus den Daten nicht verlässlich begründet werden. Die empirischen Daten sprechen jedoch insgesamt eher für eine Überforderung der Eltern. Die Schule muss vor diesem Hintergrund verstärkt ihre

Hausaufgaben: ein Dauerthema – kein Ende in Sicht!

Verantwortung für einen ihr eigenen Bereich wahrnehmen: nämlich die Erklärung von Sachverhalten und die Förderung von Kindern und Jugendlichen.

Die Hausaufgaben, ein typisch deutsches Phänomen, verdanken ihre Existenz vor allem dem Umstand, dass mangels räumlicher Kapazitäten der Unterricht einst im „Zweischichtbetrieb" entweder am Morgen oder am Nachmittag vonstattenging und der fehlende Rest an Unterrichtszeit eben nach Hause verlagert wurde. Eine einfache Rückverlagerung von ursprünglichen Hausaufgaben in die nachmittäglichen Stunden an der Schule ändert aber nichts an ihrem ursprünglichen Charakter. Lässt man bei Hausaufgaben die Vorsilbe „Haus" weg, dann muss es weiterhin am Lernort Schule Räume geben, in denen Schülerinnen und Schüler Gelegenheit erhalten, in ihrem je eigenen individuellen Lerntempo selbstständig Aufgaben zu bearbeiten. Die heutige Forderung nach individualisiertem Unterricht erfolgt eben aus der Erkenntnis, dass jede Schülerin und jeder Schüler anders lernt und sie bzw. er hierzu die Möglichkeit erhalten muss. Die Forderung nach sinnvollen Aufgaben, die Schulkinder individuell fördern, ist in jedem Fall jedoch ein Gebot guten Unterrichts.

Dies mag als Beleg genügen, um weiterhin über Hausaufgaben nachzudenken. Doch nachdenklich macht schon, wenn man die Schulgesetze und Schulordnungen verschiedener Bundesländer im Hinblick auf Aussagen über die Erledigung der täglichen Hausaufgabenzeiten von Schülerinnen und Schülern an Grundschulen vergleicht (vgl. Haag & Streber 2015):

- Bayerische Schulordnung (§28): bis zu einer Stunde an Grundschulen
- Runderlass Nordrhein-Westfalen: Jahrgangsstufen 1 und 2: 30 Min., Jahrgangsstufen 3 und 4: 60 Min.
- Erlass Sachsen-Anhalt: Jahrgangsstufen 1 und 2: 30 Min., Jahrgangsstufen 3 und 4: bis 60 Min.
- Schulgesetz Berlin: Jahrgangsstufe 1: 15 Min., Jahrgangsstufe 2: 30 Min., Jahrgangsstufen 3 und 4: 45 Min.
- Schulgesetz Hessen (§135): Die Klassenkonferenz entscheidet über Umfang und gleichmäßige Verteilung der Hausaufgaben.
- Schulordnung Sachsen (§17): Umfang und Schwierigkeitsgrad der Hausaufgaben sollen dem Entwicklungsstand der einzelnen Schülerin bzw. des einzelnen Schülers angepasst werden.

Was sagt diese Auswahl über den Stellenwert von Hausaufgaben aus?

- Ist in einigen Bundesländern der vormittägliche Unterricht so defizitär, dass Lernzeit verstärkt in den Nachmittag verlegt werden muss?
- Sind in einigen Bundesländern die Schulkinder am Morgen weniger aufnahmefähig, sodass Unterrichtszeit in den Nachmittag ausgelagert werden muss?

- Will man in einigen Bundesländern bewusst die Eltern zeitintensiver in die schulische Arbeit miteinbeziehen?
- Oder erhalten Schülerinnen und Schüler in einigen Bundesländern bewusst weniger Hausaufgaben, da die Differenzierung im Unterricht darauf ausgelegt ist, Übungs- und Vertiefungsphasen in das unterrichtliche Lernen zu integrieren?

Im Folgenden sollen die Funktionen von Hausaufgaben dargelegt werden, über die Einigkeit besteht.

Funktionen von Hausaufgaben

In der gesamten Literatur zu Hausaufgaben (vgl. Mischo & Haag 2010) werden zwei Funktionen deutlich:

1. Didaktisch-methodische Funktion

Hier wird unterschieden zwischen der

a) Mechanisierungsfunktion (Üben neuen Lernstoffs im engen Sinne von Einüben),
b) Übertragungs- und Kontrollfunktion (Transfer, produktive Anwendung; Überprüfung des neu Gelernten),
c) Erweiterungsfunktion (Ergänzung der Unterrichtsarbeit; Vervollständigung und Vertiefung; fortführende Systematisierung) und
d) Erkundungs- und Motivationsfunktion (Unterrichtsvorbereitung).

2. Erzieherische Funktion

Die erzieherische Funktion bezieht sich vor allem auf die Stärkung von Selbstständigkeit und persönlichkeitsstärkender Haltungen, z. B. Arbeitsfreude, Fleiß, Ausdauer, Selbstdisziplinierung und das Interesse für die eigene Beschäftigung mit Unterrichtsgegenständen.

Bei dem immer wieder zitierten Begriff der Selbstständigkeit handelt es sich häufig nicht um selbstbestimmtes, d. h. autonomes Lernen. Denn die Lernziele und -inhalte werden in der Regel vorgegeben. Es handelt sich vielmehr um ein *selbstreguliertes* Lernen, bei dem die Schülerinnen und Schüler lernen sollen, Lernvorgänge selbst zu organisieren und ihre Arbeitszeit und Arbeitstechniken sowie Hilfsmittel selbstständig angemessen einzusetzen.

Hausaufgaben werden in der schulischen Praxis mit z. T. überzogenen Zielvorstellungen überladen. Letztendlich werden Hausaufgaben damit legitimiert, dass sie einen unverzichtbaren, eigenständigen Beitrag zum schulischen Lernprozess darstellen, den der Unterricht – sei er auch noch so gut geplant – nicht leisten kann oder soll. In diesem Kontext muss ausdrücklich betont werden, dass Hausaufgaben nicht das ausgleichen können, was am Vormittag im Unterricht nicht grundlegend vermittelt wird.

Hausaufgaben: ein Dauerthema – kein Ende in Sicht!

Als Fehlfunktion soll erwähnt werden, dass in der Vergabe von Hausarbeiten oftmals ein Instrument zur Disziplinierung gesehen wird. Für die Nichterledigung erteilter Hausaufgaben sind dann disziplinierende Maßnahmen vorgesehen. Dieser Wert ist ein zweifelhafter, da die Lernpsychologie ganz klar sagt, dass über Strafen unerwünschtes Verhalten zwar verhindert, jedoch kein erwünschtes Verhalten aufgebaut werden kann.

Diese Fehlfunktion führt unmittelbar zu den Auswirkungen von Hausaufgaben.

Ergebnisse der Wirkungsforschung

Die Frage, wie *effektiv* Hausaufgaben sind, ist die alles Entscheidende. In vielen Forschungsarbeiten wird nicht ausreichend zwischen Effekten der Vergabe und der Erledigung von Hausaufgaben unterschieden (vgl. Haag & Jäger 2010). Positive Effekte der *Vergabe* von Hausaufgaben sind dann zu konstatieren, wenn diejenigen Lehrkräfte besonders erfolgreich sind, die häufig bzw. viele Hausaufgaben erteilen. Von positiven Effekten der *Erledigung* der Hausaufgaben kann hingegen nur dann gesprochen werden, wenn diejenigen Schülerinnen und Schüler einer Klasse, die ihre Hausaufgaben sorgfältiger erledigen als ihre Mitschüler, einen vergleichsweise größeren Lernerfolg erzielen.

Jüngere Studien, in denen die für Hausaufgaben investierte Zeit untersucht und dabei auch Vergabe- von Erledigungseffekten separiert wurden, also die Lehrerseite der Hausaufgabenvergabe und die Schülerseite des Erledigens getrennt betrachtet wurden, weisen darauf hin, dass die aufgewendete Zeit in keinem oder sogar in negativem Zusammenhang mit schulischen Leistungen steht. Daraus ergibt sich in der Konsequenz, dass in der Hausaufgabenforschung neben Zeitvariablen auch *Selbstregulationsvariablen*, welche die Effekte der Aufgabenbearbeitung beeinflussen, stärker berücksichtigt werden sollten. Häufig aufgegebene Hausaufgaben haben einen positiven Einfluss auf die Leistungsentwicklung, eine große Hausaufgabenfülle ist dagegen eher hinderlich.

Werden Hausaufgaben regelmäßig aufgegeben, stellen sie offensichtlich wichtige außerschulische Lerngelegenheiten dar, die Wissenserwerbsprozesse fördern. Besonders scheinen die besseren Schülerinnen und Schüler einer Klasse von diesem Hausaufgabevergabeverhalten zu profitieren. Dieses Ergebnis korrespondiert mit einer Studie von Haag (1991), mit der das Phänomen des „Saisonarbeiters" empirisch gesichert werden konnte. Bei Lateinlernern wurde über einen Zeitraum von sechs Wochen in Form von Tagebüchern die tägliche häusliche Arbeitszeit protokolliert. Während die Hausaufgabenzeit der guten Schülerinnen und Schüler über den protokollierten Zeitraum relativ konstant blieb, zeigten die Verläufe der schwächeren Schülerinnen und Schüler nach der ersten Klausur einen Abwärtstrend, um ca. zehn Tage vor der nächsten Klausur wieder deutlich anzusteigen. Der zeitliche

Verlauf der täglichen Hausaufgabenzeiten der schwächeren Lateinlerner folgte also einer U-förmigen Funktion und wies deutlich größere Schwankungen auf als der Verlauf der Hausaufgabenzeit der besseren Lateinlerner. Somit zeigt sich die individuelle Variabilität der täglichen Hausaufgabenzeit als bedeutsamer Prädiktor für den späteren Lernerfolg.

Gerade die Ergebnisse der Wirkungsforschung zeigen, dass es nicht Hausaufgaben per se sind, die leistungssteigernd sind, sondern dass es auf die Praxis ankommt, wie im Folgenden ausgeführt wird.

Sinnvolle Hausaufgabenpraxis für Lehrkräfte

Es gilt zu betonen, dass die Lehrkräfte selbst, nicht etwa die Eltern, bei der Vergabe und Betreuung stärker gefordert sind. Für die Lehrerin bzw. den Lehrer geht es dabei um vier grundlegende Schritte, die hier nicht näher ausgeführt werden sollen:

1. Hausaufgaben planen,
2. Hausaufgaben erteilen,
3. Hausaufgaben überprüfen,
4. Hausaufgaben reflektieren.

Auch ist zu bedenken, inwieweit die heutige Betonung des Unterrichts hin zu offeneren Unterrichtsformen in die Hausaufgabenpraxis Eingang finden könnte. So könnten Hausaufgaben auch als Teamarbeit in Form von Partner-, Gruppen- oder Projektarbeit aufgegeben werden, und zwar dann über einen längeren Zeitraum.

Sinnvolle Hausaufgabenpraxis für Schülerinnen und Schüler

Wenn es für die Schule wichtig ist, dass Hausaufgaben eben zu Hause allein von der Schülerin bzw. vom Schüler angefertigt werden sollen, dann muss auch im Vorfeld Sorge dafür getragen werden, dass sie bzw. er a) das fachliche Rüstzeug dazu mitbringt und b) auch Strategien der Umsetzung beherrscht. Eine solche Strategie könnte aus folgenden drei Phasen bestehen (vgl. Götz 2017):

1. **Planung:** Die Schülerin bzw. der Schüler macht sich einen nachmittäglichen Zeitplan, in den er seine bzw. sie ihre Hausaufgaben für den nächsten Tag einbaut.
2. **Monitoring**: Die Schülerin bzw. der Schüler beobachtet und reflektiert fortlaufend das Anfertigen seiner bzw. ihrer Hausaufgaben.
3. **Regulation**: Die Schülerin bzw. der Schüler reguliert das Lernverhalten, wenn sie/er z. B. mit der Hausaufgabe X nicht zurechtkommt, indem sie/er die verfügbare Zeit deshalb nicht mit etwas vergeudet, was sie/er nicht kann, sondern sie/er sich auf Hausaufgabe Y konzentriert.

Hausaufgaben: ein Dauerthema – kein Ende in Sicht!

Man darf allerdings nicht erwarten, dass selbstreguliertes Lernen ein Selbstläufer ist. Es muss von der Lehrkraft eingeführt und begleitet werden. Diese Sichtweise und Rekonstruktion des Hausaufgabenverhaltens als selbstgesteuertes Lernen birgt auch ein hohes Potenzial für eine sinnvolle Beratung. Sie öffnet den Blick auf die bei der lernenden Schülerin bzw. dem lernenden Schüler beteiligten Prozesse und erlaubt auch die Ableitung von Optimierungs- und Interventionsmaßnahmen.

So kann beispielsweise die Lehrkraft mit der ganzen Klasse oder die Lernbegleiterin/der Lernbegleiter mit einer Schülerin/einem Schüler einen individuellen Lernplan erstellen, in dem eigene Zielsetzungen berücksichtigt und reflektiert werden, bei deren Realisierung auf die eigene Aufmerksamkeitssteuerung geachtet wird. Ein Tagebuch zum Zwecke des Self-Monitoring kann hier nützlich eingesetzt werden, sowohl klassenweise als auch für die einzelne Schülerin und den einzelnen Schüler (Haag & Streber 2014).

Sinnvolle Hausaufgabenpraxis für den Ganztag

Eine gute Hausaufgabenbetreuung in einer offenen Ganztagsschule, so Befunde einer Studie (vgl. Haag & Jäger 2010), ist für die Eltern dann verwirklicht, wenn pädagogisch geschulte Kräfte

- Schülerinnen und Schülern bei Verständnisfragen helfen,
- auf Fehler hinweisen,
- für genügend Ruhe im Raum sorgen,
- störende Schülerinnen und Schüler ermahnen,
- Schülerinnen und Schüler zum selbstständigen Arbeiten erziehen und
- sie dazu bringen, ihre Hausaufgaben in der vorgegebenen Zeit vollständig zu erledigen.

Schlussgedanke

Wenn man die zuletzt genannten Forderungen an eine Hausaufgabenbetreuung in einer Ganztageseinrichtung genau betrachtet, zeigt sich das gleiche Dilemma wie bei der traditionellen Hausaufgabenpraxis: Man geht offenbar weiterhin davon aus, dass Hausaufgaben nicht allein Sache der Schulkinder sind, sondern offenkundig einen Helfer brauchen. Genau das war bisher in den meisten Elternhäusern nicht gewährleistet und ist mit der Quantität und Qualität des am Nachmittag zur Verfügung stehenden Personals an öffentlichen Einrichtungen ebenfalls nicht immer leistbar.

Wenn aufgrund bildungspolitischer Überlegungen die klassischen Hausaufgaben vermehrt in die Schulen verlagert werden, wäre dies ein Appell, die didaktische und methodische Verantwortung der Hausaufgaben weiterhin bei den Lehrerinnen und Lehrern zu belassen, wohl gemerkt, nicht deren Erledigung.

Literatur

Götz, T. (Hrsg.) (2017): Emotion, Motivation und selbstreguliertes Lernen, 2. Auflage. Paderborn.

Haag, L. (1991): Hausaufgaben am Gymnasium. Weinheim.

Haag, L. & Jäger, R. S. (Hrsg.) (2010): Hausaufgabenforschung – neue Akzente – alte Desiderate. In: Empirische Pädagogik 24, Heft 1.

Haag, L. & Streber, D. (2014): Individuelle Förderung. Weinheim.

Haag, L. & Streber, D. (2015): Hausaufgaben in der Grundschule. In: ZfG Zeitschrift für Grundschulforschung, Heft 2, S. 86-99.

Mischo, C. & Haag, L. (2010). Hausaufgaben. In: Rost, D. H. (Hrsg.): Handwörterbuch Pädagogische Psychologie, 4. Auflage, Weinheim, S. 249-257.

Theresa Vollmer
Vielfältig vernetzt – Möglichkeiten und Grenzen sozialen Lernens in der Ganztagsschule

Unter der Gegebenheit des Lebens in einer „globalisierte[n] Weltgesellschaft" (Clemens & Wulf 2011, S. 15) stellt sich im Kontext Schule auf der Mikroebene Lehrerinnen und Lehrern sowie Schülerinnen und Schülern die spezifische Lernaufgabe, mit Heterogenität bzw. vielfältigen Lebenskonzepten und -kontexten umzugehen, während auf der Makroebene die Berücksichtigung von kultureller Diversität in Bildungssystemen, z. B. im Hinblick auf die Lehrerbildung, dringend eingefordert wird (vgl. Clemens & Wulf 2011).[1]

Die Kritik an einer mangelnden „‚Heterogenitätsfähigkeit' der Schulen und Lehrkräfte in Deutschland" (Trautmann & Wischer 2011, S. 37) ist auch Teil der öffentlichen und wissenschaftlichen Diskussion. Diese wird durch die wiederkehrende Durchführung der PISA-Studie und anderer Tests maßgeblich beeinflusst (vgl. Kiel et al. 2015).[2] Die Einführung der Ganztagsschule kann dabei als eine Antwort auf die PISA-Studie betrachtet werden (vgl. Rekus 2005).

An das Konzept der Ganztagsschule ist nach Toppe (2016) die Erwartung geknüpft, sozialer und kultureller Diversität besser gerecht werden zu können, indem z. B. versucht wird, „die Koppelung zwischen Bildungserfolg und sozialer Herkunft" (ebd., S. 11) aufzubrechen. Die Aufgabenbereiche von Ganztagsschulen reichen über Bildung und Erziehung hinaus und schließen Sozialisation und Betreuung der Schülerschaft mit ein (vgl. ebd., S. 11f., unter Bezug auf Coelen & Otto 2008). Eine gesellschaftlich relevante Konsequenz von Ganztagsbildung deutet sich, Toppe (2016) folgend, an: Kinder und Jugendliche verbringen durch verlängerte Unterrichtszeiten und durch die Teilnahme an außerunterrichtlichen Angeboten mehr Zeit in der Schule und weniger Zeit im Elternhaus oder in selbstorganisierter und selbstgestalteter Freizeit. Nicht selten wird diese Entwicklung als Zurückdrängung der Familie und außerschulischer Freizeitgestaltung als bedeutsame Lern- und

---

[1] Der vorliegende Beitrag ist Teil eines Dissertationsprojekts zur globalen Transmission der von der *Organization for Economic Cooperation and Development (OECD)* gesteuerten Bildungskonzepte, welches am Lehrstuhl Allgemeine Pädagogik an der Universität Bayreuth durchgeführt wird. Dieses wird im Rahmen der gemeinsamen Initiative „Qualitätsoffensive Lehrerbildung" von Bund und Ländern aus Mitteln des Bundesministeriums für Bildung und Forschung gefördert (01JA1601). Die Verantwortung für den Inhalt dieser Veröffentlichung obliegt der Autorin.

[2] PISA steht für „Programme for International Student Assessment", eine im Jahr 2000 von der OECD eingeführte Studie zum internationalen Vergleich von Bildungssystemen. Dazu werden regelmäßige Tests Fünfzehnjähriger in den Kompetenzen Mathematik, Lesen und Naturwissenschaften durchgeführt (vgl. Böhm 2005).

Zeitorganisation und Lernkultur

Bildungsorte kritisiert. Eine zentrale Aufgabe für Ganztagsbildung ist es demnach, „die Entgrenzung des Schulischen und die Verschiebung familialer Zuständigkeiten und Aufgaben von der Familie an die Schule zu bewältigen." (Toppe 2016, S. 13).

Dieses Problem ist Ausgangspunkt von Forschungsarbeiten, die sich mit der Wirkung von Ganztagsschulbildung auf die Herausbildung von sozialer und emotionaler Kompetenz beschäftigen (siehe Dollinger 2014; Fischer et al. 2016). Um soziale Beziehungen unter Jugendlichen zu untersuchen, finden netzwerktheoretische und -analytische Verfahren bereits Anwendung (siehe Häußling 2008, Kanevski & Salisch 2013, Heidler et al. 2014). Jedoch gibt es kaum Veröffentlichungen, die die Ganztagsschule, Netzwerkforschung und die Problematisierung der Berücksichtigung von Heterogenität in einer Untersuchung zusammenführen. Im Fokus dieses Beitrags steht daher soziales Lernen unter den Bedingungen globaler Vernetzung und Heterogenität. Die leitenden Fragen sind: In welchem Zusammenhang sind Ganztagsschulen im Kontext politischer und pädagogischer Herausforderungen zu betrachten? Welche Möglichkeiten und welche Grenzen bietet das Ganztagsschulkonzept für soziales Lernen? Welches Potenzial bieten netzwerktheoretische Ansätze für die Forschung und für die Praxis von Ganztagsschule? Die Zielsetzung liegt darin, erstens eine Einschätzung zum Thema Ganztagsschule im gegenwärtigen Kontext zu geben, zweitens, Ergebnisse aktueller Studien im Hinblick auf Möglichkeiten und Grenzen sozialen Lernens in der Ganztagsschule zu kompilieren, und drittens ausblickend Anregungen zum Potenzial der Netzwerkforschung für die Wissenschaft und die Praxis zu geben.

Es wird die These vertreten, dass das Konzept der Ganztagsschulen im Kontext politischer und pädagogischer Herausforderungen einen wertvollen Beitrag zum Kompetenzaufbau von Kindern und Jugendlichen leisten kann. Ganztagsschulen haben einerseits durch die gemeinsam verbrachte Zeit der Schülerinnen und Schüler im Schulalltag und in besonderem Maße in den außerunterrichtlichen Angeboten ein großes Potenzial für soziales Lernen. Es werden Anknüpfungspunkte aufgezeigt, die darauf hindeuten, dass sich Netzwerkforschung zur wissenschaftlichen Untersuchung sowie zur praktischen Anwendung im Schulkontext eignet.

Der Umgang mit Heterogenität als pädagogische Herausforderung

Die produktive Auseinandersetzung mit Heterogenität stellt nach Kiel et al. (2015) eine wesentliche professionelle Herausforderung für angehende Lehrerinnen und Lehrer dar. Heterogenität umfasst dabei sowohl die Vielgestaltigkeit einzelner Lebenskonzepte als auch die sozialer Lebensformen. Diese Vielgestaltigkeit zeige sich im Schulkontext in der Komposition der Schülerinnen und Schüler einer Schulklasse oder Schule und darüber hinaus in der Zusammensetzung des Kollegiums (wenn auch in Deutschland noch wenig ausgeprägt) und der Schülereltern sowie in der Verschiedenheit der Schulen (vgl. ebd.).

Vor die Lernaufgabe „des Umgangs mit kultureller Differenz und Vielfalt" (Clemens & Wulf 2011, S. 18) sind neben den Lehrkräften auch die Schülerinnen und Schüler gestellt. Die Ganztagsschule gewährt nach Dollinger (2014, S. 70) „vielfältige Chancen, mit Heterogenität umzugehen". Heterogenität in Dollingers Verständnis bedeutet nicht nur das Differenzieren nach Geschlecht, Alter oder Leistung, sondern auch die unterschiedliche Ausprägung vielfältiger Kompetenzen. Zudem zeichne sich die Ganztagsschule durch ihre Inklusionsorientierung aus. Der Umgang mit Heterogenität werde demnach weitgehend durch „soziale Erfahrungen der Gemeinschaft *aller*" (ebd., S. 71) gelernt. Im Folgenden werden Möglichkeiten und Grenzen des Ganztagsschulkonzepts für Prozesse des sozialen Lernens einander gegenübergestellt und das Potenzial der Netzwerkforschung für eine Erforschung dieser Lernprozesse aufgezeigt.

Möglichkeiten und Grenzen sozialen Lernens in der Ganztagsschule

Die aus sozialen Lernprozessen hervorgehende Sozialkompetenz umfasst nach Dollinger (2014) sowohl die Fähigkeit zur individuellen Verantwortungsübernahme, zum Handeln und zu einer gelingenden Lebensführung als auch die Fähigkeit, zu einem produktiven Miteinander in der Institution Schule beizutragen. Das Ganztagsschulkonzept biete mannigfaltige Möglichkeiten für Prozesse des sozialen Lernens. Die Schulgemeinschaft könne hier intensiver als an Halbtagsschulen erlebt werden, „Kinder können vielfältige Erfahrungen im Umgang mit der Gemeinschaft sammeln, es bilden sich Freundschaften – auch über den eigenen Klassenverband hinaus" (ebd., S. 68f). Dies sei insbesondere unter der Prämisse des sozialen Wandels und der damit begrenzten Möglichkeiten sozialer Interaktionen in Familie und unter Gleichaltrigen (peers) von Relevanz. Pointiert stellt die Autorin heraus:

> „Ganztagsschule selbst ist soziales Lernen – man verbringt den Tag in Gemeinschaft, nimmt an Angeboten des Schullebens teil, gruppendynamische Prozesse entwickeln sich (z. B. bei Gruppenneuformationen durch jahrgangsgemischte Angebote), Konflikte müssen gelöst und Freundschaften gepflegt werden"
>
> (ebd., S. 69).

Im Gegensatz dazu macht Dollase (2014, S. 54; Anpass. d. Satzstellung T.V.) darauf aufmerksam, dass „[d]ie Formulierung von Anforderungen an soziales Verhalten von Schülerinnen und Schülern zunächst einmal nur eine Sollvorstellung [ist]". Kritisch wird gefragt, „wie man diese Eigenschaften durch Soziales Lernen herstellen kann" (ebd.). Strukturierte pädagogische Angebote seien nur bedingt erfolgreich. Das gemeinsame Lernen in einer Schulklasse weise gravierende Nachteile auf, welche es von den Schülerinnen und

Schülern zu verkraften gelte. Als Beispiel nennt der Autor Erlebnisse der Benachteiligung, die sich einerseits aus der ungleichen Behandlung von Schülerinnen und Schülern durch eine Lehrkraft und andererseits aus den sozialen Interaktionen der Klassenkameraden untereinander ergeben können. Soziales Lernen ist für Dollase daher vor allem das Lernen, mit negativen Erfahrungen, insbesondere negativen Emotionen, umgehen zu können, und es „ist ein Lernen für die Schule" (ebd., S. 53), also auf das Verhalten im ausschließlichen Setting einer Schulklasse fokussiert. Hierfür sei die Einübung von Selbstbeherrschung und Selbstdisziplin eine wichtige Lernaufgabe. Gleichzeitig werde ein „Investment" (ebd., S. 54) und die Bereitschaft zur Übernahme von Eigenverantwortung vom Lernenden erwartet. Dies könne von den Schülerinnen und Schülern nicht in deren Familien gelernt werden, da in diesen die besondere Komposition einer Schulklasse nicht vorhanden sei (vgl. ebd.).

Was kann nun das Ganztagsschulkonzept für den Erwerb von Sozialkompetenz leisten? Nach Fischer et al. (2016) liegen die besonderen Möglichkeiten der Ganztagsschule darin, dass Schülerinnen und Schüler mehr Zeit gemeinsam in der Schule verbringen und hierbei in informellen sozialen Interaktionen Sozialkompetenz erlernen können, sowie darin, dass sie an schulischen Aktivitäten teilnehmen können und sich hier ebenfalls Arrangements für soziales Lernen ergeben. Als wichtige „Wirkmechanismen" (ebd., S. 42) gelten „die Qualität der Beziehungen zu den Erwachsenen, der Peerbezug und die Partizipationsmöglichkeiten der Schülerinnen und Schüler" (ebd.). Die nationale und internationale Forschung zeige, dass die Ganztagsschule die Leistungsentwicklung und den biografischen Werdegang von Kindern und Jugendlichen in vielerlei Hinsicht begünstigt.

Hofmann-Lun (2016) untersucht beispielsweise die Heterogenitätswahrnehmung von Jugendlichen. Dabei bestätigt die Autorin diese Annahme, wenn sie zu dem Ergebnis kommt, dass „[d]as gemeinsame Lernen an der Inklusionsschule zwar dazu [führt], dass sich Förderschüler/innen auch an leistungsstärkeren Schülern [und Schülerinnen; T.V.] orientieren und ihre Leistungsfähigkeit verbessern" (ebd., S. 49; Anpass. d. Satzstellung T.V.). Sie widerlegt die Annahme jedoch auch, wenn sie auf Grenzen im Hinblick auf die Förderung und Qualifizierung dieser Schülerinnen und Schüler hinweist. Hofmann-Lun macht darauf aufmerksam, dass auch an Schulen mit dem Anspruch der Inklusion Prozesse der Stigmatisierung und Benachteiligung stattfinden, welche einen negativen Einfluss auf die Fähigkeit, „ein eigenständiges Leben selbstbestimmt führen zu können" (ebd., S. 49), haben.[3] In den angeführten Studien zeigen sich Anknüpfungspunkte dafür, Prozesse

---

[3] Auch die Autoren des Sammelbands „Wie sozial ist die Ganztagsschule?" (Maschke et al. 2016) stellen die Frage nach Gewalt und Gewaltprävention im Kontext der Ganztagsschule, siehe hierzu die Beiträge von Maschke und Pechhacker.

des sozialen Lernens in der Ganztagsschule aus netzwerktheoretischer und -analytischer Perspektive zu untersuchen. Dies haben exemplarisch Kanevski & Salisch (2013) mit ihrer Studie „Peers in Netzwerken" (kurz: PIN-Studie) durchgeführt. Sie fragen danach, „welche Auswirkungen die Ganztagsbeschulung auf die sozialen Netze von Jugendlichen hat und ob es Anzeichen dafür gibt, dass deren emotionale und soziale Kompetenzen dadurch gefördert werden" (ebd., S. 3). Beim Übergang von der Grundschule zur weiterführenden Schule lassen sich demnach sowohl bei der Ganztagsschule als auch bei der Halbtagsschule Prozesse der Abnahme und der Zunahme sowie Prozesse des „‚Umsortieren[s]'" (ebd., S.11) von sozialen Beziehungen beobachten.

Während Beziehungen zu außerschulischen Kontakten in den Hintergrund treten, entstehen im schulinternen Kontext neue Beziehungen, die sich über die Schulzeit verfestigen und vertiefen. Ein Unterschied zwischen den Schulkonzepten zeige sich jedoch darin, „dass die gegenseitige Hilfe in der Ganztagsschule übers Jahr sehr viel stärker anstieg als in der Halbtagsschule, sich also auf immer mehr Bereiche ausdehnte" (ebd., S. 11).[4] Über die Studienlaufzeit (drei Schuljahre) unterscheiden sich die sozialen Netze von Schülerinnen und Schülern in Halbtagsschulen und Ganztagsschulen. Halbtagsschülerinnen und -schüler verfügen auch über Verbindungen zu außerschulischen Kontakten, während sich Ganztagsschülerinnen und -schüler auf Verbindungen im schulinternen Kontext konzentrieren. Die Ganztagsschule habe durch die Bereitstellung von pädagogischen Angeboten ein „sozialisatorische[s] Potenzial" (ebd., S. 17). Dies werde von den untersuchten Schulen allerdings nicht voll genutzt.

Ausblick: Das Potenzial der Netzwerkforschung

Welches Potenzial hat nun die Netzwerkforschung für die Erforschung von sozialem Lernen in Ganztagsschulen? Netzwerktheoretische Ansätze erweisen sich als hilfreich, um Prozesse des sozialen Lernens besser und tiefer zu verstehen, indem die Beschaffenheit der Beziehungen, die unterschiedlichen Lernorte sowie die kulturelle Vielfalt unterschiedlicher Lebensformen in Untersuchungen miteinbezogen werden (vgl. Clemens 2015). Der Analysefokus ist dabei auf „Relationen, Positionen, Netzwerkstrukturen und -dynamiken" (Häußling 2010, S. 63) gerichtet. Wie mit Dollase (2014) bereits angeführt, spielen Beziehungen im Klassengefüge für Lehr-Lern-Prozesse eine wichtige Rolle.

Mithilfe netzwerktheoretischer Ansätze kann es gelingen, Ungleichbehandlungen und Positionen von Schülerinnen und Schülern besser untersuchen zu können (siehe z. B. Häußling 2008; Heidler et al. 2014). Die häufig geäußerte Kritik an der Zurückdrängung von informellen Lernorten kann

---

[4] Gemeint ist das erste Schuljahr auf der weiterführenden Schule. Es handelt sich folglich um die siebte Jahrgangsstufe. Die PIN-Studie wurde im Land Brandenburg durchgeführt (vgl. Kanevski & Salisch 2013).

mithilfe der Netzwerkforschung einer Prüfung unterzogen werden, mögliche Überlappungen verschiedener Lernbereiche können aufgedeckt werden (vgl. hierzu Kanevski & Salisch 2013 sowie die Analyse zum Film „Der Krieg der Knöpfe" (1962) in Clemens 2015). Schließlich kann die Durchführung von Reflexionsübungen auf der Basis von Netzwerkkarten (vgl. Gamper & Schönhuth 2016) Schülerinnen und Schülern helfen, sich eigener sozialer Netzwerke und damit der eigenen Position in „soziokulturellen Formationen" (White & Godart 2010, S. 569; Übers. T.V.) bewusst zu werden.

Fazit

Unter der Prämisse von Globalisierung als politischer und Heterogenität als pädagogischer Herausforderung bietet die Ganztagsschule in besonderem Maße Möglichkeiten für soziales Lernen durch mehr gemeinsam verbrachte Zeit in der Schulgemeinschaft, durch das Kennenlernen unterschiedlicher Lebensformen, vor allem jedoch durch die Bereitstellung außerunterrichtlicher Angebote.

Die hier angeführten Studien weisen neben den o. g. Möglichkeiten auch Grenzen des sozialen Lernens im Kontext von Ganztagsschule auf. Diese zeigen sich in der Lücke zwischen Bereitstellung, Annahme und Wirkung des pädagogischen Angebots, in systeminhärenten Bedingungen (z. B. Lernen in Schulklassen) sowie in der Komplexität zwischenmenschlicher Interaktion. Netzwerkforschung erweist sich sowohl für die Forschung als auch für die Praxis von Ganztagsschule als geeignet.

Weiterer Forschungsbedarf besteht im Hinblick auf die Frage, inwiefern der Einfluss des Elternhauses und die Zeit für freie Gestaltung durch die Ganztagsbeschulung zurückgedrängt werden und welche Auswirkungen dies auf das soziale Lernen und den Kompetenzerwerb hat. Auch *wie* zwischen unterschiedlichen Lernorten gewechselt wird, *was* dabei passiert und *welche* Verknüpfungen hierbei eine Rolle spielen, sind interessante und lohnenswerte Fragen für weitere Forschungsprozesse.

Literatur

Böhm, W. (2005): Wörterbuch der Pädagogik, Stuttgart: Alfred Kröner Verlag, 16., vollst. überarb. Aufl.

Clemens, I. & Wulf, Ch. (2011): Globalisierung. In: Holzbrecher, A. (Hrsg.): Interkulturelle Schule. Eine Entwicklungsaufgabe, Reihe Politik und Bildung, Bd. 63, Schwalbach/Ts: Wochenschau Verlag, S. 13-27.

Clemens, I. (2015): Erziehungswissenschaft als Kulturwissenschaft. Die Potentiale der Netzwerktheorie für eine kulturwissenschaftliche und kulturtheoretische Ausrichtung der Erziehungswissenschaft, Weinheim und Basel: Beltz Juventa.

Coelen, Th. & Otto, H.-U. (2008): Zur Grundlegung eines neuen Bildungsverständnisses. In: Dies. (Hrsg.): Grundbegriffe Ganztagsbildung. Das Handbuch, Wiesbaden: VS Verlag für Sozialwissenschaften, S. 17-25.

Dollase, R. (2014): Ein anderer Blick auf das soziale Lernen. Nachteile der Schulklasse durch Selbstbeherrschung überwinden, Gruppendynamik & Organisationsberatung, 45, S. 45-56.

Dollinger, S. (2014): Ganztagsschule neu gestalten. Bausteine für die Schulpraxis, Weinheim und Basel: Beltz.

Fischer, N., Kuhn, H.P. & Fraij, A. (2016): Soziales Lernen in der Ganztagsschule. In: Maschke, S., Schulz-Gade, G. & Stecher, L. (Hrsg.): Jahrbuch Ganztagsschule. Wie sozial ist die Ganztagsschule? Schwalbach/Ts.: Debus Pädagogik Verlag, S. 41-50.

Gamper, M. & Schönhuth, M. (2016): Ansätze und Verfahren der Visuellen Netzwerkforschung. In: Lobinger, K. (Hrsg.): Handbuch Visuelle Kommunikationsforschung, Wiesbaden: Springer Fachmedien, S. 1-27.

Häußling, R. (2008): Zur Verankerung der Netzwerkforschung in einem methodologischen Relationalismus. In: Stegbauer, C. (Hrsg.): Netzwerkanalyse und Netzwerktheorie. Ein neues Paradigma in den Sozialwissenschaften, (Netzwerkforschung Band 1), Wiesbaden: VS-Verlag, S. 65-78.

Häußling, R. (2010): Relationale Soziologie, In: Stegbaucher, Ch. & Häußling, R.: Handbuch Netzwerkforschung, (Netzwerkforschung Band 4), Wiesbaden: VS Verlag, S. 63-87.

Heidler, R., Gamper, M., Herz, A. & Eßer, F. (2014): Relationship patterns in the 19th century: The friendship network in a German boys' school class from 1880 to 1881 revisited. In: *Social Networks* 37, S. 1-13.

Hofmann-Lun, I. (2016): Schülerinnen und Schüler in inklusiven Ganztagsschulen. Ergebnisbericht, Deutsches Jugendinstitut e. V. Online unter: *www.dji.de/fileadmin/user_upload/bibs2016/Ergebnisbericht_Inklusion_Ganztagsschule_2016.pd*f (Zugriff am: 25.10.2017).

Kanevski, R. & Salisch, M. v. (2013) (Hrsg.): Peer-Beziehungen in der Ganztagsschule: Vielfalt – Entwicklung – Potenzial. Ergebnisse der Studie zu Peers in Netzwerken, Lüneburg: Leuphana Universität. Online unter: *www.leuphana.de/fileadmin/user_upload/Forschungseinrichtungen/psych/files/PeerBroschuere.pdf* (Zugriff am: 25.10.2017).

Maschke, S., Schulz-Gade, G. & Stecher, L. (Hrsg.) (2016): Jahrbuch Ganztagsschule. Wie sozial ist die Ganztagsschule? Schwalbach/Ts.: Debus Pädagogik Verlag.

Maschke, S. (2016): Ist die Schule ein sicherer Ort? Sexuelle Gewalt unter SchülerInnen. In: Maschke, S., Schulz-Gade, G. & Stecher, L. (Hrsg.): Jahrbuch Ganztagsschule. Wie sozial ist die Ganztagsschule? Schwalbach/Ts.: Debus Pädagogik Verlag, S. 51-65.

Zeitorganisation und Lernkultur

Pechhacker, R. (2016): Gewaltprävention im Ganztag. In: Maschke, S., Schulz-Gade, G. & Stecher, L. (Hrsg.): Jahrbuch Ganztagsschule. Wie sozial ist die Ganztagsschule? Schwalbach/Ts.: Debus Pädagogik Verlag, S. 20-27.

Rekus, J. (2005): Theorie der Ganztagsschule – praktische Orientierungen. In: Rekus, J. & Ladenthin, V. (Hrsg): Die Ganztagsschule. Alltag, Reform, Geschichte, Theorie, Weinheim und München: Juventa, S. 279-297.

Streber, D. (2015): Umgang mit Heterogenität. In: Kiel, E., Haag, L., Keller-Schneider, M. & Zierer, K. (Hrsg.): Grundwissen Lehrerbildung. Praxisorientierung, Fallbeispiele, Reflexionsaufgaben, Berlin: Cornelsen.

Toppe, S. (2016): Eine neue Ordnung der Sorge im Rahmen von Ganztagsbildung? Ganztagsschule im Spannungsfeld von sozial-, bildungs- und kinderpolitischen Anforderungen. In: Maschke, S., Schulz-Gade, G. & Stecher, L. (Hrsg.): Jahrbuch Ganztagsschule. Wie sozial ist die Ganztagsschule? Schwalbach/Ts.: Debus Pädagogik Verlag, S. 9-19.

Trautmann, M. & Wischer, B. (2011): Heterogenität in der Schule. Eine kritische Einführung, Wiesbaden: VS Verlag für Sozialwissenschaften.

White, H.C. & Godart, F.C. (2010): Switchings under uncertainty: The coming and becoming of meanings. In: *Poetics* 38, S. 567-58.

Beatrix Vogt & Astrid Rank
Gemeinsam gesund durch den Tag – Verpflegung am Mittag

In der Definition der Kultusministerkonferenz zur Ganztagsschule (KMK 2016, S. 4) wird festgehalten, dass an allen Tagen des Ganztagsschulbetriebs den teilnehmenden Schülerinnen und Schülern ein Mittagessen bereitgestellt wird. Die Bedeutung der Schulen im Hinblick auf Ernährungsverhalten und -zustand der Kinder nimmt im Ganztag also unweigerlich zu. Hierin besteht sowohl Chance als auch Auftrag, die Schulverpflegung nicht nur zur Versorgung mit Nahrung, sondern auch zur Ernährungsbildung zu nutzen (vgl. beispielsweise Bier 2015, S. 272).

Gleichzeitig wird das Thema der schulischen Ernährungsbildung auch durch den LehrplanPLUS angeregt. „Ernährung" und „Gesundheit", als zwei Handlungsfelder des neuen schulart- und fächerübergreifenden Bildungs- und Erziehungsziels „Alltagskompetenz und Lebensökonomie", sind in den bayerischen Lehrplänen verankert und damit verbindlich (vgl. Bayerisches Staatsministerium für Bildung und Kultus, Wissenschaft und Kunst (StMBW) 2015). Zur Erreichung der damit verbundenen Bildungsziele sollen auch im alltäglichen Schulleben die zahlreichen Gelegenheiten zur Umsetzung genutzt werden (vgl. StMBW 2015, S. 12). Eine dieser Gelegenheiten ist die Mittagsmahlzeit.

Ernährung von Kindern

Aufgrund der körperlichen Wachstumsphase im Grundschulalter ist die Versorgung mit ausreichend Energie und Nährstoffen für eine gute körperliche und geistige Entwicklung hier besonders wichtig (vgl. DGE-Arbeitskreis „Ernährung und Schule" 2003, B 10). Körperliche Besonderheiten von Kindern im Grundschulalter sind (nach Leitzmann et al. 2009, S. 188):

- höherer Energiebedarf, bezogen auf das Körpergewicht (aber aufgrund eingeschränkter Glykogenspeicherfähigkeit größere Schwankungen im Tagesverlauf),
- Verlust der Milchzähne, Ausbildung des Dauergebisses (daher ist die Vermeidung stark kariogener Lebensmittel wie zum Beispiel klebriger Süßigkeiten wichtig),
- noch nicht vollständig ausgebildete Funktionstüchtigkeit des Verdauungsapparates, insbesondere der Nieren (Bedeutsamkeit bei der Flüssigkeitszufuhr) (vgl. DGE-Arbeitskreis 2003, B 10).

Ein anerkanntes Konzept zur Zusammenstellung von Kinderernährung wird in der sog. „Optimierten Mischkost" (optiMIX®, Forschungsinstitut für Kinderernährung (FKE)) realisiert. Hier werden die Lebensmittel – bezogen auf die Häufigkeit des Verzehrs – in Gruppen eingeteilt: reichlich (kalorienfreie oder -arme Getränke und pflanzliche Lebensmittel), mäßig (tierische Lebensmittel) und sparsam (fett- und zuckerreiche Lebensmittel).

Obwohl 61,1 % der Kinder und Jugendlichen in Deutschland täglich Obst und Gemüse essen, verzehren lediglich 9,4 % der Jungen und 12,2 % der Mädchen täglich die empfohlenen fünf oder mehr Portionen. Obst- und Gemüsekonsum ist zudem abhängig vom Sozialstatus: 49,3 % der Kinder und Jugendlichen mit niedrigem Sozialstatus essen täglich Obst, verglichen mit 75,3 % der Gruppe mit hohem sozialen Status (vgl. RKI 2014).

Tierische Lebensmittel (mit der Priorität auf Milch und Milchprodukten) werden von mehr als der Hälfte der Kinder und Jugendlichen in zu geringen Mengen verzehrt. Bei den sechs- bis elfjährigen Mädchen ist der Konsum besonders niedrig (vgl. Mensink et al. 2007, S. 59). Dagegen werden bei den meisten Kindern die Verzehrempfehlungen für Fleisch und Wurstwaren überschritten (dabei hauptsächlich von Jungen) (vgl. Mensink et al. 2007, S. 60). Bei Süßigkeiten, Knabberartikeln und ähnlichen Produkten mit einer niedrigen Nährstoffdichte überschreiten 90 % der Kinder den 10 %-Richtwert zur Energieaufnahme durch geduldete Lebensmittel. Etwa ein Drittel der Kinder nimmt bis zur doppelten Menge und ein weiteres Drittel sogar das Doppelte bis Dreifache der Empfehlung auf (vgl. Mensink et al. 2007, S. 84).

Die Menge an aufgenommenem Protein liegt bei allen Altersgruppen deutlich über dem Referenzwert. Die Hauptlieferanten sind Milchprodukte, Brot und Fleisch (vgl. Mensink et al. 2007, S. 41). Der mediane[1] Fettanteil bei Kindern und jüngeren Jugendlichen befindet sich im empfohlenen Bereich. Weniger zufriedenstellend ist dagegen das Fettsäureprofil. Es werden zu viel gesättigte und unzureichend mehrfach ungesättigte Fettsäuren aufgenommen (vgl. DGE 2015a, S. 15). Bei den Mineralstoffen und Vitaminen, die für Kinder zum Aufbau von Knochenmasse und zur Stoffwechselregulierung wichtig sind (Kalzium und Jod sowie Vitamin D und Folat) gilt, dass die Zufuhr nicht im Referenzbereich liegt (vgl. Mensink et al. 2007, S. 43-47).

Wichtig ist zudem die Flüssigkeitszufuhr. Da die Nierenfunktion bei Kindern noch nicht vollständig ausgebaut ist, ist bei ihnen die empfohlene Flüssigkeitszufuhr bezogen auf das Körpergewicht höher als bei Erwachsenen (vgl. DGE et al. 2008, S. 145). Die empfohlene Menge an Flüssigkeit soll kontinuierlich über den Tag verteilt aufgenommen werden. Laut *Stahl* und *Heseker* (2006, S. 357) nehmen Kinder und Jugendliche zu wenig Flüssigkeit zu sich. Auch die EsKiMo-Studie kommt zu dem Ergebnis, dass die Getränkemengen bei Sechs- bis Elfjährigen im Mittel unter den empfohlenen Referenzwerten liegen. Wenn die Kinder älter werden, nimmt der Flüssigkeitskonsum zu (vgl. Mensink et al. 2007, S. 53).

---

[1] Der Median einer Auflistung von Zahlenwerten ist der Wert, der an der mittleren (zentralen) Stelle steht, wenn man die Werte der Größe nach sortiert.

Gemeinsam gesund durch den Tag – Verpflegung am Mittag

Der Konsum zuckerhaltiger Getränke steigt signifikant mit zunehmendem Alter und erreicht mit 14 bis 17 Jahren seinen Höhepunkt. Grundsätzlich ist dieser, unabhängig vom Alter, bei Jungen höher als bei Mädchen und auch vom sozioökonomischen Status abhängig: Personen mit niedrigem Sozialstatus konsumieren mehr zuckerhaltige Getränke (vgl. Rabenberg & Mensink 2013, S. 5f.).

Fasst man die Ergebnisse zusammen, dass die Ernährung – auch abhängig vom sozialen Status der Kinder – nicht den Empfehlungen entspricht und setzt diese in Beziehung zur Relevanz von Ernährung für die kognitive Leistungsfähigkeit von Kindern (zusammenfassend in Terschlüsen & Müller 2010), wird deutlich, dass einer guten Schulverpflegung hier eine bedeutsame Rolle zukommt.

Mittagsverpflegung im Schulalltag

An der Gestaltung der Mittagsverpflegung wirken meist zahlreiche Personen mit. In der Praxis ist in 70 % der Einrichtungen die Schulleitung für die Mittagsverpflegung verantwortlich (Bayerisches Staatsministerium für Ernährung, Landwirtschaft und Forsten (StMELF) 2012). Kinder werden selten in die Gestaltung des Schulverpflegungsangebots einbezogen. Gäbe es diese Option für Kinder häufiger, würde sich herausstellen, dass sie im allgemeinen mehr Gemüse (jedes vierte Kind), Salat (jedes dritte Kind) und Obst (jedes zweite Kind) verzehren wollten (vgl. StMELF 2012, S. 19).

Im Jahr 2013 wurde in einem Viertel der bayerischen Schulen das Essen frisch gekocht, 63 % der Schulen bekamen das Essen warm angeliefert (in der Regel durch lokale Caterer, vgl. Drescher et al. 2014, S. 2). In den meisten Fällen (54 %) sind die Speisen portioniert auf Tellern angerichtet, die sich die Kinder an der Ausgabe abholen. 34 % der Schulen verfügen über Tischgemeinschaften, wo das Essen in großen Portionen am Tisch bereitsteht und die Kinder sich selbst bedienen. Die freieste Form, die Selbstbedienung an einem Buffet, bieten lediglich sieben Prozent der Schulen in Bayern an (vgl. StMELF 2012, S. 17).

Hinsichtlich der Häufigkeit der angebotenen Lebensmittelgruppen erfüllen in der Analyse des Landwirtschaftsministeriums (StMELF 2012) nur 4 % der Schulen mehr als die Hälfte der DGE-Empfehlungen (DGE 2015b). Durchschnittlich sind knapp ein Drittel der Empfehlungen realisiert. Vor allem frische Kartoffeln, Vollkornnudeln und Obst sind zu selten im Angebot. Auch die täglich geforderte Stärkebeilage und das Gemüse beziehungsweise die Rohkost fehlen meist auf dem Speiseplan. Dagegen erfüllen die Speisepläne am häufigsten die Forderungen „mindestens zweimal Eigericht", „maximal viermal Fleisch in Soße" und „mindestens viermal vegetarisches Gericht" (StMELF 2012, S. 15). Eine weitere Schwäche liegt beim Angebot vegetarischer Gerichte vor. So bieten nur 21 % der Grundschulen täglich ein solches an (vgl. StMELF 2012, S. 16). Die Autoren kommen zu dem Schluss: „Das

Mittagessen der Schüler erfüllt zum Zeitpunkt der Befragung nicht annähernd alle Kriterien, welche die Deutsche Gesellschaft für Ernährung für die Mittagsverpflegung empfiehlt." (StMELF 2012, S. 15).

Ernährungsbildung

Wie bereits oben angesprochen, kann die schulische Verpflegung die Ernährungsbildung unterstützen. Damit ist ein Lernprozess gemeint, der eine eigenverantwortliche, „individuell erwünschte und gesellschaftlich sinnvolle Ess- und Ernährungsweise" fördert (nach der D-A-CH-Arbeitsgruppe zur Ernährungs- und Verbraucherbildung).

Grundsätzlich ist die Ernährungsbildung in der Grundschule auf einem guten Weg, doch besteht Verbesserungsbedarf, vor allem im Hinblick auf praktische Tätigkeiten im Umgang mit Nahrungsmitteln[2] (Heseker, Schneider & Beer 2001). Ein ausgereiftes Verpflegungskonzept kann einen wertvollen Beitrag zur Ernährungsbildung leisten. Sinnvoll ist dabei eine Ernährungsbildung, die das im Unterricht vermittelte Wissen über gesunde Ernährung durch Schulverpflegung praktisch unterstützt und gleichzeitig ethische, soziokulturelle und ökologische Werte mit einbezieht (vgl. Pötting 2011, S. 28). Ist die Verpflegung auf die Unterrichtsinhalte abgestimmt, so entsteht ein enger Theorie-Praxis-Bezug, welcher nicht nur die Ernährungskompetenz der Kinder fördern, sondern auch einen Beitrag zu einer nachhaltigen Veränderung des Ernährungsverhaltens der Kinder leisten kann (vgl. DGE Arbeitskreis 2003).

Chancen der Mittagsverpflegung

Soziales Miteinander

Mittags können Schüler und Lehrer in einer entspannten Atmosphäre zusammenkommen. Zahlreiche Schulen bestätigen diese positive Erfahrung (vgl. Simshäuser 2011, S. 143).

Bartsch (2008, S. 126) konnte in ihrer Jugendkulturstudie feststellen, dass die Kommunikation am Tisch ein besonders wichtiger Aspekt des gemeinsamen Essens ist. Dem LBS-Kinderbarometer zufolge wirkt sich ein schmackhaftes Schulessen positiv auf das allgemeine Wohlbefinden der Kinder in der Schule aus (LBS 2007, S. 109).

Persönlichkeitsbildung

Schulische Verpflegung bietet die Chance, ein gesundes Essverhalten nachhaltig zu lernen (LBS 2007, Bartsch 2008, DGE-Arbeitskreis 2015a), und eröffnet kulinarische Erfahrungen, die über den familiären Rahmen

---

[2] Ein Problem liegt im „Defizit an Kompetenzvermittlung im Bereich handwerklicher Lebensmittelverarbeitung und der Verbraucherbildung" (Heseker et al. 2001, 2). Zum Zeitpunkt der Studie war in den meisten Grundschulen keine Küche vorhanden, sodass praktische Tätigkeiten im Umgang mit Nahrungsmitteln nur eingeschränkt möglich waren. Das Thema Ernährung konnte also nur theoretisch behandelt werden.

hinausgehen (Bartsch et al. 2013). Der Lernprozess betrifft auch die Verhaltensregeln, Tischsitten und Konventionen sowie die Speisenauswahl, vor allem am Buffet.

Gesunde Ernährung

Es wird davon ausgegangen, dass ein warmes Mittagessen die Konzentrations- und Leistungsfähigkeit der Kinder steigern kann (vgl. DGE 2015a, S. 23). Zudem kann eine sinnvoll abgestimmte Zufuhr von Nahrungsenergie und Nährstoffen den allgemeinen Gesundheitsstand positiv beeinflussen und der Entstehung von Übergewicht und ernährungsbedingten Krankheiten entgegenwirken (vgl. Heseker 2006, S. 41).

Schlussgedanken

Am Thema der Schulverpflegung zeigt sich eine deutliche Diskrepanz zwischen den vorhandenen Möglichkeiten und einer noch nicht zufriedenstellenden Realität. Einerseits weist eine Vielzahl von Untersuchungen auf die große Bedeutung, aber auch die Problematik kindlicher Ernährung hin. Andererseits zeigen die Ergebnisse, dass gerade die Schulverpflegung große Chancen bietet, die sie allerdings noch nicht überall ausschöpft.

Literatur

Bayerisches Staatsministerium für Ernährung, Landwirtschaft und Forsten (StMELF) (Hrsg.) (2012): So schmeckt Schule! München. Online unter: *www.schulverpflegung.bayern.de/mam/cms09/allgemein/dateien/coachingbrosch__re.pdf* (Zugriff am: 09.08.2017).

Bayerisches Staatsministerium für Bildung und Kultus, Wissenschaft und Kunst (StMBW) (Hrsg.) (2015): Alltagskompetenz und Lebensökonomie Gesundheit – Ernährung – Haushaltsführung – Selbstbestimmtes Verbraucherverhalten – Umweltverhalten.

Bartsch, S. (2008): Jugendesskultur: Bedeutungen des Essens für Jugendliche im Kontext Familie und Peergroup. Köln: Bundeszentrale für gesundheitliche Aufklärung (BZgA), Fachheft 30.

Bartsch, S., Büning-Fesel, M., Cremer, M., Heindl, I., Lambeck, A., Lührmann, P., Oepping, A., Rademacher, C. & Schulz-Greve, S. (2013): Ernährungsbildung – Standort und Perspektiven. In: Ernährungs-Umschau, Heft 2, S. 88-92.

Bier, C. (2015): Schulverpflegung in Deutschland – Rahmenbedingungen, Problemfelder und mögliche Berufsfelder für Ernährungsfachkräfte? In: Ernährungs-Umschau, Heft 4, S. 226-277.

D-A-CH-Arbeitsgruppe zur Ernährungs- und Verbraucherbildung. Definition „Ernährungsbildung". Online unter: *www.evb-online.de/glossar_ernaehrungsbildung.php* (Zugriff am: 09.08.2017).

Deutsche Gesellschaft für Ernährung (DGE)-Arbeitskreis „Ernährung und Schule" (2003): Ernährung in der Ganztagsschule, Teil 1: Notwendigkeit und Problematik von Schulverpflegung. In: Ernährungs-Umschau Heft 3, B9–B12.

Deutsche Gesellschaft für Ernährung (DGE) (Hrsg.) (2015a): Evidenzbasierte Leitlinie – Fettzufuhr und Prävention ausgewählter ernährungsmitbedingter Krankheiten (2. Version) Bonn.

Deutsche Gesellschaft für Ernährung (DGE) (Hrsg.) (2015b): DGE-Qualitätsstandard für die Schulverpflegung. (4. Auflage). Bonn. Online unter: *www.schuleplusessen.de/fileadmin/user_upload/schuleplusessen/infomaterial/151017_DGE_QS_Schule_Essen2015_web_final.pdf* (Zugriff am: 10.10.2016).

DGE, ÖGE, SGE, SVE (Deutsche Gesellschaft für Ernährung, Österreichische Gesellschaft für Ernährung, Schweizerische Gesellschaft für Ernährungsforschung, Schweizerische Vereinigung für Ernährung) (Hrsg.) (2008): Referenzwerte für die Nährstoffzufuhr (1. Auflage, 3. korrigierter Nachdruck). Neustadt a. d. Weinstraße.

Drescher, L., Köttl, B. & Zängler, T. (2014): Evaluierung der Arbeit der Vernetzungsstelle Schulverpflegung Bayern anhand der Verpflegungssituation an bayerischen Schulen. Im Auftrag des Bayerischen Staatsministeriums für Ernährung, Landwirtschaft und Forsten (StMELF). Abschlussbericht. Kulmbach, S. 1-4.

Forschungsinstitut für Kinderernährung Dortmund (FKE). Optimierte Mischkost. Online unter: *www.fke-do.de* (Zugriff am: 09.08.2017).

Heseker, H., Schneider, L. & Beer, S. (2001): Ernährung in der Schule – Kurzfassung des Forschungsberichts für das Bundesministerium für Verbraucherschutz, Ernährung und Landwirtschaft. Bonn. Online unter: *www.evb-online.de/docs/eiskurz.pdf* (Zugriff am: 09.08.2017).

Heseker, H. (2006): Gesunde Ernährung und Bewegung – Masterplan gegen Fehlernährung und Bewegungsarmut. In: Verband Bildung und Erziehung e.V. (Hrsg.): Generation XXL – Welche Chance hat die Schule? Berlin, S. 28-44.

Kersting, M., Alexy, U., Kroke, A. & Lentze, M.J. (2004): Kinderernährung in Deutschland – Ergebnisse der DONALD-Studie. In: Bundesgesundheitsblatt 47, S. 213-218.

LBS-Initiative Junge Familie (LBS) (2007): LBS-Kinderbarometer Deutschland 2007 – Stimmungen, Meinungen, Trends von Kindern in sieben Bundesländern – Ergebnisse des Erhebungsjahres 2006/07. Berlin: Bundesgeschäftsstelle der Landesbausparkassen.

Leitzmann, C., Müller, C., Michel, P., Brehme, U., Triebel, T., Hahn, A. & Laube, H. (2009): Ernährung in Prävention und Therapie (3. Auflage). Stuttgart.

Mensink, G.B.M., Heseker, H., Richter, A., Stahl, A., Vohmann, C., Fischer, J., Kohler, S. & Six, J. (2007): Forschungsbericht – Ernährungsstudie als KiGGS-Modul (EsKiMo). Bonn.

Pötting, G. (2011): Evaluation von Unterrichtskonzepten zur Ernährungserziehung in Grundschulen. Hamburg, S. 27-36.

Simshäuser, U. (2011): Gesund? Nachhaltig? Integriert? Was soll, was kann Schulverpflegung leisten? In: Schönberger, G. & Methfessel, B. (Hrsg.): Mahlzeiten. Wiesbaden, S. 141-148.

Stahl, A. & Heseker, H. (2006): Wasser. In: Ernährungs-Umschau, Heft 9, S. 353-357.

Rabenberg, M. & Mensink, G.B.M. (2013): Limo, Saft & Co – Konsum zuckerhaltiger Getränke in Deutschland. In: GBE kompakt 1/2013, 1-8. Online unter: *edoc.rki.de/series/gbe-kompakt/2013-1/PDF/1.pdf* (Zugriff am: 09.08.2017).

Robert-Koch-Institut (RKI) (Hrsg.) (2014): KiGGS 2013 – Die Gesundheit von Kindern und Jugendlichen in Deutschland. Berlin.

Sekretariat der Ständigen Konferenz der Kultusminister der Länder in der Bundesrepublik Deutschland (KMK) (2016): Allgemeinbildende Schulen in Ganztagsform in den Ländern in der Bundesrepublik Deutschland – Statistik 2010 bis 2014. Berlin. Online unter: *www.kmk.org/fileadmin/Dateien/pdf/Statistik/GTS_2014_Bericht_Text.pdf* (Zugriff am: 08.08.2017).

Terschlüsen, A. & Müller, K. (2010): Der Einfluss von Mahlzeiten, Nährstoffen und Flüssigkeit auf die kognitive Leistungsfähigkeit bei Kindern. In: Ernährungs-Umschau Heft 57, S. 302-307.

Zeitorganisation und Lernkultur – Fragenteil

Erläutern Sie die Notwendigkeit einer rhythmisierten Tagesgestaltung im Ganztag.

Fragen – Reflexion – Concept Mapping

Nennen Sie die Gesichtspunkte, die bei der rhythmisierten Gestaltung des Stundenplans handlungsleitend sind.

Zeitorganisation und Lernkultur

Zeitorganisation und Lernkultur – Reflexionsteil

Denken Sie noch einmal an die Inhalte des Kapitels. Vervollständigen Sie einen der folgenden Satzanfänge, indem Sie Ihre Gedanken dazu ausführen.

- „Eine Schlüsselerkenntnis für mich war…"
- „Die neue Perspektive für mich ist…"
- „Ich habe gelernt/verstanden, dass…"

_____

_____

_____

_____

_____

_____

_____

Welche Auswirkungen hat das auf Ihr persönliches Rollenverständnis als Lehrerin bzw. Lehrer?

_____

_____

_____

_____

_____

_____

_____

_____

Fragen – Reflexion – Concept Mapping

Welche Anregungen/Ideen möchten Sie sich für Ihre spätere berufliche Praxis bewahren?

_____
_____
_____
_____
_____
_____
_____
_____
_____
_____

Worüber möchten Sie noch mehr erfahren?

_____
_____
_____
_____
_____
_____
_____
_____
_____
_____

Zeitorganisation und Lernkultur – Concept Mapping

Stellen Sie Ihren jetzigen Kenntnisstand zum Themenkomplex mithilfe eines Schaubildes dar. Ergänzen Sie dieses mit Hinweisen und Symbolen, die Ihnen beim Lernen helfen und das Gelernte in Beziehung setzen.

III

Lern- und Lebensraum Ganztagsschule

Henry Steinhäuser
Vorbereitung auf Beruf, Studium und eine aktive Lebensgestaltung

In der Schule werden die Weichen für ein erfülltes Berufsleben gestellt, hier werden das Wissen und die Kompetenzen vermittelt, die die Heranwachsenden auf einen späteren Beruf oder ein Studium vorbereiten. Darüber hinaus soll die Schule junge Menschen aber auch für eine aktive und selbstverantwortliche Lebensbewältigung und -gestaltung qualifizieren. Die Ganztagsschule eignet sich dabei in besonderer Weise dazu, die Schülerinnen und Schüler in Ergänzung zum regulären Unterricht in ihrer persönlichen Entwicklung zu begleiten, zu fördern und Kompetenzen nachhaltig zu vermitteln. Dazu tragen rhythmisierte, variable Stundenpläne und zeitlich flexible Phasen der Projektarbeit ebenso bei wie die kreative und kooperative Zusammenarbeit der Lehrkräfte und des weiteren pädagogischen Personals.

Erschließung weiterer Lernfelder durch Kooperation mit außerschulischen Partnern

Die verschiedenen Angebote der externen Partner, seien es künstlerische, kreative, alltagspraktische oder sportliche Angebote, ergänzen den vorwiegend kognitiv geprägten Fachunterricht und erreichen die Schülerinnen und Schüler sehr individuell. Der pädagogische Dreiklang des Lernens mit „Kopf, Herz und Hand" verhilft den Lernenden zu Einsichten und Erfolgen auf unterschiedlichsten Gebieten und stärkt ihre Sozial-, Sach- und Alltagskompetenzen. Im Sinne eines rhythmisierten Tagesablaufs hat es sich bewährt, die Angebote außerschulischer Partner auf Vormittag und Nachmittag zu verteilen.

Die Schulleitung entscheidet zusammen mit den Lehrkräften im Ganztagsteam, welche außerunterrichtlichen Angebote mit dem Unterricht verzahnt und auf ihn abgestimmt werden oder zusätzlich einfließen sollen. Fachkräfte wie Handwerker, Künstler, Musiker, Tänzer oder Sport-Übungsleiter kommen „ins Haus" und arbeiten parallel oder ergänzend zum Unterricht, in einer Klasse oder klassenübergreifend, im Jahrgang oder jahrgangsübergreifend. Kooperations- bzw. Arbeitsverträge und Vereinbarungen binden diese Fachkräfte für einen festgelegten Zeitraum, in der Regel für ein Schuljahr. So öffnet die Schule ihre Tore und schafft in Zusammenarbeit mit außerschulischen Partnern weitere Lernfelder zum Erwerb von zusätzlichen Kompetenzen und Fertigkeiten.

Auch die Kooperation mit lokalen und regionalen Anbietern an außerschulischen Lernorten verstärkt die Bildungschancen durch Einblick und Erfahrungsgewinn in örtlichen Betrieben (z. B. Betriebserkundung, Workshops zur Berufsorientierung), in kommunalen bzw. sozialen Einrichtungen (z. B. Kindergärten, Seniorenheimen), in Vereinen und Interessengruppen (z. B.

Naturschutzprojekte, Sanitätsdienst). Weitere Bildungsressourcen bieten Stadtbüchereien, Museen und Galerien, Werkstätten sowie Angebote der Volkshochschule und der kirchlichen Jugendarbeit.

Eine kontinuierliche und nachhaltige Zusammenarbeit der Schule mit Partnern in außerschulischen Einrichtungen stärkt die Identifikation der Schülerinnen und Schüler mit ihrem Lebensumfeld und weckt ihre Bereitschaft zur Übernahme von Verantwortung, z. B. für soziales Engagement im Ehrenamt. Die vorausschauende gründliche Planung der Projekte an außerschulischen Lernorten liegt im Wesentlichen in den Händen der Lehrkräfte. Das verlangt pädagogische Präsenz und einen regelmäßigen fachlichen und wertschätzenden Austausch mit den Fachkräften vor Ort.

Lernwelten des Alltags

Das neue schulart- und fächerübergreifende Bildungs- und Erziehungsziel „Alltagskompetenz und Lebensökonomie" ist für die Schulen Bayerns verbindlich in den Lehrplänen verankert. Die Inhalte finden sich in den unterschiedlichen Fachlehrplänen von der ersten bis zur zehnten Jahrgangsstufe (vgl. Bayerisches Staatsministerium für Bildung und Kultus, Wissenschaft und Kunst 2015). Die Beschäftigung mit Gesundheit, Ernährung, Haushaltsführung, selbstbestimmtem Verbraucher- sowie angemessenem Umweltverhalten hilft den Schülerinnen und Schülern, Fragestellungen des alltäglichen Lebens zu erkennen und zu verstehen, adäquat auf entsprechende Herausforderungen zu reagieren sowie erfolgreich und nachhaltig zu handeln. Die Förderung von Alltagskompetenzen kann gerade in der erweiterten Zeitstruktur des Unterrichtstags in der Ganztagsschule gelingen.

Die Lehr- und Lernform „Lernen durch Engagement" (LdE) beispielsweise, die in zahlreichen Ganztagsschulen eingesetzt wird, verbindet fachliches Lernen, gesellschaftliches Engagement und berufsorientierende Information. Schülerinnen und Schüler setzen sich für das Gemeinwohl ein, sie tun in ihrem unmittelbaren Lebensbereich etwas für andere oder für die Gesellschaft, z. B. in benachbarten schulischen und sozialen Einrichtungen, in der Denkmalpflege, in der Kommune. Das Konzept sieht vor, dass sich die Schülerinnen und Schüler nicht losgelöst von der Schule engagieren. Ihr Engagement ist über die Erarbeitung im Unterricht eng verbunden mit dem fachlichen Lernen, es wird im Unterricht geplant, reflektiert und mit den Inhalten der Bildungs- und Lehrpläne verknüpft.

Erfahrungsräume verantwortlichen Handelns

In der Ganztagsschule können im Miteinander aller Beteiligten Situationen und Konstellationen geschaffen werden, die wichtige Aspekte der verantwortungsvollen Mitgestaltung und des sozialen Lernens in der Schulfamilie erlebbar machen. Ein konstruktives und unterstützendes Lernklima fördert schulisches Lernen und die individuelle Entwicklung von Schülerinnen und Schülern. Dies trägt auch zur Wertebildung bei. Lehrkräfte sowie alle

Vorbereitung auf Beruf, Studium und eine aktive Lebensgestaltung

Betreuerinnen und Betreuer tragen im Ganztag dabei eine besondere Verantwortung. Durch Klarheit, Transparenz und Offenheit in ihrem täglichen Handeln und im Umgang miteinander wirken sie prägend auf Schülerinnen und Schüler.

Ganztägige Bildung und Erziehung schließt die Förderung der Eigenständigkeit von Schülerinnen und Schülern und der aktiven Teilhabe an Entscheidungen im Schulleben ein. Damit trägt die Schule dazu bei, dass sich Kinder und Jugendliche zu eigenverantwortlichen und gemeinschaftsfähigen Persönlichkeiten in einer demokratischen Gesellschaft entwickeln können. Selbstorganisiertes Lernen, Mitverantwortung bei der Gestaltung des Schullebens sowie politisches und soziales Engagement in und außerhalb der Schule folgen dem erweiterten Bildungsverständnis im Ganztag. Aufgrund der größeren zeitlichen und inhaltlichen Gestaltungsspielräume können auch Kinderbeteiligungsprojekte zur Stadtgestaltung wie das Münchner Kinder- und Jugendforum in die Angebots- und Unterrichtsplanung des Ganztags einbezogen werden. Dabei lernen Kinder und Jugendliche Mitgestaltungsmöglichkeiten in unserer Gesellschaft kennen und machen auch außerhalb der Schule wichtige Selbstwirksamkeitserfahrungen.[1]

Auch die Einrichtungen der offenen Kinder- und Jugendarbeit in Bayern (z. B. Jugendfreizeitstätten, Jugendhäuser, Jugendtreffs) bieten außerschulische Erfahrungsräume für ein verantwortungsvolles Handeln im Alltag. Sie unterstützen Schulen mit vielfältigen, an den Bedürfnissen und Interessen junger Menschen orientierten Angeboten: Präventionsprogramme, Partizipationsprojekte, erlebnispädagogische oder medienpädagogische Angebote, handwerkliche Arbeit und kreatives Gestalten vermitteln alltagspraktische Kompetenzen und fördern demokratisches Denken und Handeln.

Im Jugendverband (z. B. Jugendfeuerwehr, DLRG-Jugend) können Kinder und Jugendliche verbandsspezifische Kompetenzen erwerben, aber auch Gemeinschaft erleben und Selbstwirksamkeitserfahrungen in verschiedenen Lebensbereichen machen. Einzelne Jugendringe koordinieren die Angebote der Jugendverbände auf Stadt- und Landkreisebene für Schulen oder sind als Kooperationspartner an Ganztagsschulen aktiv (Praxisbeispiele vgl. Bayerisches Staatsministerium für Bildung und Kultus, Wissenschaft und Kunst 2015, S. 26-30).

---

[1] Zweimal jährlich findet im Münchner Rathaus das Münchner Kinder- und Jugendforum statt. Mit Vertretern aus Politik und Stadtverwaltung diskutieren Kinder und Jugendliche darüber, wie die Stadt kinderfreundlicher werden könnte. Sie formulieren persönliche Anliegen, stellen Anträge (z. B. Fitnessraum für eine Ganztagsschule, Kinderdisco in einem Stadtteil, Verlängerung der Grünphase einer Fußgängerampel) und werden dabei durch Paten aus Politik und Verwaltung unterstützt.

Lern- und Lebensraum Ganztagsschule

Die Bedeutung kultureller Bildung

Die Ganztagsschule ist ein Ort, wo Kinder und Jugendliche ihren Interessen und Neigungen nachgehen, aber auch neue Interessen oder Fähigkeiten entwickeln können. Mit einem breiten Spektrum an sportlichen, musischen oder künstlerischen Angeboten erhalten sie die Möglichkeit, ihre persönlichen Stärken und Begabungen frühzeitig zu erkennen: etwas auszuprobieren, daran Spaß und Interesse zu finden und die Erfahrung zu machen, etwas besonders gut zu können oder besonders schnell zu lernen. Dies zu erkennen, ist die Aufgabe der Lehrkräfte und des weiteren pädagogischen Personals. Sie müssen die Kinder ermuntern und ihnen Gelegenheit geben, ihre Interessen zu entfalten.

In den letzten Jahren ist die Bedeutung der kulturellen Bildung an Ganztagsschulen verstärkt in den Blick von Politik, Wissenschaft und Praxis gerückt. Zum einen aufgrund der Annahme, dass Ganztagsschülerinnen und -schüler außerschulische Angebote seltener wahrnehmen und die Mitgliederzahlen von Sport- oder Musikvereinen schwinden könnten. Sportvereine, Musik- und Jugendkunstschulen kooperieren auch deshalb zunehmend mit Ganztagsschulen und haben mit ihren Angeboten inzwischen einen festen Platz im Angebotsportfolio vieler Schulen. Zum anderen belegen einschlägige Studien (vgl. Züchner 2014) die hohe soziale Selektivität außerschulischer Angebote, während in der Ganztagsschule auch Kinder aus sozial weniger privilegierten Familien und Kinder mit Migrationshintergrund die Möglichkeit erhalten, z. B. an Sportangeboten teilzunehmen oder ein Instrument zu erlernen. Damit trägt die Ganztagsschule zu mehr Chancengerechtigkeit und kultureller Teilhabe aller Kinder und Jugendlichen unabhängig von ihrem sozioökonomischen Hintergrund bei.

Künstlerisch-musische Angebote sind nicht nur ein wichtiger Baustein der rhythmisierten Ganztagsschule, sondern auch ein zentraler Bestandteil ganzheitlicher Bildung und Förderung. Das pädagogische Konzept vieler Ganztagsschulen enthält unterschiedliche musische Angebote wie z. B. Chor, Orchester, Band, Instrumentalunterricht oder Musiktheater. Entweder werden spezielle Musikangebote für Schülerinnen und Schüler des offenen bzw. gebundenen Ganztags eingerichtet oder bereits bestehende Musikangebote (z. B. Wahlunterricht, Arbeitsgemeinschaften) der Schule auch für Schülerinnen und Schüler des Ganztags geöffnet. Mit entsprechenden Zeitfenstern im Stundenplan wird so die Teilnahme an Chor, Orchester, Big Band oder Musical für alle Schülerinnen und Schüler der Schule möglich.[2] Auch durch die

---

[2] Praxisbeispiele hat die Bayerische Landeskoordinierungsstelle Musik (2015, S. 15-21) zusammengestellt.

Vorbereitung auf Beruf, Studium und eine aktive Lebensgestaltung

Einrichtung von z. B. Bläser- oder Chorklassen können Fähigkeiten vermittelt sowie Interesse und Begeisterungsfähigkeit geweckt werden.[3]

Ganzheitliche Persönlichkeitsentwicklung durch Sport, Spiel und Bewegung

Nahezu an jeder Ganztagsschule gibt es zusätzlich zum Sportunterricht vielfältige Bewegungs-, Spiel- und Sportangebote. Für eine ganzheitliche Persönlichkeitsentwicklung unverzichtbar, sind sie fester Bestandteil des pädagogischen Konzepts der meisten Ganztagsschulen und werden meist in Kooperation mit Sportvereinen angeboten. Sport macht nicht nur Spaß und fördert Gemeinschaft und Geselligkeit, er trägt entscheidend zur körperlichen, geistigen und sozialen Entwicklung von Kindern und Jugendlichen bei. Sport erhält die Leistungsfähigkeit und steigert die Lebensqualität.

Die Chance in der Kooperation mit Sportvereinen besteht darin, dass neben klassischen Sportarten wie Fußball oder Turnen auch sportliche Trends (z. B. Parkour, Slackline) oder nicht-schulsporttypische Bewegungs- oder Spielangebote (z. B. Yoga, Qi Gong, Akrobatik) Berücksichtigung finden, mit denen die sportliche Begeisterung von Kindern und Jugendlichen geweckt werden kann. Meist sind die Sportangebote auch Bestandteil des Vereinssportprogramms, sodass die Schülerinnen und Schüler die Möglichkeit haben, die Sportart außerhalb der Schule auch im Rahmen des Vereinssports fortzusetzen. So finden nicht nur sportliche Talente den Weg in den Sportverein, so kann auch insgesamt die Wahrscheinlichkeit der sportlichen Betätigung im Erwachsenenalter gesteigert werden.

Spiel und Sport können umfassend gefördert werden, wenn die Schule Spiel- und Bewegungsräume auch außerhalb von Sportunterricht und Sportangeboten schafft und mit Bewegungs- und Entspannungspausen sowie bewegtem Unterricht in den Ganztagsschulalltag integriert. Impulse für einen bewegungsorientierten Schulalltag bietet das Schulportal der Deutschen Gesetzlichen Unfallversicherung (o. J.), z. B. mit Tipps zur Gestaltung des Schulgeländes oder zur Organisation der Pausenausleihe (Deutsche Gesetzliche Unfallversicherung 2012). Die Vorschläge sensibilisieren Lehr- und Fachkräfte dafür, wie Schulunfälle vermieden werden können, und geben Ideen und Anregungen für eine bewegte Schulkultur, die zu einer höheren

---

[3] Einen Einblick in die Vielfalt kultureller Bildung an Ganztagsschulen bietet die Dokumentation „Hammer, Geige, Bühne" (Lehmann-Wermser 2013). Neben den Forschungsergebnissen der „MUKUS-Studie" (Lehmann-Wermser, Naacke & Nonte 2010) zu Wirkungen künstlerischer Betätigung enthält die Publikation (Film und Begleitbuch) zahlreiche Anregungen für Lehrkräfte, wie sie musisch-künstlerische Projekte selbst realisieren können.

Bewegungskompetenz bei Schülerinnen und Schülern beiträgt und damit Unfällen vorbeugt.[4]

Für eine kompetente und verantwortungsvolle Umsetzung eines bewegungsorientierten Ganztags müssen sich Lehr- und Fachkräfte innerlich bewegen, sich beteiligen wollen, sich informieren und qualifizieren. Dafür bietet auch die Landesstelle für den Schulsport Unterstützung an, z. B. mit Informationen zur Kooperation mit Sportvereinen und zu Konzepten und Beispielen eines sportorientierten Ganztags. Der Leitfaden „Mentor Sport nach 1" informiert, wie Sporttutoren in die Freizeitgestaltung eingebunden werden können. Darüber hinaus werden Lehrgänge für Sportlehrkräfte und Workshops für Betreuer zur Erlebnispädagogik angeboten.

Spielerisches Forschen und Entdecken

„Fußball lernt man im Fußballverein, Tennis im Tennisverein, Musik in der Musikschule, aber wo lernt ein Kind ‚Technik'"? (Iglhaut o. J.) Die Ganztagsschule trägt auch hier eine besondere Verantwortung und sollte mit ausgewählten Projekten, z. B. in Kooperation mit Universitäten, Fachhochschulen oder Unternehmen, einen Beitrag zur Stärkung des Interesses an Naturwissenschaft und Technik sowie zur Förderung des naturwissenschaftlichen Nachwuchses leisten. Auch virtuelle Labors bieten spannende Erlebnisreisen in die Welt der Forschung. Experimente für „Groß und Klein" und spielerische Zugänge zu den „wichtigen Fragen des Lebens" können den Ganztagsunterricht bereichern oder für AGs bzw. Wahlunterricht, z. B. im Rahmen einer mädchenspezifischen MINT-Förderung oder zur Förderung besonderer Begabungen, genutzt werden.

Initiativen und gemeinnützige Stiftungen wie die „Stiftung Haus der kleinen Forscher" wecken mit ihren Angeboten Begeisterung für naturwissenschaftliche Phänomene und technische Fragestellungen. Mit einfachen Materialien und Alltagsgegenständen können Schülerinnen und Schüler Naturphänomene erforschen. Lehrkräfte erhalten mit vielfältigen Materialien und Anregungen praxisnahe Unterstützung und können sich in kostenlosen Online-Fortbildungskursen weiterbilden.[5]

---

[4] Anregungen für eine bewegungsorientierte Gestaltung der Ganztagsschule gibt auch die Dokumentation „Bewegt den ganzen Tag" (Becker et al. 2008). Die Publikation (Film und Begleitbuch) porträtiert die Projektschulen der „Studie zur Entwicklung von Bewegung, Spiel und Sport in der Ganztagsschule (StuBSS)" und wirbt mit einer großen Vielfalt an unterschiedlichen Ideen und Konzepten um eine umfassende Integration von Bewegung in den schulischen Alltag.

[5] Stellvertretend für eine Vielzahl weiterer Online-Angebote seien hier „HoriZONTec" (Schulversuch der Stiftung Bildungspakt Bayern) und „TfK – Technik für Kinder e. V." (gemeinnütziger Verein an der Technischen Hochschule Deggendorf) genannt.

Vorbereitung auf Beruf, Studium und eine aktive Lebensgestaltung

Chancen der Medienbildung im Ganztag

Die souveräne Nutzung von Computer, Internet und weiteren digitalen Medien ist eine zentrale Anforderung und eine der Schlüsselkompetenzen im digitalen Zeitalter. Zeitgemäße Bildung ohne Medienbildung ist deshalb nicht denkbar. Sie soll junge Menschen befähigen, digitale Medien zur Gestaltung ihrer eigenen Lebenswelt und zur gesellschaftlichen Teilhabe zu nutzen. Eine systematische, kompetente Vermittlung von Medienkompetenz erfordert sowohl eine zeitgemäße technische Infrastruktur als auch medienkompetente und mediendidaktisch geschulte Lehrkräfte (Wetterich, Burghart & Rave 2014). In der Kooperation mit außerschulischen Einrichtungen und der gezielten Einbindung von Medienpädagoginnen und -pädagogen liegen im Ganztag besondere Chancen der Medienbildung.

Gerade der Ganztag bietet vielfältige Möglichkeiten des Einsatzes digitaler Medien und der Vermittlung von Medienkompetenz. Aufgrund des erweiterten zeitlichen Rahmens und der größeren Flexibilität, der veränderten Lernkultur und einer stärkeren Berücksichtigung der Lebenswelt der Schülerinnen und Schüler ist der Ganztag prädestiniert für eine umfassende Medienbildung. Gezielter Medieneinsatz im Rahmen der Gestaltung differenzierter Lehr- und Lernprozesse erleichtert individualisiertes und kooperatives Lernen und unterstützt eine differenzierte und individuelle Förderung, z. B. auch von besonders begabten Schülerinnen und Schülern. Voraussetzung dafür ist, dass nicht nur entsprechende Lehr- und Lernmaterialien vorhanden sind, sondern auch, dass Computer und Computerräume zugänglich bzw. Tablets oder Notebooks verfügbar sind. Aus pragmatischen Gründen bzw. in pädagogisch begründeten Fällen können Schülerinnen und Schüler auch ihre eigenen Geräte nutzen.[6]

Digitale Medien können bei Planung, Gestaltung, Reflexion und Dokumentation von Lernprozessen behilflich sein. Lernplattformen wie *mebis* ermöglichen vernetztes Arbeiten in Projekten oder offenen Unterrichtsformen. Schülerinnen und Schüler können dort auf Texte und Grafiken, Lernvideos und interaktive Übungen zugreifen. Ihre Ergebnisse können sie schnell austauschen und ergänzen. Oder sie nutzen die vielfältigen und kreativen Möglichkeiten bei Präsentationen, Recherchen und der Gestaltung von Fotodokumentationen, Hörspielen, Videoclips oder komplexen Multimedia-Produktionen.[7]

---

[6] Dafür steht der Begriff „Bring your own device (BYOD)". Schülerinnen und Schüler dürfen ihre eigenen Smartphones, Tablets oder Notebooks in bestimmten Situationen im Unterricht verwenden, sofern die schulische Netzanbindung dies zulässt und nachdem klare Nutzungsregeln vereinbart wurden.

[7] Über datenschutzrechtliche Aspekte der Nutzung digitaler Medien, z. B. bei Videoaufzeichnungen auf dem Schulgelände, informiert die Broschüre „Datenschutz in der Schule" (Der Bayerische Landesbeauftragte für den Datenschutz o. J.).

Ziel einer umfassenden Vermittlung von Medienkompetenz ist auch die Erziehung zu einer medienkritischen Haltung und der verantwortungsvollen Nutzung digitaler Medien. Insbesondere durch die Einbindung außerschulischer Kooperationspartner ergeben sich im Ganztag besondere pädagogische Möglichkeiten, indem diese z. B. Medienprojekte der Schule technisch oder personell unterstützen oder mit eigenen medienpädagogischen Angeboten die Kinder und Jugendlichen für Gefahren im Netz sensibilisieren und über Datenschutz und Persönlichkeitsrecht aufklären. Fortbildungsangebote und individuelle Beratung erhalten Lehrkräfte und Schulen in Bayern auch durch die medienpädagogisch-informationstechnischen Beraterinnen und Berater (MiB), die flächendeckend und in allen Schularten zur Verfügung stehen. Sie bieten auch Veranstaltungen für Schülerinnen und Schüler und für Eltern an.[8]

Im Zentrum vieler medienpädagogischer Projekte und Angebote außerschulischer Kooperationspartner steht der produktive und kreative Umgang mit digitalen Medien. Schülerinnen und Schüler können z. B. einen eigenen Blog für die Schulhomepage schreiben und so auch ihre Eltern am Schulleben teilhaben lassen. Sie können selbst eine App entwickeln oder programmieren oder einen Film produzieren und dabei alle Schritte von der Idee bis zum fertigen Film kennenlernen. Solche Projekte knüpfen an den alltäglichen Umgang der Kinder und Jugendlichen mit digitalen Medien an und nutzen diese als kreatives Gestaltungsmittel.

Berufsorientierung, Berufsvorbereitung

Konzepte zur Gestaltung des Übergangs von der Schule in den Beruf oder eine weiterführende Ausbildung sind vielfältig. Sie unterscheiden sich von Schulart zu Schulart und sind von den Gegebenheiten und dem Profil der jeweiligen Schule abhängig. In vielfältiger Weise erhalten Schülerinnen und Schüler die Möglichkeit, frühzeitig berufliche Interessen und Neigungen zu entdecken und Potenziale zu entwickeln.

Berufsorientierung schließt schulische Aktivitäten (z. B. die Gründung von Schülerfirmen) und praktische Erfahrungen in der Arbeitswelt ein (z. B. Betriebspraktika). Im Ganztag gibt es verschiedene Konzepte der Durchführung von Betriebspraktika. Im Unterschied zum Blockpraktikum erhöht beispielsweise ein kontinuierliches Praktikum, das über ein Schuljahr hinweg ein- bis zweimal pro Woche stattfindet, die Chance, dass eine Praktikantin bzw. ein Praktikant später einen entsprechenden Ausbildungsvertrag erhält oder dort angestellt wird. Berufsfeldbezogene Kompetenzen und Arbeitstugenden wie Pünktlichkeit und Zuverlässigkeit können so nachhaltiger vermittelt werden.

---

[8] Eine zuständige medienpädagogisch-informationstechnische Beratungslehrkraft für ihre Schulart und in ihrem Regierungsbezirk finden Lehrkräfte über das Portal „mebis-Landesmedienzentrum Bayern".

Vorbereitung auf Beruf, Studium und eine aktive Lebensgestaltung

Auch das Service-Learning (Lernen durch Engagement) stärkt die Ausbildungsfähigkeit und Berufsorientierung. Schülerinnen und Schüler entwickeln wichtige Einstellungen und Haltungen, erwerben z. B. Kompetenzen im Umgang mit Kindern oder älteren Menschen, und sie machen wertvolle Erfahrungen, die für die Berufswahl bzw. eine spätere Berufstätigkeit von Nutzen sein können. So ist es nicht erstaunlich, dass Berufsorientierung ein wichtiges Motiv für das Engagement bei Service-Learning ist[9] – neben intrinsischen Motiven, Neues lernen oder ausprobieren zu wollen, und Hilfsbereitschaft.

Schule als Lern- *und* Lebensraum

Eine Schule, die Lern- *und* Lebensraum zugleich sein will, darf sich jedoch nicht allein darauf beschränken, Kinder und Jugendliche für Beruf und Studium sowie eine aktive, selbstverantwortliche Lebensgestaltung zu qualifizieren. Sie muss die Zukunft *und* die Gegenwart der Schülerinnen und Schüler gleichermaßen ernst nehmen und die Schule zu einem Lebensraum gestalten, wo ihren Bedürfnissen nach Wohlbefinden, nach Anerkennung und Wertschätzung und nach Gemeinschaft Rechnung getragen wird und wo sie Zeit haben, Interessen zu entdecken und Fähigkeiten zu entfalten.

Dafür muss die Schule entsprechende Räume und Strukturen schaffen, z. B. auch für den Aufbau und die Pflege von vertrauensvollen Freundschaften. Die Studie „Peers in Netzwerken (PIN)" (v. Salisch & Kanevski 2013) konnte zeigen, dass Freundschaften für die emotionale und soziale Entwicklung von Kindern und Jugendlichen wichtig sind und sie sich für Ganztagsschülerinnen und -schüler zunehmend in die Schule verlagern. Intensive Freundschaften und unterstützende Peer-Beziehungen fördern zudem einen positiven Schulbezug und verbessern auch schulisches Engagement und schulische Leistungen von Ganztagsschülerinnen und -schülern. Es zeigt sich also, dass Kinder und Jugendliche umso freudvoller und erfolgreicher lernen, je besser sie sich auch in der Gemeinschaft aufgehoben fühlen.

Die Ganztagsschule muss deshalb soziales Lernen und Beziehungserfahrungen der Schülerinnen und Schüler untereinander ermöglichen und unterstützen. Nur so können eine ausgewogene Persönlichkeitsentwicklung gewährleistet und Freundschaftsbeziehungen als wichtige Ressource für die Bewältigung schulischen Lernens genutzt werden. Peer-Beziehungen können dabei auf vielfältige Weise im Ganztagsschulalltag gefördert werden, Möglichkeiten reichen von der Berücksichtigung von Freundschaften bei der Klassen- und Gruppenzusammensetzung bis hin zum Aufbau von Tutorenprogrammen und Unterstützungssystemen (peer-to-peer-teaching), um das Verantwortungsbewusstsein für Mitschülerinnen und Mitschüler zu schärfen. Neben vielfältigen Möglichkeiten im Unterricht und bei außerunterricht-

---

[9] Die Wirkungsstudie Service-Learning (Aktive Bürgerschaft e. V. 2013) zeigt, dass für knapp ein Drittel der Kinder und Jugendlichen berufsorientierte Motive für bürgerschaftliches Engagement von Bedeutung sind.

lichen Aktivitäten brauchen Kinder und Jugendliche auch altersangemessene Frei- und Rückzugsräume, in denen sie ungestört sind und die verantwortlichen Lehr- und Betreuungskräfte gleichzeitig ihre Aufsichtspflicht wahrnehmen können.[10] Peer-Beziehungen können nicht zuletzt durch eine ansprechende räumliche Gestaltung, z. B. von Schulhof und Pausenräumen, die Möglichkeiten zum (ungestörten) Austausch mit Gleichaltrigen bieten, gefördert werden.

Literatur

Aktive Bürgerschaft e. V. (Hrsg.) (2013): Wirkungsstudie Service-Learning: Wie lassen sich Unterricht und Bürgerengagement verbinden? Zentrale Ergebnisse aus *sozialgenial*-Schulprojekten und Handlungsempfehlungen. Berlin.

Bayerische Landeskoordinierungsstelle Musik (Hrsg.) (2015): Musik im Ganztag. Basisinformation für Schulleitung und externe Partner. München.

Bayerisches Staatsministerium für Bildung und Kultus, Wissenschaft und Kunst (Hrsg.) (2018): Bekanntmachung des Bayerischen Staatsministeriums für Bildung und Kultus, Wissenschaft und Kunst vom 31.01.2018. München.

Bayerisches Staatsministerium für Bildung und Kultus, Wissenschaft und Kunst (Hrsg.) (2015): Alltagskompetenz und Lebensökonomie. München.

Bayerisches Staatsministerium für Bildung und Kultus, Wissenschaft und Kunst (Hrsg.) (o. J.): Bildungsregionen in Bayern: Schule vor Ort vernetzt gestalten. Online unter: *www.km.bayern.de/ministerium/meldung/1086/-enge-vernetzung-steigert-bildungsqualitaet.html* (Zugriff am: 05.10.2016).

Bayerisches Staatsministerium für Bildung und Kultus, Wissenschaft und Kunst (Hrsg.) (o. J.): mebis – Landesmedienzentrum Bayern. Mib-Suche. Online unter: *www.mebis.bayern.de/infoportal/mib/* (Zugriff am: 04.10.2016).

Becker, A., Michael, M. & Laging, R. (Hrsg.) (2008): Bewegt den ganzen Tag. Baltmannsweiler: Schneider.

Der Bayerische Landesbeauftragte für den Datenschutz (Hrsg.) (o. J.): Datenschutz in der Schule. München. Online unter: *www.mebis.bayern.de/infoportal/service/datenschutz/muster/datenschutz-in-der-schule/* (Zugriff am: 04.10.2016).

Deutsche Gesetzliche Unfallversicherung (Hrsg.) (2012): *Bausteine einer bewegten Pause.* DGUV Lernen und Gesundheit, Bewegte Pause 03/2012. Wiesbaden: Universum.

---

[10] Die jeweiligen Schulordnungen regeln die Aufsichtspflicht der Schule während des Unterrichts und während sonstiger schulischer Veranstaltungen. Die Aufsichtspflicht gehört zu den vorrangigen Dienstpflichten von Lehrkräften. Sie muss präventiv, aktiv und kontinuierlich erfolgen und sich nach Alter sowie geistiger und charakterlicher Reife der Kinder und Jugendlichen richten.

Vorbereitung auf Beruf, Studium und eine aktive Lebensgestaltung

Deutsche Gesetzliche Unfallversicherung. (Hrsg.) (o. J.): Lernen und Gesundheit. Das Schulportal der DGUV. Online unter: *www.dguv-lug.de/* (Zugriff am: 07.10.2016).

Freudenberg Stiftung (Hrsg.) (o. J.): Lernen durch Engagement. Netzwerk Service-Learning. Online unter: *www.servicelearning.de/index.php?id=13* (Zugriff am: 04.10.2016).

Hüther, G. (2013): Kommunale Intelligenz. Potentialentfaltung in Städten und Gemeinden. Hamburg: Edition Körber-Stiftung.

Iglhaut, H. (o. J.): Über TfK e. V. (Technik für Kinder e. V. An der Technischen Hochschule Deggendorf/ITC 2). Online unter: *www.tfk-ev.de/%C3%BCber-tfk-e-v/* (Zugriff am: 08.10.2016).

Kultur & Spielraum e. V. (Hrsg.) (o. J.): Münchner Kinder- und Jugendforum. Online unter: *www.kinderforum-muenchen.de/index.php?pageid=0* (Zugriff am: 04.10.2016).

Lehmann-Wermser, A., Naacke, S. & Nonte, S. (2010): Musisch-kulturelle Bildung an Ganztagsschulen. Empirische Befunde, Chancen und Perspektiven. Weinheim: Juventa.

Lehmann-Wermser, A. (2013): Hammer, Geige, Bühne. Kulturelle Bildung an Ganztagsschulen. Baltmannsweiler: Schneider.

Salisch v., M. & Kanevski, R. (2013): Peer-Beziehungen in der Ganztagsschule: Vielfalt, Entwicklung, Potenzial – Ergebnisse der Studie zu Peers in Netzwerken. Lüneburg. Online unter: *www.leuphana.de/fileadmin/user_upload/Forschungseinrichtungen/psych/files/PeerBroschuere.pdf* (Zugriff am: 04.10.2016).

Staatsinstitut für Schulqualität und Bildungsforschung (Hrsg.) (o. J.): Kompetenzorientierung und LehrplanPLUS. Online unter: *www.isb.bayern.de/schulartuebergreifendes/paedagogik-didaktik-methodik/kompetenzorientierung* (Zugriff am: 04.10.2016).

Wetterich, F., Burghart, M. & Rave, N. (2014): Medienbildung an deutschen Schulen. Handlungsempfehlungen für die digitale Gesellschaft. Berlin: Initiative D21. Online unter: *www.initiatived21.de/wp-content/uploads/2014/11/141106_Medienbildung_Onlinefassung_komprimiert.pdf* (Zugriff am: 08.10.2016).

Züchner, I. (2014): Kulturelle Bildung in der Ganztagsschule. Empirische Ergebnisse der Studie zur Entwicklung von Ganztagsschulen. Online unter: *www.kubi-online.de/artikel/kulturelle-bildung-ganztagsschule-empirische-ergebnisse-studie-zur-entwicklung* (Zugriff am: 17.08.2016).

Florian Hofmann & Michaela Gläser-Zikuda
Gestaltung, Begleitung und Beurteilung von individuellen Lernprozessen in der Ganztagsschule

Die Ganztagsschule als Chance im Umgang mit Heterogenität

Der professionelle Umgang mit Heterogenität der Schülerinnen und Schüler gehört zu den großen Herausforderungen für Schulen im 21. Jahrhundert (vgl. Vogelsaenger & Vogelsaenger 2006, S. 76). Eng verbunden mit dieser großen Aufgabe ist der Ruf nach mehr Chancengleichheit (Stötzel & Wagner 2014, S. 62 f.), d. h. die Lernenden sollen unabhängig von ihrer Herkunft, den Lernvoraussetzungen oder der familiären Unterstützung dieselben Bildungschancen erhalten (Züchner & Fischer 2011, S. 9). Die Ganztagsschule wird darüber hinaus als adäquate Antwort auf eine Vielzahl an Herausforderungen in der Bildungs- und Familienpolitik gesehen (Weiß 2013, o. S.). Das Konzept der Ganztagsschule bietet prinzipiell mehr Raum und Zeit für das Lernen von Schülerinnen und Schülern (KMK 2014, S. 9), und daher gehört zu den großen Erwartungen an Ganztagsschulen auch eine Leistungssteigerung von Schülerinnen und Schülern in vielen Bereichen (vgl. BMFSFJ 2005, S. 333). Außerdem wird ein positiver Einfluss auf affektive und soziale Lernbereiche angenommen.

Mit der flächendeckenden Einführung von Ganztagsschulen ist also die Erwartung verknüpft, dass sich das „Leistungsniveau aller Schülerinnen und Schüler verbessert" (Prüß 2009, S. 37). Insbesondere erhofft man sich durch diese Maßnahme eine Kompetenzsteigerung vor allem bei eher leistungsschwachen Schülerinnen und Schülern (Prüß, Kortas & Schöpa 2009, S. 16). Zu dieser Gruppe der Lernenden zählen nicht selten Kinder aus sozioökonomisch weniger gut gestellten Familien oder Kinder mit Migrationshintergrund (Einsiedler, Martschinke & Kammermeyer 2008, S. 371).

Die Ergebnisse der StEG-Studie (Studie zur Entwicklung von Ganztagsschulen) zeigen beispielsweise, dass Sekundarschülerinnen und -schüler an Ganztagsschulen ein positives Sozialverhalten entwickeln und ihre Lernzielorientierung gestärkt wird (vgl. StEG-Konsortium 2010, S. 14 f.). Insbesondere bei Grundschülerinnen und -schülern mit Migrationshintergrund scheinen sich sprachliche Fähigkeiten (vgl. BMBF 2012) sowie mathematische Kompetenzen (vgl. Schüpbach 2012) positiv zu entwickeln. Allerdings ist die Befundlage uneinheitlich (vgl. Reinders et al. 2011). Um das ambitionierte Ziel der Chancengerechtigkeit zu erreichen, müssen Lehr-Lern-Prozesse an Ganztagsschulen bestimmte Voraussetzungen erfüllen. Daher fokussiert der folgende Beitrag auf die hierfür notwendigen Rahmenbedingungen und Gelingensfaktoren.

Gestaltung, Begleitung und Beurteilung von individuellen Lernprozessen

Bedingungsfaktoren einer chancenausgleichenden Ganztagsschule

Fest steht, dass eine flächendeckende Einführung von Ganztagsschulen allein nicht ausreicht, um die anvisierten Ziele zu erreichen (vgl. Prüß, Kortas & Schöpa 2009, S. 39). Wenn die oben skizzierten Erwartungen an die Ganztagsschule erfüllt werden sollen, müssen gewisse Bedingungsfaktoren berücksichtigt werden.

Diese betreffen zunächst den *organisatorischen Rahmen* von Ganztagsschule. Ansatzpunkt für weitere Überlegungen ist in diesem Zusammenhang der Ganztagsschulbegriff der Kultusministerkonferenz. Entscheidend ist vor allem der Passus, dass „die Ganztagsangebote unter Aufsicht und Verantwortung der Schulleitung organisiert, in enger Kooperation mit der Schulleitung durchgeführt werden und in einem *konzeptionellen Zusammenhang mit dem Unterricht* stehen" (KMK 2014, S. 9). Anders als bei einer reinen Nachmittagsbetreuung müssen die Nachmittagsangebote an einer gebundenen Ganztagsschule auf eine qualitative Erhöhung der Lernzeit abzielen und besonderen pädagogischen Ansprüchen genügen (Ganztagsschulverband 2013, S. 2). Eine Schule, die nachmittags ausschließlich Spielmöglichkeiten oder Sportaktivitäten anbietet, genügt den formulierten Standards daher nicht. Entsprechend geschultes pädagogisches Personal, geeignete Räumlichkeiten sowie spezifisch auf den Ganztagesunterricht zugeschnittene Lehr-Lern-Materialien sind daher erforderlich, um den adressierten Anforderungen gerecht werden zu können (ebd.).

Auf der *inhaltlichen Ebene* ist zu klären, aus welchen Elementen sich ein qualitätsvolles differenzierendes Nachmittagsangebot mit konzeptioneller Bindung an die Vormittagsveranstaltungen zusammensetzen soll. Neben „erweiterten Lernangeboten" (ebd.), oder allgemeinen „Maßnahmen zur Sicherung und Wiederholung" (Weiss & Lerche 2008, S. 144) gehören vor allem „individuelle Fördermaßnahmen" (Ganztagsschulverband 2013, S. 2) zu einem erfolgversprechenden Nachmittagskonzept. Unter Berücksichtigung der an die Ganztagsschule herangetragenen Erwartungen soll der Fokus im Folgenden vor allem auf die Gestaltung von Fördermaßnahmen gelegt werden.

Individuelle Förderung an der Ganztagsschule

Auch wenn bei individuellen Fördermaßnahmen häufig an zusätzliche Lernangebote (am Nachmittag) gedacht wird, können diese auch in den Regelunterricht (am Vormittag) integriert sein (vgl. Appel & Rutz 2009, S. 79). Daher erscheint es sinnvoll, sowohl für förderorientierte Prozesse *während* der regulären Unterrichtszeit als auch für *zusätzliche* Fördermaßnahmen erfolgversprechende Prinzipien und Umsetzungsmöglichkeiten festzulegen.

In diesem Zusammenhang ist vorab zu klären, wie „Fördern" oder „Üben" mit größtmöglichen Effekten organisatorisch und didaktisch-methodisch konkret umgesetzt werden kann (vgl. Lerche 2012, S. 146). Oelkers weist in diesem Kontext darauf hin, dass „eine Zuweisung [von Schülerinnen und

Schülern] in Kleinklassen oder andere Formen der Auslagerung Chancen in erheblicher Weise mindert und doch als Fördermaßnahme bezeichnet werden kann" (Oelkers 2010, S. 42). Auch das alleinige Differenzieren durch Zuteilung von Aufgaben mit unterschiedlichem Anspruch oder eine Unterscheidung, wie viele Aufgaben in einer bestimmten Zeit zu lösen sind, können ohne weitere Interventionen nicht als gelungene individuelle Fördermaßnahmen bezeichnet werden (ebd., S. 43). „Fördern" und der zugehörige Prozess garantieren daher auch im Sinne einer Chancengerechtigkeit nicht, dass am Ende für alle die gleichen Ziele erreicht werden (ebd.), obwohl dies mit Blick auf die bereits angeführte zunehmende Heterogenität in deutschen Klassenzimmern aller Schularten wünschenswert wäre.

Individuelle Förderung beginnt somit notwendigerweise bei der Vereinbarung individueller Ziele. Mit Blick auf die Schulrealität wird vor allem eine positive Entwicklung im Bereich der Lernleistung angestrebt (Fischer et al. 2011, S. 25). Hierzu sollten mit Blick auf dauerhafte Erfolge die Selbststeuerung des Lernprozesses (Konrad & Traub, 2010, S. 32) sowie die Anwendung von wirksamen Lernstrategien zählen (Schiefele 2005, S. 16). Fördermaßnahmen sollten aber beispielsweise auch auf soziales Lernen, Konzentrationsfähigkeit oder Lernmotivation und Volition der Schülerinnen und Schüler abzielen (vgl. Oltmanns 2005, S. 34).

Zu einem zeitgemäßen Verständnis von Förderung zählt zudem, dass unter Förderung nicht nur „nachholende Unterstützung bei Defiziten", sondern auch Wahlmöglichkeit nach Interessen oder zusätzliche Lernmöglichkeit bei besonderer Begabung verstanden wird (Rahm, Rabenstein & Nerowski 2015, S. 94). Folgerichtig unterscheiden viele Ganztagsschulen zwischen „Maßnahmen zur Unterstützung" und „Maßnahmen zur Talententwicklung" (Appel & Rutz 2009, S. 79).

Prinzipien für effektive Fördermaßnahmen während des Regelunterrichts

Als übergreifendes Prinzip für gelingende Fördermaßnahmen gilt, dass das „Mehr an Zeit" an Ganztagsschulen nicht in einem *Mehr an Inhalten* oder *Mehr an Ansprüchen* mündet. Vielmehr geht es darum, die auf mehreren Ebenen gewonnenen Ressourcen für die Unterstützung der Schülerinnen und Schüler zu nutzen:

Das vergrößerte Zeitfenster an Ganztagsschulen soll die Grundlage für eine *„entschleunigte Schule"* bilden (Reheis 2010, S. 59). Anders als bei der prinzipiell mit Zeitnot behafteten Halbtagsschule (vgl. Siepmann & Salzberg-Ludwig 2006, S. 93) bietet die Ganztagsschule die Chance auf mehr Zeit für Lernprozesse im Allgemeinen, und damit auch für Fördermaßnahmen während des regulären Unterrichts (vgl. Reheis 2010, S. 65).

Das größere Zeitfenster ermöglicht außerdem eine *Loslösung vom nach wie vor vorherrschenden Schulalltag im 45-Minuten-Takt* (Prüß, Kortas &

Gestaltung, Begleitung und Beurteilung von individuellen Lernprozessen

Schöpa 2009, S. 39). Kritisiert wird am 45-Minuten-Rhythmus in erster Linie, dass durch diesen der Schulalltag zerstückelt, ein zusammenhängendes Lernen unmöglich sowie Individualisierung verhindert werde (Rabenstein 2010, S. 83). Sollen Lehr-Lern-Prozesse aber individuell gestaltet werden, muss die Zeiteinteilung flexibilisiert werden. Die Abkehr vom 45-Minuten-Takt bietet zudem die Möglichkeit einer stärkeren Orientierung am natürlichen Biorhythmus (Zulley 2010, S. 170). Tageshochphasen können so vor allem für konzentriertes Arbeiten im kognitiven Bereich (ebd.), Zwischenphasen in erster Linie für psychomotorische oder künstlerische Lerninhalte genutzt werden (Rabenschlag 2001, S. 107). Gerade Fördermaßnahmen stellen eine anspruchsvolle pädagogisch-didaktische Aufgabe dar und sollten daher weder in ein 45-Minuten-Korsett gepresst werden noch zu einem Zeitpunkt stattfinden, an welchem die Lernenden gar nicht mehr in der Lage sind, sie effektiv zu nutzen.

Die traditionelle Struktur einer Halbtagsschule lässt *neuen Lern- und Arbeitsformen* in der Regel nur eingeschränkt Raum. Die Abkehr von einem strengen 45-Minuten-Takt offeriert demgegenüber die Möglichkeit, in Unterricht und Förderzeit auf innovative, wirkungsvolle didaktische Formate zurückzugreifen. Diese sollten vor allem „fächerübergreifend, kooperativ und authentisch" sein (Kielblock et al. 2014, S. 159). Dies wird unter anderem durch einen deutlichen Lebensweltbezug bzw. durch Alltagsnähe erreicht (Winter 2010, S. 6), was voraussetzt, dass man die Lebenssituationen der Lernenden kennt, um die Unterschiede entsprechend zu berücksichtigen (vgl. Pesch 2006, S. 59).

Schülerorientierte und individuelle Lern- und Förderprozesse setzen eine *veränderte Lehrerrolle* voraus (Kielblock & Stecher 2014, S. 99), im Sinne einer Rollenveränderung vom Belehrenden zum Beratenden bzw. Unterstützenden (Bohl & Kucharz 2010, S. 122). Die stärkere Ausrichtung am Lernenden hat zur Folge, dass die Schülerinnen und Schüler ihre Lernprozesse vermehrt selbst gestalten oder zumindest stärker mitgestalten. Derartige Öffnungen reichen von einer eigenständigen Organisation der Zeit über selbstständiges Planen und Bearbeiten von Aufgaben bis hin zu einer selbst getroffenen Einschätzung der abgelaufenen Lernprozesse (ebd., S. 86).

Prinzipien für zusätzliche Fördermaßnahmen an Ganztagsschulen

Mit Blick auf die bereits erwähnten Erwartungen an Ganztagsschulen gehören zusätzliche Förderangebote zum Selbstverständnis aller Ganztagskonzeptionen (Prüß 2009, S. 37). Hierbei sind mehrere Prinzipien zu berücksichtigen:

Individuelles Fördern beginnt mit der Festsetzung *individueller Ziele* (vgl. Oelkers 2010, S. 43). Des Weiteren muss auch hinsichtlich der gewählten Methoden und Konzepte differenziert werden (Kielblock et al. 2014, S. 156). Sollen Fördermaßnahmen erfolgreich sein, müssen beispielsweise *Aufgaben individuell zugeschnitten* sein, *Wahlmöglichkeiten* hinsichtlich der Übungsformen und Zeitfenster bestehen und *geschultes Personal* als Lernbegleiter und Unterstützer zur Verfügung stehen.

Die lange Zeit als angemessene Maßnahme zur Wiederholung und Vertiefung angesehenen traditionellen Hausaufgaben können nicht als zeitgemäße Fördermaßnahme betrachtet werden (Appel & Rutz 2009, S. 78). Kritisiert wird vor allem, dass Hausaufgaben in der Regel „nicht individuell gestellt sind", die „Belastungsgrenze der Kinder überschreiten" und „schwache Lerner" sowie Eltern dauerhaft überfordern (Boßhammer & Schröder 2012, S. 67f.). An den meisten (gebundenen) Ganztagsschulen wurden Hausaufgaben daher zugunsten von *Lern- und Förderzeiten* ersetzt (Stötzel & Wagener 2014, S. 58).

Fördermaßnahmen an Ganztagsschulen werden oftmals auch in *außerunterrichtlichen, klassen-, fächer- und jahrgangsübergreifenden Lern- oder Fördergruppen* durchgeführt (Kielblock et al. 2014, S. 159f.). Diese Differenzierung muss mit Blick auf die von Oelkers (2010, S. 42) angeführte Kritik an einer *singulären Aufteilung von Lernenden nach Leistungsständen* jedoch mit Bedacht umgesetzt werden. So sollten neben dem Lernstand der Schülerinnen und Schüler beispielsweise auch Interessen, soziale Bindungen, Arbeitsformen oder grundlegende Zielvereinbarungen für die Gruppenzusammenstellung mitentscheidend sein. Die so entstehenden Lerngemeinschaften aus Schülerinnen und Schülern müssen somit nicht zwingend hinsichtlich ihres Leistungsstandes homogen sein, vielmehr sollen sie sich hinsichtlich der genannten Aspekte im Idealfall ergänzen (vgl. Vogelsaenger & Vogelsaenger 2006, S. 77).

Begleitung und Adaption von Lern- und Fördermaßnahmen

Um differenzierende Fördermaßnahmen ergreifen zu können, müssen Lehrkräfte unterschiedliche „Ausgangsbedingungen und Leistungen" erkennen können (Speck 2012, S. 59). Für die Erfassung individueller Lernstände sind herkömmliche Formen und Methoden der Lernstandserfassung in der Regel jedoch nicht geeignet (vgl. Gläser-Zikuda & Hascher 2007, S. 9). Folgende spezifische Kriterien sind zu berücksichtigen (Winter 2010, S. 6ff.):

Selbstständigkeit: Eigenverantwortung und Selbstständigkeit werden in einer neuen Lernkultur von den Lernenden nicht nur während eines Lernprozesses gefordert, sondern auch bei der Lernstandsüberprüfung. Zudem werden die Lernenden auch in die Planung von Konsequenzen, die sich aus Lernstandsdiagnosen ergeben, eingebunden.

Prozessorientierung: Diese fokussiert in erster Linie auf die Lernhandlungen, nicht (allein) auf die Lernprodukte, was aber keineswegs bedeutet, dass die Ergebnisse eines Lernprozesses keine Relevanz besitzen. Vielmehr sollen zusätzlich Lernwege und Lernstrategien in den Fokus der Analyse rücken, um Ursachen für Lernschwierigkeiten langfristig zu reduzieren bzw. zu

Gestaltung, Begleitung und Beurteilung von individuellen Lernprozessen

beseitigen. Lernstandsdiagnosen sollten einen Lehr-Lern-Prozess *permanent* begleiten und so frühzeitig Problemfelder aufdecken.

***Kompetenzorientierung*:** Eine den Lernprozess vermehrt ins Zentrum der Betrachtung rückende Lerndiagnose kann nicht über kleinschrittigen Wissenserwerb prüfende Messungen erfolgen. Vielmehr müssen Aufgaben einen gewissen Anforderungshintergrund und eine Komplexität besitzen sowie möglichst den vollständigen Lernakt bzw. die anvisierte Kompetenzausprägung abbilden.

Diese angeführten Kriterien zeigen, dass Diagnostikprozesse, die in erster Linie zur Vergabe von Noten und zur Vorbereitung von Selektionsmaßnahmen konzipiert wurden (summative Leistungsmessungen), *Lernstände* kaum so differenziert erfassen können, dass zielgerichtete Fördermaßnahmen eingeleitet werden können (vgl. Maier 2014, S. 20). Dies liegt vor allem daran, dass die Funktion der Zensurenvergabe alle anderen Funktionen bei der Planung einer *Leistungs*messung überdeckt (vgl. Schrader & Helmke 2001, S. 45). Für Informationen zur weiteren Unterrichtsgestaltung sowie zur Verbesserung des Lernens sind die meisten dieser Messungen nicht ausgelegt (ebd., S. 45f.). Hinzu kommt, dass traditionelle selektierende *Leistungs*messungen häufig schon aus schuljuristischen Gründen abgeschlossene oder zumindest vorläufig abgeschlossene Lernprozesse prüfen (Klauer 2014, S. 1). Dieses Vorgehen zieht zwangsläufig nach sich, dass Lernstände nur sehr selten systematisch und kontinuierlich erfasst werden bzw. erst dann, wenn ein möglicherweise vorhandenes Problem kaum mehr zu beseitigen ist. Sollen Lernstandsmessungen Fördermaßnahmen vorbereiten und begleiten (formative Leistungsmessungen), müssen Kompetenzentwicklungen über einen längeren Zeitraum hinweg immer wieder ohne Selektionsintention geprüft werden (Maier 2014, S. 20). Diese anspruchsvolle Grundausrichtung bringt es mit sich, dass viele traditionelle, in der Schulpraxis zur Notenvergabe eingesetzte Instrumente für formativ genutzte Lernstandsdiagnosen nicht oder nur sehr eingeschränkt nutzbar sind (vgl. Hofmann 2017, S. 19). Exemplarisch können in diesem Zusammenhang traditionelle Verbalbeurteilungen genannt werden, die an vielen Schulen aus schuljuristischen Gründen oder als historisches Relikt nach wie vor zur Bewertung von Klassenarbeiten oder Schulaufgaben im Fach Deutsch genutzt werden. Sollen jedoch Lernstände so detailliert erfasst werden, dass individuelle Kompetenzausprägungen als Grundlage für konkrete Förderempfehlungen diagnostiziert werden können (vgl. Klauer 2014, S. 10f.), sind Beurteilungssätze, die in erster Linie zum Rechtfertigen einer Zensur und weniger zum Aufzeigen von Entwicklungspotenzial angeführt werden, nicht erfolgversprechend. Andererseits konnte gezeigt werden, dass mit kompetenz- und kriterienorientierten Rückmeldebögen, die unter Mitwirkung der Lernenden erstellt und von diesen selbst genutzt werden, große Kompetenzzuwächse auch im Schreib- und Aufsatzunterricht möglich sind (Hofmann 2017, S. 181).

Lern- und Lebensraum Ganztagsschule

In den letzten Jahren wurden mehrere neue Methoden der Leistungsmessung konzipiert, die Kompetenzausprägungen und genutzte Lernwege schon während eines Lernprozesses ermitteln können (vgl. Gläser-Zikuda & Hascher 2007, S. 9). Zu den gebräuchlichen Methoden zählen beispielsweise das Portfoliokonzept, Lerntagebücher oder Rückmeldebögen (vgl. Winter 2010, S. 185ff.). Vor allem das Portfoliokonzept hat in den letzten Jahren vermehrt an Bedeutung gewonnen, da es eine entsprechende Lernumgebung voraussetzt und äußerst vielseitig eingesetzt werden kann (vgl. Brunner, Häcker & Winter 2011, S. 7f.). Zu den größten Vorteilen des Portfolios zählt die Möglichkeit, *Lernentwicklungen* und *Lernergebnisse* abbilden und diagnostizieren zu können (Gläser-Zikuda 2008, S. 140). Dies geschieht vor allem über die Sammlung (selbst) ausgewählter Aufzeichnungen und Dokumente. Zur Analyse können beispielsweise Unterrichtsmitschriften, Zusammenfassungen, Arbeitsblätter, Grafiken oder Audio-, Foto- und Filmaufnahmen herangezogen werden.

Mit Blick auf einen Einsatz an Ganztagsschulen können Materialien aus dem regulären Unterricht, aus Wahlangeboten oder Lernzeiten Gegenstand des Portfolios werden. Unter anderem können auch formative Lernstandserfassungen selbst sowie deren Auswertung in ein Portfolio aufgenommen werden. Da das Portfolio zum aktiven Umgang mit den eingestellten Materialien auffordert, fördert es die konstruktive Auseinandersetzung mit Lernergebnissen und hierfür bewältigten Lernwegen. Das Portfolio fungiert somit auch als Selbstreflexionsinstrument (Gläser-Zikuda 2008, S. 1). Ein adäquater Einsatz des Portfolios in Lernzeiten an einer Ganztagsschule könnte beispielsweise vorsehen, dass die Ergebnisse von Lernstandsüberprüfungen von Lehrkräften und Lernenden gemeinsam reflektiert und ausgewertet werden. Neben dem Test nimmt das Portfolio damit auch mögliche Konsequenzen, Ziele und geplante Maßnahmen auf. Eine Analyse der im Portfolio eingestellten Materialien kann somit Aufschluss über Ursachen und Gründe für festgestellte Kompetenzausprägungen liefern. Sollen Fördermaßnahmen individuell und zielgerichtet ausfallen, sind derartige Informationen unerlässlich. Das Portfolio kann somit in Kombination mit testbasierten Fördermaßnahmen (formative Leistungsmessungen) eine geeignete Grundlage für die Begleitung von Lehr-Lern-Prozessen in der Ganztagsschule bieten.

Literatur

Appel, S. & Rutz, G. (2009): Handbuch Ganztagsschule, Praxis, Konzepte, Handreichungen (= Reihe Politik und Bildung, Bd. 13), 6. überarbeitete Auflage, Schwalbach im Taunus.

BMBF (Bundesministerium für Bildung und Forschung) (2012): Ganztägig bilden, Eine Forschungsbilanz, Berlin.

Gestaltung, Begleitung und Beurteilung von individuellen Lernprozessen

BMFSFJ (Bundesministerium für Familie, Senioren, Frauen und Jugend) (2005): Zwölfter Kinder- und Jugendbericht, Stellungnahme der Bundesregierung, Bericht über die Lebenssituation junger Menschen und die Leistungen der Kinder- und Jugendhilfe in Deutschland, Berlin.

Bohl, T. & Kucharz, D. (2010): Offener Unterricht heute, Konzeptionelle und didaktische Weiterentwicklung (= Studientexte für das Lehramt, Bd. 22), Weinheim und Basel.

Brunner, I., Häcker, T. & Winter, F (2011): Vorwort der Herausgeberin und der Herausgeber. In: Brunner, T., Häcker, T. & Winter, F. (Hrsg.): Das Handbuch der Portfolioarbeit, Konzepte, Anregungen, Erfahrungen aus Schule und Lehrerbildung, 4. Auflage, Seelze, S. 7-8.

Boßhammer, H. & Schröder, B. (2012): Von den Hausaufgaben zu Aufgaben in der Ganztagsschule. In: Appel, S. & Rother, U. (Hrsg.): Jahrbuch Ganztagsschule 2012, Schulatmosphäre – Lernlandschaft – Lebenswelt, Schwalbach im Taunus, S. 67-83.

Einsiedler, W., Martschinke, S. & Kammermeyer, G. (2008): Die Grundschule zwischen Heterogenität und gemeinsamer Bildung. In: Cortina, K. S., Baumert, J., Leschinsky, A., Mayer, K. U. & Trommer, L. (Hrsg.): Das Bildungswesen in der Bundesrepublik Deutschland, Strukturen und Entwicklungen im Überblick, vollständig überarbeitete Neuauflage, Reinbeck, S. 325-374.

Fischer, N., Holtappels, H. G., Stecher, L. & Züchner, I. (2011): Theoretisch-konzeptionelle Bezüge – ein Analyserahmen für die Entwicklung von Ganztagsschulen. In: Fischer, N., Holtappels, H. G., Klieme, E., Rauschenbach, T., Stecher, L. & Züchner, I. (Hrsg.): Ganztagsschule: Entwicklung, Qualität, Wirkungen, Längsschnittliche Befunde der Studie zur Entwicklung von Ganztagsschulen (StEG), Weinheim und Basel, S. 9-20.

Ganztagsschulverband (2013): Presseerklärung des Ganztagsschulverbandes, Landesgruppe Hamburg, vom 12.12.2013, Hamburg. Online unter: *www.ganztagsschul-verband.de/downloads/hamburg/presseerkl%C3%A4rung_ggt_hh_12.12.2013.pdf* (Zugriff am: 17.10.2017).

Gläser-Zikuda, M. & Hascher, T. (2007): Zum Potenzial von Lerntagebuch und Portfolio. In: Gläser-Zikuda, M. & Hascher, T. (Hrsg.): Lernprozesse dokumentieren, reflektieren und beurteilen, Lerntagebuch und Portfolio in Bildungsforschung und Bildungspraxis, Bad Heilbrunn, S. 9-24.

Gläser-Zikuda, M. (2008): Portfolio. In: Christiani, R. & Metzger, K. (Hrsg.): Taschenlexikon Grundschulpraxis, Berlin, S. 140-141.

Hofmann, F. (2017): Selbsteinschätzungen im Aufsatz- und Schreibunterricht. Eine empirische Untersuchung zu den Effekten von formativen Leistungsdiagnosen und Selbsteinschätzungen auf die Schreibkompetenz, Bad Heilbrunn.

Kielblock, S., Fraij, A., Hopf, A., Dippelhofer, S. & Stecher, L. (2014): Wirkungen von Ganztagsschulen auf Schülerinnen und Schüler. In: Coelen, T. & Stecher, L. (Hrsg.): Die Ganztagsschule. Eine Einführung, Weinheim und Basel, S. 166-174.

Kielblock, S. & Stecher, L. (2014): Lehrer/innen an Ganztagsschulen. In: Coelen, T. & Stecher, L. (Hrsg.): Die Ganztagsschule. Eine Einführung, Weinheim und Basel, S. 99-110.

Klauer, K. J. (2014): Formative Leistungsdiagnostik: Historischer Hintergrund und Weiterentwicklung zur Lernverlaufsdiagnostik. In: Hasselhorn, M., Schneider, W. & Trautwein, U. (Hrsg.): Lernverlaufsdiagnostik (= Jahrbuch der pädagogisch-psychologischen Diagnostik, Bd. 12: Tests und Trends), Göttingen u. a., S. 1-18.

KMK (Sekretariat der Ständigen Konferenz der Kultusminister der Länder in der Bundesrepublik Deutschland) (2014): Definitionenkatalog zur Schulstatistik 2014, Berlin, Online unter: *www.kmk.org/fileadmin/Dateien/pdf/Statistik/Dokumentationen/ Defkat2014.pdf* (Zugriff am: 17.10.2017).

Konrad, K. & Traub, S. (2010): Selbstgesteuertes Lernen, 2. Auflage, Baltmannsweiler.

Lerche, T. (2012): Übung. In: Kiel, E. (Hrsg.): Unterricht sehen, analysieren, gestalten, 2. überarbeitete Auflage, Bad Heilbrunn, S. 145-172.

Maier, U. (2014): Formative Leistungsdiagnostik in der Sekundarstufe – Grundlegende Fragen, domänenspezifische Verfahren und empirische Befunde. In: Hasselhorn, M., Schneider, W. & Trautwein, U. (Hrsg.): Lernverlaufsdiagnostik (= Jahrbuch der pädagogisch-psychologischen Diagnostik, Bd. 12: Tests und Trends). Göttingen u. a., S. 19-40.

Oelkers, J. (2010): Chancengleichheit, Ganztagsschule und Qualitätssicherung. In: Nerowski, C. & Weier, U. (Hrsg.): Ganztagsschule organisieren – ganztags Unterricht gestalten (= Forum Erziehungswissenschaft und Bildungspraxis, Bd. 2), Bamberg, S. 33-58.

Oltmanns, A. B. (2005): Praxis der Förderdiagnostik – Teil I. Duisburg und Essen, Online unter: *http://zlb.uni-due.de/zlb_alt/archiv/2005/2005_12_16_foerderdiagnostik.pdf* (Zugriff am: 01.11.2017).

Pesch, L. (2006): Qualitätsmerkmale für Ganztagsangebote im Primarbereich. In: Knauer, S. & Durdel, A. (Hrsg.): Die neue Ganztagsschule. Gute Lernbedingungen gestalten, Weinheim und Basel, S. 58-63.

Prüß, F. (2009): Ganztägige Bildung und ihre Bedeutung für Entwicklungsprozesse. In: Prüß, F., Kortas, S. & Schöpa, M. (Hrsg.): Die Ganztagsschule: Von der Theorie zur Praxis. Anforderungen und Perspektiven für Erziehungswissenschaft und Schulentwicklung, Weinheim und München, S. 33-58.

Prüß, F., Kortas, S. & Schöpa, M. (2009): Aktuelle Anforderungen an die Erziehungswissenschaft und die pädagogische Praxis. In: Prüß, F., Kortas, S. & Schöpa, M. (Hrsg.): Die Ganztagsschule: von der Theorie zur Praxis,

Gestaltung, Begleitung und Beurteilung von individuellen Lernprozessen
Anforderungen und Perspektiven für Erziehungswissenschaft und Schulentwicklung, Weinheim und München, S. 15-32.

Rabenschlag, U. (2001): So finden Kinder ihren Schlaf, Informationen und Hilfen für Eltern, Freiburg.

Rabenstein, K. (2010): Zeitstrukturierung an Ganztagsschulen, Entwicklungen in der Unterrichtsgestaltung. In: Nerowski, C. & Weier, U. (Hrsg.): Ganztagsschule organisieren – ganztags Unterricht gestalten (= Forum Erziehungswissenschaft und Bildungspraxis, Bd. 2), Bamberg, S. 83-96.

Rahm, S., Rabenstein, K. & Nerowski, C. (2015): Basiswissen Ganztagsschule, Konzepte, Erwartungen, Perspektiven, Weinheim und Basel.

Reheis, F. (2010): Ein Plädoyer für die entschleunigte Schule. Zur Eigenzeitlichkeit von Leben, Bildung und Schule. In: Nerowski, C. & Weier, U. (Hrsg.): Ganztagsschule organisieren – ganztags Unterricht gestalten (= Forum Erziehungswissenschaft und Bildungspraxis, Bd. 2), Bamberg, S. 59-68.

Reinders, H., Gogolin, I., Gresser, A., Schnurr, S., Böhmer, J. & Bremm, N. (2011): Ganztagsschulbesuch und Integration von Kindern mit Migrationshintergrund im Primarbereich: Erste Näherungen an empirische Befunde einer vergleichenden Untersuchung. Zeitschrift für Erziehungswissenschaft, 15. Sonderheft, S. 163-184.

Schiefele, U. (2005): Prüfungsnahe Erfassung von Lernstrategien und deren Vorhersagewert für nachfolgende Leistungen. In: Artelt, C. & Moschner, B. (Hrsg.): Lernstrategien und Metakognition, Implikationen für Forschung und Praxis, Münster, New York, München und Berlin, S. 13-40.

Schüpbach, M. (2012): Sprachleistungsentwicklung in Ganztagsschulen unter Berücksichtigung der sozialen Herkunft und der frühkindlichen Bildung, Betreuung und Erziehung (FBBE). Zeitschrift für Grundschulforschung, 5 (2), S. 132-145.

Schrader, F.-W. & Helmke, A. (2001): Alltägliche Leistungsbeurteilung durch Lehrer. In: Weinert, F. E. (Hrsg.): Leistungsmessungen in Schulen, 2. Aufl., Weinheim und Basel, S. 45-58.

Siepmann, G. & Salzberg-Ludwig, K. (2006): Bedeutung von Rhythmus und Struktur für die Schul- und Unterrichtsgestaltung. In: Knauer, S. & Durdel, A. (Hrsg.): Die neue Ganztagsschule. Gute Lernbedingungen gestalten, Weinheim und Basel, S. 93-98.

Speck, K. (2012): Lehrerprofessionalität, Lehrerbildung und Ganztagsschule. In: Appel, S. & Rother, U. (Hrsg.): Jahrbuch Ganztagsschule 2012, Schulatmosphäre – Lernlandschaft – Lebenswelt, Schwalbach im Taunus, S. 56-66.

StEG-Konsortium (2010): Ganztagsschule: Entwicklungen und Wirkungen. Ergebnisse der Studie zur Entwicklung von Ganztagsschulen 2005-2010. Online unter: *http://alt.projekt-steg.de/files/pk101111/Ergebnisbroschuere_StEG_2010-11-11.pdf* (Zugriff am: 01.11.2017).

Steiner, C. (2011): Ganztagsteilnahme und Klassenwiederholung. In: Fischer, N., Holtappels, H. G., Klieme, E., Rauschenbach, T., Stecher, L. & Züchner, I. (Hrsg.): Ganztagsschule: Entwicklung, Qualität, Wirkungen, Weinheim, S. 187-206.

Stötzel, J. & Wagener, A. L. (2014): Historische Entwicklungen und Zielsetzungen von Ganztagsschulen in Deutschland. In: Coelen, T. & Stecher, L. (Hrsg.): Die Ganztagsschule. Eine Einführung, Weinheim und Basel, S. 49-64.

Vogelsaenger, T. & Vogelsaenger W. (2006): Lernen in der Ganztagsschule. In: Knauer, S. & Durdel, A. (Hrsg.): Die neue Ganztagsschule. Gute Lernbedingungen gestalten, Weinheim und Basel, S. 74-78.

Weiß, G. & Lerche, T. (2008): Übung. In: E. Kiel (Hrsg.): Unterricht sehen, analysieren, gestalten. Bad Heilbrunn: Klinkhardt, S. 143-169.

Weiß, M. (2013): Grabenkampf um die Ganztagsschule. In: Süddeutsche Zeitung, 06.11.2013. Online unter: *www.sueddeutsche.de/bildung/gutachten-zur-kinderbetreuung-grabenkampf-um-die-ganztagsschule-1.1812159* (Zugriff am: 17.10.2017).

Winter, F. (2010): Leistungsbewertung, Eine neue Lernkultur braucht einen anderen Umgang mit Schülerleistungen (= Grundlagen der Schulpädagogik, Bd. 49), 4. Aufl., Baltmannsweiler.

Zulley, J. (2010): Die Bedeutung von Schlaf und biologischem Rhythmus für Schule und Unterricht. In: Nerowski, C. & Weier, U. (Hrsg.): Ganztagsschule organisieren – ganztags Unterricht gestalten (= Forum Erziehungswissenschaft und Bildungspraxis, Bd. 2), Bamberg, S. 167-178.

Züchner, I. & Fischer, N. (2014): Kompensatorische Wirkungen von Ganztagsschulen – Ist die Ganztagsschule ein Instrument zur Entkopplung des Zusammenhangs von sozialer Herkunft und Bildungserfolg? In: Zeitschrift für Erziehungswissenschaft. Sonderheft 24, S. 349-367.

Ahmet Derecik
Bedarf an Schulfreiräumen im Kontext der Lebensraumgestaltung

Während für die Erwachsenen der Unterricht das Kerngeschäft der Schule darstellt, bewerten die Heranwachsenden die Pausen altersübergreifend als das Beste an der Schule. Dies war vor dem Hintergrund der immensen Bedeutung von Peers für die Entwicklung schon immer so und erfährt aufgrund der veränderten Bedingungen des Aufwachsens heute an neuer Brisanz.

Die Rahmenbedingungen des Aufwachsens haben sich in den letzten zwei, drei Dekaden massiv verändert. Eine zentrale Umbruchsituation resultiert aus dem Ausbau von Ganztagsschulen, die zu einer zunehmenden Institutionalisierung und Pädagogisierung von Kindheit führt (vgl. Schmidt, Neuber, Rauschenbach, Brandl-Bredenbeck, Süßenbach & Breuer 2015). In der Konsequenz zeichnet sich die Lebenswelt der Heranwachsenden heute vor allem durch den zunehmenden Verlust an informellen Handlungsräumen mit Gleichaltrigen aus, deren Auswirkungen sich von ihrer persönlichen und sozialen Entwicklung bis hin zu den Schulleistungen auswirken können (vgl. Laging & Schillack 2007, S. 10-12; Deinet 2005, S. 222). Um diesem Eingriff und der Verkürzung der Freizeit von Heranwachsenden entgegenzuwirken, sind Ganztagsschulen gefordert, Aufgaben zu übernehmen, die bis dahin dem Wohnumfeld zukamen.

Der verlängerte Schultag für die Heranwachsenden führt dazu, dass ein Großteil dessen, was traditionell die Straßenkindheit, in der Heranwachsende vielfältige informelle Lernprozesse innerhalb der Gleichaltrigengruppe vollziehen können, ausmachte, sich inzwischen vor allem auf die Mittagsfreizeit von Ganztagsschulen verlagert hat. Während Halbtagsschulen zwischen 150 und 315 Minuten Pausen pro Woche haben (vgl. Kraft 1977, S. 29), beträgt die Pausendauer heute, je nach Konzeption und Rhythmisierung der Schule, zwischen 500 und 900 Minuten pro Woche (vgl. Osnabrücker Forschungsgruppe 2016, S. 22-29; Hildebrandt-Strahmann et al. 2014, S. 93). Wird dies in Relation zur Unterrichtszeit gesetzt, offenbart sich das enorme Potenzial der Schulfreiräume für die Gleichaltrigen.

Gemäß der „Verordnung über den Bildungsgang in der Grundschule" in Nordrhein-Westfalen (Stand 01.04.2012) ist für die ersten beiden Jahrgänge eine Gesamtunterrichtszeit von 21-23 Wochenstunden vorgesehen. Für die Jahrgänge drei und vier beträgt die Gesamtunterrichtszeit im Schnitt 25-27 Wochenstunden (vgl. MSW NRW 2011, S. 2). Ausgehend von einer 45-minütigen Unterrichtsstunde haben die Kinder umgerechnet ca. 11-20 Unterrichtsstunden Pause pro Woche zur Verfügung, in denen sie innerhalb ihrer Peers informell lernen können! Diese Zeitumfänge für das informelle Lernen in den Pausen von Ganztagsschulen übersteigen somit um ein Mehrfaches die

Bewegungszeiten in Sportstunden und auch in nicht-formellen Bewegungs-, Spiel- und Sportangeboten im Ganztag.

Als Konsequenz aus diesen Entwicklungen sollte eine Erweiterung des pädagogischen Schulauftrags der Ganztagsschule auch darin gesehen werden, den Heranwachsenden altersangemessene Lebensräume auf dem Schulhof, aber auch im Schulgebäude zur Verfügung zu stellen, die mit einer notwendigen Veränderung der sozialen Kontrolle einhergehen und vor allem Möglichkeiten für informelles Lernen bieten. Das impliziert jedoch die Wertschätzung der Entwicklungspotenziale der Peers (Schmalfeld 2011; Kanevski & Salisch 2011) und die Anerkennung der Schulfreiräume als „pädagogisch wirkende Umwelt" (Dietrich, Hass, Marek, Porschke & Winkler 2005, S. 18f.). Im Folgenden soll deshalb zunächst die *Bedeutung des Raums für das informelle Lernen in Gleichaltrigengruppen* skizziert werden. Anschließend wird überblicksartig der *Bedarf an entwicklungsgerechten Schulfreiräumen für Heranwachsende* aufgezeigt und ein *Fazit* gezogen.

Bedeutung des Raums für das informelle Lernen in Gleichaltrigengruppen

Der Aufbau von Freundschaften gehört im Kindes- und Jugendalter zu den zentralen Entwicklungsaufgaben (vgl. Hurrelmann 2004, S. 37) und erfolgt in der Schule, neben dem Klassenverband, vor allem informell in den Pausen. Auch wenn das Lernen innerhalb dieser Freundschaftsbeziehungen nicht von den Kindern intendiert ist, erfolgt es doch in deren alltäglicher Interaktion nebenbei (vgl. Schröder 2006, S. 199).

Studien zur Peerinteraktion offenbaren, dass informelles Lernen zu einer sprachlichen und sozial-kognitiven Produktivität der Kinder führt (vgl. de Boer & Deckert-Peaceman 2009, S. 322; Röhner & Oliva 2007) und die sozialen sowie emotionalen Kompetenzen gefördert werden (vgl. Kanevski & Salisch 2011; Kanders 2004). Wird berücksichtigt, dass ein Großteil aller menschlichen Lernprozesse in informellen Situationen stattfindet und zum Erwerb von Schlüsselkompetenzen beiträgt (vgl. Dohmen 2001), scheint es sowohl für die persönliche Entwicklung von Heranwachsenden als auch für die qualitative Weiterentwicklung von Ganztagsschulen „eine wichtige Aufgabe zu sein, sich Lernprozessen dieser Art zu öffnen, sie ernst zu nehmen, konstruktiv in den Schulalltag einzubinden und zu nutzen" (Rohlfs 2010, S. 69).

Eine prädestinierte Möglichkeit, das informelle Lernen stärker ins Bewusstsein zu rücken und zu fördern, besteht darin, in der Schule Freiräume zum informellen Lernen anzubieten (vgl. Derecik 2011, S. 32; Derecik 2015). Diese können dann als Orte „der Entstehung, Aufrechterhaltung und Weiterentwicklung einer eigenständigen, von schulischen Zielsetzungen weitgehend unabhängigen Peer-Kultur" betrachtet werden (Breidenstein 2004, S. 921). Gleichzeitig können die informellen Freizeiträume in den Pausen von

Gestaltung, Begleitung und Beurteilung von individuellen Lernprozessen

Ganztagsgrundschulen zur Entschulung und Entpädagogisierung der Institution Schule (vgl. Schmidt et al. 2015, S. 577) und damit zur Gestaltung eines umfassenden Lern- und Lebensraums beitragen (vgl. Derecik 2015).

Bei der Gestaltung von Räumen ist jedoch zu bedenken, dass sie nicht nur eine architektonische Dimension haben. Vielmehr müssen die strukturellen Eigenschaften von Räumen in ein Wechselwirkungsverhältnis mit den Wahrnehmungen und Handlungen von Menschen gesetzt werden. Der Raum darf nicht als ein „Container" verstanden werden, in dem sich der Mensch lediglich für eine gewisse Zeit aufhält und agiert. Für ein erweitertes Verständnis von Räumen ist es erforderlich, die Trennung von Mensch und Raum aufzuheben, da Menschen durch ihre Handlungen maßgeblich zum Entstehen von Räumen beitragen. Nach aktuellen Raumvorstellungen muss – neben der kulturell tradierten Vorstellung, in einem Raum zu leben bzw. von einem einheitlichen homogenen Raum umgeben zu sein – davon ausgegangen werden, dass ein Ort auf Personen unterschiedlich wirkt und damit nicht für jeden identisch ist. Je nachdem wie Menschen diesen wahrnehmen und handelnd verändern, können an einem bestimmten Ort unterschiedliche Räume entstehen (vgl. Löw 2001, S. 198).

Zur Veranschaulichung dieses Effekts wird nachfolgend dargestellt, wie sich verschiedene Gruppen an einer Tischtennisplatte (Ort) unterschiedliche Räume schaffen. Eine Tischtennisplatte wird in ihrer Bedeutung „ausdrücklich" funktional als Sportraum betrachtet, in dem Heranwachsende lernen müssen, „die vorgegebenen räumlichen Strukturen zu entschlüsseln, die Bedeutung von Linien, Abgrenzungen, Feldern und Geräten zu erkennen und sich demgemäß zu verhalten" (Dietrich 1992, S. 16). Entgegen dieser Bedeutung, die ihren Ausdruck in der räumlichen Struktur und den genormten Spielmaterialien findet, spielen Kinder an Tischtennisplatten häufig mit ihren Händen und einem großen Ball „Rundlauf". Dadurch werden die Tischtennisplatten durch sie zu einem *Spielraum* umfunktioniert. Vorwiegend männliche Jugendliche passen sich dagegen den räumlichen Strukturen von Tischtennisplatten an und spielen mit Tischtennisschlägern und einem Tischtennisball nach festen Regeln. Dadurch nutzen sie den Ort Tischtennisplatte, den räumlich nahegelegten Strukturen entsprechend, als *Sportraum*. Insbesondere weibliche Jugendliche gestalten die Tischtennisplatten gerne zu Stammplätzen des Unterhaltens mit ihren Freundinnen um, wodurch sie sich einen *Ruhe- und Kommunikationsraum* schaffen.

Dies verdeutlicht, wie unterschiedlich ein und derselbe Ort von verschiedenen Gruppen genutzt und somit zu unterschiedlichen Räumen (um-)gestaltet wird. Die subjektiven Sinndeutungen von vermeintlich objektiven Raumstrukturen sind in erster Linie abhängig von Alter und Geschlecht. Menschen gestalten ihr Handeln also im Wechselspiel ihrer biografischen Entwicklung und der von ihnen vorgefundenen Umwelt. Bilanzierend kann festgestellt werden, dass die Wirkung des viel zitierten Raums als „drittem Pädagogen" genau aus diesem Wechselspiel resultiert, nämlich den vermeintlich objektiven Strukturen des Raums und deren subjektiven Sinndeutungen durch die Menschen. Folglich ist der Raum als dritter Pädagoge kein einheitliches Konstrukt, sondern offenbart sich, abhängig vom jeweiligen alters- und geschlechtsbedingten Standpunkt, jedem individuell. In der Konsequenz bedarf es entwicklungsgerechter Schulfreiräume für Heranwachsende.

Bedarf an entwicklungsgerechten Schulfreiräumen für Heranwachsende
Hinsichtlich des Lebensraumbedarfs an Ganztagsschulen sollte zwischen Schulgelände und Schulgebäude differenziert werden, da in ihnen unterschiedliche Potenziale liegen. Zudem bedarf es einer Konkretisierung von Freiräumen in Bezug auf das Alter und das Geschlecht, denn die Bedürfnisse der Schülerinnen und Schüler der ersten bis zur zehnten Klasse sowie von Jungen und Mädchen können erheblich voneinander abweichen.

In der Studie zu Bewegung, Spiel und Sport im Ganztag (StuBSS) von Laging, Hildebrandt-Stramann und Teubner (2014) wurden die informellen Tätigkeiten in den Freiräumen von 21 Ganztagsschulen systematisch erfasst und differenziert. Dabei zeigt sich, dass in Bezug auf das Alter die bisher übliche Einteilung der Entwicklungs- und Sozialisationstheorie in „Kinder" und „Jugendliche" (vgl. Hurrelmann 2004, S. 37) um die Gruppe der „Kids" erweitert werden sollte. Die Phase der Kids wird, in Anlehnung an die neuere Kindheits- und Jugendforschung, als gleitender Übergang von der Kindheit in das Jugendalter bezeichnet. Kids benötigen eine eigene Aufmerksamkeit als Zielgruppe, da sie vor allem dadurch auffallen, dass sie einen Platz für sich erobern wollen, den sie selbst ausgestalten können. Sie sind noch keine Jugendlichen, „weil sie nicht wie diese Ablösung von den Erwachsenen öffentlich demonstrieren, Kinder sind sie aber längst nicht mehr, da ihre Spiele und Aktivitäten nicht mehr an die familiale Kontrolle gebunden und rückverwiesen sind" (Böhnisch 2008, S. 132). Mit Kindern sind Schülerinnen und Schüler der Jahrgangsstufen eins bis vier gemeint, Kids stellen die Schülerinnen und Schüler der Jahrgangsstufen fünf bis sieben dar und Jugendliche sind die Schülerinnen und Schüler der Jahrgangsstufen acht bis zehn.

Die informellen Tätigkeiten von Kindern, Kids und Jugendlichen legen für das Schulgelände eine Einteilung in (Trend-)Sporträume, Schulhofflächen und Spielplätze nahe. Innerhalb dieser können verschiedene Raumbereiche identifiziert werden, die in Abhängigkeit des Alters und Geschlechts unterschiedlich genutzt werden. Die (Trend-)Sporträume können u. a. in Fußballplätze, einzelne Basketballkörbe und Basketballplätze, (Beach-)Volleyballplätze, Tischtennisplatten, Boulderräume und Räume zum Slacklinen differenziert werden. Die Schulhofflächen lassen sich in Untergründe (z. B. Asphalt- und Rasenflächen) sowie Strukturelemente (z. B. podestartige Stufen und Treppen, Bänke) einteilen. Die Spielplätze können in Spielplätze mit fest montierten Geräten und naturnahe Nischen mit mobilen Materialien unterteilt

Gestaltung, Begleitung und Beurteilung von individuellen Lernprozessen

werden, in denen wiederum weitere Nutzungsbereiche existieren, z. B. Klettergerüste, Reckstangen, Baumstämme und LKW-Reifen. Diese Aufteilung erhebt keinen Anspruch auf Vollständigkeit, sondern resultiert aus den empirischen Ergebnissen zum informellen Lernen von Heranwachsenden auf dem Schulgelände an 21 Ganztagsschulen in drei Bundesländern (vgl. Derecik 2011).

Sortiert man die empirischen und entwicklungsbedingten Ergebnisse für Kinder in der Grundschule sowie für Kids und Jugendliche in der Sekundarstufe I, ergibt sich folgender Raumbedarf an Schulfreiräumen für eine „ideale" Grundausstattung des Schulgeländes:

Grundschule:

Sporträume

- Fußballplatz
- Tischtennisplatten

Schulhofflächen

- Asphaltflächen mit diversen mobilen Spielgeräten und Rollgelegenheiten
- (modellierte) Rasenflächen
- Sandflächen, eventuell mit Begrenzungsblöcken

Spielplätze

- angemessene Auswahl an fest montierten Spielgeräten
- naturnahe Nischen mit Bäumen und Büschen
- mobile Materialien wie Baumstämme und LKW-Reifen

Sekundarstufe I:

Kids: Sporträume

- Fußballplatz, in drei querliegende Kleinfelder geteilt
- separate Tischtennisplatten
- separater Basketballkorb

Schulhofflächen

- Asphaltflächen mit diversen mobilen Spielgeräten und Rollgelegenheiten
- (modellierte) Rasenflächen
- Sandflächen, eventuell mit Begrenzungsblöcken

Spielplätze

- angemessene Auswahl an fest montierten Spielgeräten
- naturnahe Nischen mit Bäumen und Büschen

Jugendliche: (Trend-)Governmentalräume

Jugendliche: (Trend-)Sporträume

- separate Tischtennisplatten
- separater Basketballkorb
- (Beach-)Volleyballfeld
- Boulderräume
- Räume zum Slacklinen

Schulhofflächen

- Rasenflächen mit Sitzgelegenheiten
- Asphaltflächen mit Sitz- und Rollgelegenheiten

Speziell für das Schulgebäude können auf empirischer Basis für Kinder, Kids und Jugendliche acht Lebensräume ermittelt werden, die wiederum in Abhängigkeit von Alter und Geschlecht unterschiedlich in Anspruch genommen werden. Dazu gehören Flure, Aulen, offene Klassenräume, offene Turnhallen, Toberäume, Snoezelräume[1], Begegnungsräume und Ruheräume (vgl. Derecik 2013). Als Erweiterung zu diesen Freiräumen sind zusätzlich Freizeitbibliothek sowie Cafeteria zu berücksichtigen, die von Appel (vgl. 2009, S. 129) aufgeführt werden. Insgesamt zeigt sich somit ein Bedarf an zehn Schulfreiräumen im Schulgebäude. Auch hier kann eine entwicklungsbedingte Differenzierung des Schulfreiraumbedarfs für ein „ideales" Schulgebäude für Kinder in der Grundschule sowie für Kids und Jugendliche in der Sekundarstufe I vorgenommen werden:

Grundschule:

- geöffnete Flure
- geöffnete Klassenräume
- geöffnete Turnhalle
- Bewegungsraum
- Snoezelraum
- Freizeitbibliothek

---

[1] Ruheräume für Kinder, Begriff aus der Psychomotorik

Gestaltung, Begleitung und Beurteilung von individuellen Lernprozessen

Sekundarstufe I:

- geöffnete Flure
- geöffnete Klassenräume
- geöffnete Turnhalle
- separate Begegnungsräume für Kids und Jugendliche
- separate Ruheräume für Kids und Jugendliche
- evtl. ein Fitnessraum für Jugendliche

Die empirisch abgeleiteten und anhand des Konzepts der Lebensbewältigung (Böhnisch 2008) begründbaren entwicklungsbedingten Bedarfe an Schulfreiräumen können als Konkretisierung und Ausdifferenzierung der im allgemeinen Qualitätsrahmen für Ganztagsschulen geforderten Lebensräume betrachtet werden (vgl. Holtappels, Kamski & Schnetzer 2009).

Fazit

Wenn Ganztagsschulen den veränderten Lebensbedingungen beim Aufwachsen von Heranwachsenden gerecht werden wollen, sind sie gefordert, entsprechende Lebensräume zur Verfügung zu stellen. Eine Möglichkeit hierzu besteht darin, den Heranwachsenden entwicklungsgerechte Schulfreiräume für die umfangreichen Pausen- und Betreuungszeiten anzubieten. So entstehen weitgehend nicht pädagogisierte Freiräume, die frei von institutionalisiertem Unterricht und Ganztagsangeboten sind und den Heranwachsenden selbstbestimmtes Entdecken und Ausprobieren ermöglicht.

Für eine peerfreundliche Gestaltung von Ganztagsschulen ist es unerlässlich, den Freizeitbereich als ein Integrationselement der Ganztagsgrundschule zu begreifen (vgl. Appel 2011, S. 66; Schmalfeld 2011; Derecik 2015). Dies bedeutet, den Heranwachsenden im Schulalltag Zeiten und weitgehend erwachsenenfreie Räume für informelles Lernen durch sozialräumliche Aneignungsprozesse anzubieten, in denen die Schülerinnen und Schüler ihren Bedürfnissen nach Ruhe und Kommunikation oder Bewegung, Spiel und (Trend-)Sport nachgehen können. Diese Räume sind während eines gemeinsamen Ganztagsschultages zur Intensivierung von Freundschaften sowie zum Erwerb von vielfältigen Kompetenzen eminent wichtig und können einen ausgesprochen wertvollen Beitrag für die Entwicklung und Bildung von Heranwachsenden sowie für die (Weiter-)Entwicklung von Ganztagsschulen leisten.

Die bisherige Umsetzung in der Praxis zeigt, dass zwar fast alle Ganztagsschulen ihren Schülerinnen und Schülern vielfältige Schulfreiräume zur Verfügung stellen, es allerdings gelingen muss, dem Lebensraumbedarf an Schulfreiräumen umfassender gerecht zu werden. Denn oftmals werden selbst an Schulen mit einem bewegungsfreundlichen Profil selten mehr als nur vereinzelte Akzente zur Gestaltung von Schulfreiräumen gesetzt. Deshalb sollten vor allem an vielen weiterführenden Schulen für Kids und Jugendliche entsprechende Räumlichkeiten für ihre Freizeitbedürfnisse geschaffen werden. Dies entspräche dann der im allgemeinen Qualitätsrahmen geforderten Mindestausstattung für schulische Freiräume.

Literatur

Appel, S. (2009): Ganztagsschulspezifische Räume und Ausstattungen. In: Kamski, I., Holtappels, H. G. & Schnetzer, T. (Hrsg.): Qualität von Ganztagsschule. Konzepte und Orientierungen für die Praxis, Münster, S. 123-131.

Appel, S. (2011): Ganztagsschulen. Räume, Flächen, Schachausstattung. Kein Erfolg bei Billiglösungen. In: SchulVerwaltung NRW, Heft 3, S. 66-69.

Böhnisch, L. (2008): Sozialpädagogik der Lebensalter. Eine Einführung, Weinheim.

Breidenstein, G. (2004): Peer-Interaktion und Peer-Kultur. In: Helsper, W. & Böhme, J. (Hrsg.): Handbuch der Schulforschung, Wiesbaden, S. 921-940.

De Boer, H. & Deckert-Peaceman, H. (2009): Schulische Ordnung und Peerkultur. In: de Boer, H. & Deckert-Peaceman, H. (Hrsg.): Kinder in der Schule. Zwischen Gleichaltrigenkultur und schulischer Ordnung, Wiesbaden, S. 319-328.

Deinet, U. (2005): Das sozialräumliche Muster in der Offenen Kinder- und Jugendarbeit. In: Deinet, U. & Sturzenhecker, B. (Hrsg.): Handbuch Offene Kinder- und Jugendarbeit, Wiesbaden, S. 217-229.

Derecik, A. (2011): Der Schulhof als bewegungsorientierter Sozialraum. Eine sportpädagogische Untersuchung zum informellen Lernen an Ganztagsschulen. Aachen.

Derecik, A. (2013): Freiräume im Schulgebäude – Informelle Tätigkeiten von Heranwachsenden in den Pausen von Ganztagsschulen. In: Hildebrandt-Stramann, R., Laging, R. & Moegling, K. (Hrsg.): Körper, Bewegung und Schule. Teil 1: Theorie, Forschung und Diskussion, Immenhausen bei Kassel, S. 179-198.

Derecik, A. (2015): Praxisbuch Schulfreiraum. Gestaltung von Bewegungs- und Ruheräumen an Schulen, Wiesbaden.

Dietrich, K. (1992): Bewegungsräume. In: Sportpädagogik, Heft 4, S. 16-21.

Dietrich, K., Hass, R., Marek, R., Porschke, C. & Winkler, K. (2005): Schulhofgestaltung an Ganztagsschulen. Ein Leitfaden, Schwalbach.

Dohmen, G. (2001): Das informelle Lernen – Die internationale Erschließung einer bisher vernachlässigten Grundform menschlichen Lernens für das lebenslange Lernen aller, Bonn.

Hildebrandt-Stramann, R., Beckmann, H., Faustino, A., Probst, A. & Wichmann, K. (2014): Bewegung, Spiel und Sport in der Ganztagsschule – Ein interkultureller Vergleich zwischen Deutschland und Portugal, Baltmannsweiler.

Gestaltung, Begleitung und Beurteilung von individuellen Lernprozessen

Holtappels, H. G., Kamski, I. & Schnetzer, T. (2009): Qualitätsrahmen für Ganztagsschulen. In: Kamski, I., Holtappels, H. G. & Schnetzer, T. (Hrsg.): Qualität von Ganztagsschule. Konzepte und Orientierungen für die Praxis, Münster, S. 61-88.

Hurrelmann, K. (2004): Lebensphase Jugend. Eine Einführung in die sozialwissenschaftliche Jugendforschung, 7. vollständig überarbeitete Auflage, Weinheim, München.

Kanders, M. (2004): Kinder sollen länger gemeinsam lernen. In: Erziehung und Wissenschaft, Hefte 7-8, S. 23.

Kanevski, R. & Salisch, M. v. (2011): Peernetzwerke und Freundschaften in Ganztagsschulen: Auswirkungen der Ganztagsschule auf die Entwicklung sozialer und emotionaler Kompetenzen von Jugendlichen (Studien zur ganztägigen Bildung), Weinheim.

Kraft, P. (1977): Der Schulhof als Ort sozialen Verhaltens, Braunschweig.

Laging, R. & Schillack, G. (Hrsg.) (2007): Die Schule kommt in Bewegung – Konzepte, Untersuchungen und praktische Beispiele zur Bewegten Schule, Baltmannsweiler.

Laging, R., Hildebrandt-Stramann, R. & Teubner, J. (2014): Bewegung, Spiel und Sport in der Ganztagsschule – StuBSS: Ergebnisse der qualitativen Studie, Baltmannsweiler.

Löw, M. (2001): Raumsoziologie, Frankfurt am Main.

MSW NRW (2011): Verordnung über den Bildungsgang in der Grundschule. Online unter: *www.schulministerium.nrw.de/docs/Recht/Schulrecht/APOen/GS-Primarstufe/AO_GS.PDF* (Zugriff am: 26.09.2017).

Osnabrücker Forschungsgruppe (2016): Mittagsfreizeit an Ganztagsschulen. Theoretische Grundlagen und empirische Ergebnisse, Wiesbaden.

Rohlfs, C. (2010): Freundschaft und Zugehörigkeit – Grundbedürfnis, Entwicklungsaufgabe und Herausforderung für die Schulpädagogik. In: Harring, M., Böhm-Kasper, O., Rohlfs, C. & Palentien, C. (Hrsg.): Freundschaften, Cliquen und Jugendkulturen. Peers als Bildungs- und Sozialisationsinstanzen, Wiesbaden, S. 61-71.

Röhner, C. & Oliva, A. (2007): Zweitsprachliche Produktivität von Migrantenkindern im Übergang vom Kindergarten zur Grundschule. In: Ahrenholz, B. (Hrsg.): Deutsch als Zweitsprache. Voraussetzungen und Konzepte für die Förderung von Kindern und Jugendlichen mit Migrationshintergrund, Freiburg i. Br., S. 75-93.

Schmalfeld, A. (2011). „Ich wünsche mir, dass sich die Lehrer nicht überall einmischen und nicht immer gleich petzen!" Wünsche von 12- bis 14-jährigen Mädchen und Jungen für eine peer-freundlichere Schule in der PIN-Studie. In: Ittel, A. & Dienhardt, A. (Hrsg.): Jahrbuch Jugendforschung 2010, Wiesbaden, S. 101-125.

Schmidt, W., Neuber, N., Rauschenbach, T., Brandl-Bredenbeck, H. P., Süßenbach, J. & Breuer, C. (Hrsg.) (2015): Dritter Kinder- und Jugendsportbericht. Kinder- und Jugendsport im Umbruch, Schorndorf.

Schröder, A. (2006): Cliquen und Peers als Lernort im Jugendalter. In: Rauschenbach, T., Düx, W. & Sass, E. (Hrsg.): Informelles Lernen im Jugendalter. Vernachlässigte Dimensionen der Bildungsdebatte, Weinheim und München, S. 173-202.

Andrea Richter
Lern- und Lebensraum Ganztagsschule: Faktor Architektur

Wie sollte der „Raum" gestaltet werden, damit Ganztagsschulen ihre Potenziale entfalten und die an sie gestellten Erwartungen erfüllen können? Mit dieser ausdrücklich auf Raum im engeren Sinn bezogenen Leitfrage lud der Ganztagsschulverband e. V. zu seinem Bundeskongress 2017 ein (vgl. *Ganztagsschulverband* – aktuell, Ausgabe 3/2017).

Raumverständnis

Die Ausgangsfrage impliziert die Bedeutung von Architektur, den gesellschaftlichen Raum zu organisieren und Möglichkeitsräume für die Nutzer zu schaffen. Im Folgenden sollen sowohl anthropologische Aspekte des Raums in seiner Bedeutung für den Menschen als auch Schulraum aus architektonisch-mathematischer Perspektive betrachtet und Realisierungsansätze für zukunftsfähige Ganztagsschulbauten in Bayern aufgezeigt werden.

In einem komplexen Verfahren sind vom Architekten bei der Planung von Schulneu- und -umbauten neben ästhetischen Gesichtspunkten wie Fassadengestaltung oder Farbkonzept auch strenge bau- und sicherheitstechnische Vorgaben einzuhalten. Seit der Aufhebung der Schulbaurichtlinien im Jahr 1994 ist in Bayern die Durchführung eines Schulbauvorhabens weitgehend in die Gestaltungsfreiheit und Eigenverantwortung des kommunalen Trägers vor Ort gestellt (vgl. Wenzel o. J., S. 10). Das folgende Raster zum Zusammenspiel von Raumprogramm und technischen und sinnlichen Kriterien kann sowohl für die Planung selbst als auch für deren Beurteilung hilfreich sein.

Tab. 1: (vgl. Göb o. J., S. 19)

Räume und Bereiche	Optik	Olfaktorik	Akustik	Haptik	Kinästhetik
Außenanlagen					
Fassaden					
Eingangsbereich und Gemeinschaftsräume (v. a. Foyer/Aula, Mensa, Cafeteria, Sanitäranlagen)					

Lern- und Lebensraum Ganztagsschule

Räume und Bereiche	Optik	Olfaktorik	Akustik	Haptik	Kinästhetik
Lern- und Unterrichtsbereiche (auch Fachunterrichtsräume, Sporthalle)					
Team- und Personalräume					
Therapieräume					
Räume für Sozialarbeit, Beratungsgespräche, SMV					
Verwaltungsräume					
Sonstige Funktionsbereiche mit Sanitärräumen, Garderoben, Gebäudetechnik, Lager- und sonstige Nebenräume					

Die quantitative Zahlenvorgabe liegt in Bayern derzeit bei 2 qm Grundfläche pro Schülerin und Schüler einschließlich Lehrerarbeitsplatz und Gemeinschaftsfläche im Klassenzimmer für durchschnittlich 25 Kinder, wobei dieses Raummindestmaß in der Praxis bei weitem nicht als ausreichend gilt (vgl. Göb o. J., S. 68). Vor allem ist in dieser Richtzahl der besondere Raumbedarf der inklusiven Schule an zusätzlichen Pflege-, Förder-, Rückzugs- und Beratungsräumen noch nicht berücksichtigt.

Grundsätzlich benötigen offene und gebundene Ganztagsformen gleich viel Raum (vgl. Appel 2009, S.222), davon im quantitativen Vergleich zur Halbtagsschule jedoch einfach mehr und qualitativ auch anderen: „Die wohnen dort" ist die Einsicht eines Ganztagsschularchitekten, wenn er die längere Verweildauer der Ganztagsschülerinnen und -schüler von ca. 20.000 Stunden in 12 Jahren (vgl. Knoll 2017, S. 38) berücksichtigt und sich bewusst ist, deren zweiten Lebensmittelpunkt zu gestalten. Bezogen auf die Ganztagsschule als Lern- und Lebensraum heißt das, diesen zu einem Wohlfühlort werden zu lassen, der Geborgenheit, Sicherheit, Überschaubarkeit ausstrahlt, in den man sich zurückziehen und Ruhe finden kann, der aber auch Aktivitäten und Kontakte anregt.

Faktor Architektur

Forschungsstand zum Zusammenhang zwischen Architektur und Pädagogik

Ulrike Stadler-Altmann konstatiert für den deutschsprachigen Raum, dass Untersuchungen fehlen, „die die Gestaltung der Schule mit erfolgreichem Lehren und Lernen in eine eindeutige Beziehung setzen" (Stadler-Altmann 2016, S.128). Als Pionier auf diesem Gebiet definiert Christian Rittelmeyer in seinen empirischen Untersuchungen zur Gebäudewahrnehmung bei Schülerinnen und Schülern positive und negative Eigenschaften von Schulgebäuden:

- Sie sollen anregungs- und abwechslungsreich, nicht langweilig oder monoton sein.
- Räume und Gebäudeformen sowie Farben und Innenausstattung sollen freilassend und befreiend statt beengend oder bedrängend wirken und
- sollen warm und weich, nicht kalt und hart anmuten.

Für den Zusammenhang mit Lernen beruft er sich auf Forschungsergebnisse aus dem englischsprachigen Raum, die nachweisen, dass insbesondere Farbgebung und Lichtführung, Luft- und Schallqualität, Möblierung und Verpflegung eindeutige Wirkung auf Stimmung, Lernleistung und Wohlbefinden der Lernenden haben (vgl. Higgins et al. 2005 und Earthman 2005 nach Rittelmeyer o. J., S.22). Positiv erlebte Attribute haben positive Effekte einschließlich der Reduzierung von Vandalismus und Krankheitsfällen bei angenehm erlebten Schulumgebungen und umgekehrt.

Stefan Appel greift auf die auch im Waldorfschulbau befolgten Goetheschen Prinzipien zurück, wenn er bestimmten Farben über ihre ästhetische Funktion hinaus bestimmte Gemütsstimmungen und Verhaltensweisen zuordnet: grün/blau – Konzentration, gelb – Kommunikation und Kreativität, rot – Auseinandersetzungsfreude, gelb/orange – Energie, violett – Schlichtung zwischen verschiedenen Positionen (vgl. Appel 2009, S. 216f.). Nach seiner multiperspektivischen Untersuchung zu neuen Kulturen des Lernens und Lebens kommt Wolfgang Schönig zu dem Schluss, dass das Konzept der gebundenen Ganztagsschule ohne eine räumliche Entsprechung nur Stückwerk bleibt und nicht zum pädagogischen Erfolg geführt werden kann (vgl. Schönig 2013, S. 270).

Forderungen an einen zukunftsfähigen Schulbau

Anfang des 20. Jahrhunderts waren noch drei große Themen bestimmend, nämlich die gesunde, die schöne und die neuzeitliche Schule (in pädagogischem und technischem Sinn) (vgl. Kemnitz 2013, S.63). Entsprechend dem pädagogischen Wandel von einer „belehrenden" zur „lernenden" Schule (vgl. Seydel 2012, S. 1) spalten sich heute die Vorstellungen jedoch in mindestens zehn Forderungen an einen zukunftsfähigen Schulbau auf:

Lern- und Lebensraum Ganztagsschule

„1. Lernen benötigt unterschiedliche Perspektiven und aktive Zugänge; vom Instruktionsraum zu vielfältig nutzbaren Flächen.
2. Gelernt wird allein, zu zweit, in der Kleingruppe, mit dem ganzen Jahrgang, jahrgangsübergreifend und auch im Klassenverband: vom engen Klassenzimmer zum offenen Cluster mit Sicht- und Geräuschzonierungen.
3. Ganztagsschule heißt: lernen, bewegen, spielen, toben, verweilen, reden, lesen, essen und vieles mehr – in einem gesunden Rhythmus: von halligen, dunklen Fluren zu großzügigen Aktions- und Aufenthaltsbereichen.
4. Schulbuch und Kreidetafel werden ergänzt durch Tablet-PC, Smartboard und andere neue Medien: von technischen Komplettlösungen zu Leerrohren. [d. h. offen für heute unabsehbare technische Neuerungen, A. R.].
5. Förderung in einer inklusiven Schule geschieht in leistungsheterogenen Gruppen: von einer selektiven Schule zu einer barrierefreien Schule für alle Kinder.
6. Kulturelles Lernen in einer ästhetisch gestalteten Schule muss profiliert werden: von Kunst am Bau zur Baukunst.
7. Lernen in Gesundheit und Bewegung findet in gesunder Lernumgebung statt: vom geteerten Schulhof und ungesunden Räumen zu weiträumigen Bewegungsflächen innen und außen, konsequenter Schallreduktion und mehr Licht.
8. Demokratisches Lernen benötigt eine demokratische Schule: von einer Schule ohne Mittelpunkt zu einem Forum für die ganze Schulgemeinde.
9. Schule ist im Umgang mit Umwelt und Technik ein Vorbild: von unsichtbarer Gebäudetechnik zu sicht- und begreifbaren Modellen.
10. Die Schule öffnet sich zur Stadt – die Stadt öffnet sich zur Schule: von der geschlossenen Schule zur wechselseitigen Nutzung zentraler Funktionen." (Pampe 2013, 122)

Eine von solchen Erwartungen gesteuerte Entwicklung zeichnet sich dadurch ab, dass die immer noch verbreitete Flurschule mit ihrer Reihung von Klassenzimmern vom sogenannten „Bildungshaus" (im pädagogischen und architektonischen Sinn) ersetzt wird. Verschiedene Anordnungsmöglichkeiten der Unterrichtsräume in Raumclustern – bis hin zur offenen Lernlandschaft als Großraum – oder in der sogenannten fraktalen Schule kennzeichnen die Schule als „a city with room to move and space to play, with open areas to be together and corners to be quiet" (Dudek 2013, S. 98f.). Eine geometrische Veranschaulichung einer solchen Schulstadt findet sich im Buddensiekschen Grundriss einer „fraktalen Schule", der in gewisser Weise ein organisches Muster aufweist (s. Abb. 1).

Je nach örtlichen Gegebenheiten umfasst das Bildungshaus von der Kinderkrippe bis zum Mehrgenerationenhaus verschiedene Einrichtungen und beherbergt Werkstätten sowie Spezialangebote für Sozialarbeit oder medizinische und psychologische Dienste. So stellt sich die Ganztagsschule als wichtiger Teil einer Bildungslandschaft dar, in der fließende Übergänge zwischen den verschiedenen Sozialisationsinstanzen und Schulstufen angestrebt und Synergieeffekte mit anderen Bildungseinrichtungen wie Bibliotheken oder Sportstätten und Freizeiteinrichtungen genutzt werden.

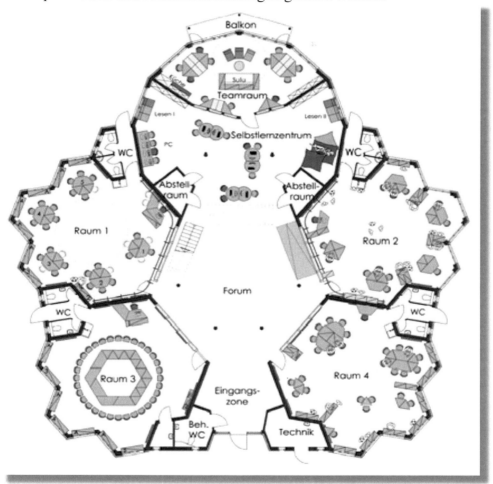

Abb. 1: Grundrissbeispiel einer „Fraktalen Schule" von W. Buddensiek; Quelle: *BLLV* o. J., S. 29.

Die Montag Stiftung Jugend und Gesellschaft reagierte auf die veränderten pädagogischen wie administrativen Voraussetzungen im Schulbau mit der Organisation eines interdisziplinären Austauschs von Pädagogik und Architektur, u. a. in gemeinsamen Weiterbildungsveranstaltungen zum Schulbauberater. Das Ergebnis sind Leitlinien für leistungsfähige Schulbauten in Deutschland, die von Beginn der Baumaßnahme an ein gemeinsames gestuftes Vorgehen aller Beteiligten (vgl. Montag Stiftungen 2013, S. 49ff.)

vorsehen. Von insgesamt sechs Phasen kennzeichnet die sogenannte Phase Null wohl am besten die Intention, von innen nach außen zu bauen, d. h. der Architekt geht mit der Entwurfsplanung in konsensualer Abstimmung vom pädagogischen Konzept und dem angestrebten Schulprofil aus. Die bayerische Schulbauverordnung (§4 (3) BaySchulbauV) legt fest, dass Bauanträge „unter Beteiligung der Schule" zu stellen sind. Die Beteiligung von Schulleitung, Kollegium und Elternvertretung ist gesetzlich verankert und muss aktiv eingefordert werden (vgl. Göb o. J., S. 71).

Eine Beteiligung der Lernenden als spätere Nutzer fördert bereits in diesem frühen Stadium Motivation und Identifikation und bietet ein Praxisfeld für Demokratieerziehung. Um sie sinnvoll in diesen Prozess der Gestaltung des eigenen Schulhauses miteinbeziehen zu können, müssen sie ihre Wahrnehmung für Raumformen und Raumqualitäten schärfen. Dafür werden auf Initiative von Architekten- und Ingenieurkammern und einschlägigen Verbänden Bildungsangebote für baukulturelle Bildung, z. B. in Form von ergänzenden interdisziplinären Unterrichtsmodulen zum Lehrplan, unterbreitet (vgl. Bausenwein, Reiterer & Westerboer 2017, S. 13ff.).

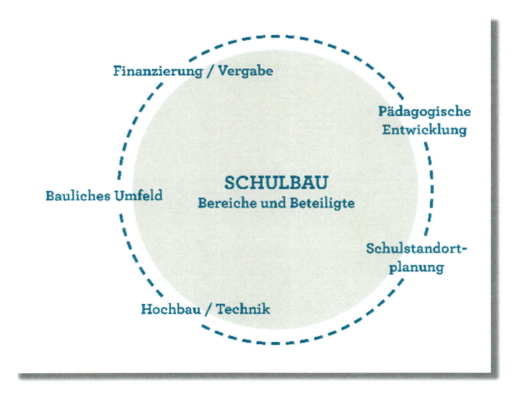

Faktor Architektur

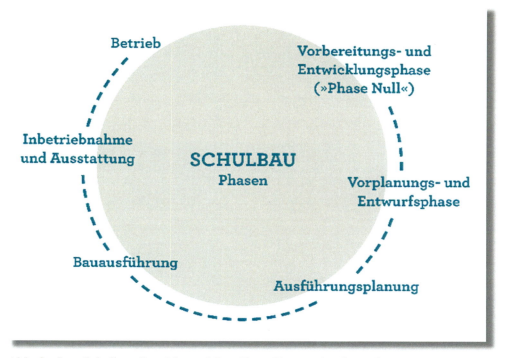

Abb. 2 a/b: Schulbau: Bereiche und Beteiligte; Phasen; Quelle: *Bahner* 2014, S. 47; 49.

Realisierungsansätze

Ein aktuelles Beispiel für das Zusammenwirken von Pädagogik, Politik und Architektur ist das Münchner Lernhauskonzept (vgl. Augsburg 2015, o. S.). Es kann sowohl als innovatives Raumkonzept als auch als Modell für zeitgemäße Unterrichtsentwicklung gelten, das die notwendigen Voraussetzungen für die Umsetzung des rhythmisierten Ganztags und der Inklusion schaffen will. Nach einem Stadtratsbeschluss sollen zusätzlich zu bereits 16 ausgeführten alle 51 bis 2030 geplanten Schulneubauten und -erweiterungen in München nach diesem Konzept entstehen. Dieses Lernhaus versteht sich räumlich wie organisatorisch als eine „kleine Schule" innerhalb der Schulgemeinschaft. So sollen die Anonymität einer sehr großen Schulgemeinschaft aufgehoben sowie Werte wie gegenseitige Achtung und Verantwortungsgefühl gestärkt werden.

Lern- und Lebensraum Ganztagsschule

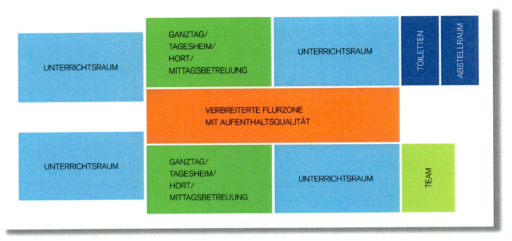

Abb. 3: Beispiel für Lerncluster im Ganztagsbetrieb: Das Münchner Lernhauskonzept; Quelle: *BLLV* o.J., S. 35.

Der Prototyp für Grundschulen umfasst ein Cluster, das aus vier Klassenzimmern, zwei Ganztagsbereichen, Sanitäranlagen und einem Teamraum für Lehrkräfte und pädagogisches Personal besteht. Diese Räume gruppieren sich um den „Marktplatz" als Mitte der Einheit. Der so umfunktionierte Flur wird zum zusätzlichen Lernort, an dem gute Akustik (vgl. Girardet & Hammelbacher o. J., S. 60ff.), adäquate Garderoben (eventuell zentral) und gut zugängliche Ordnungssysteme für Materialien vorhanden sein sollen. Problematisch bleibt – auch wenn Fluchtwege auf Balkone oder zusätzliche Treppenhäuser verlagert werden – der häufige Durchgangsverkehr. Normalerweise gibt es kein Tageslicht und aufgrund der weiter bestehenden Erschließungsfunktion können unvollendete Arbeiten nicht liegenbleiben. Das Zentrum soll trotzdem multifunktional genutzt werden für die Realisierung zeitgemäßer Lernkultur durch Gruppenarbeiten, Präsentationen, aber auch für Individualisierungsmaßnahmen oder einfach für Pausen und Entspannung.

Grundsätzlich ist eine jahrgangsübergreifende Organisation der einzelnen Cluster aus beispielsweise den Klassen 1a, 2a, 3a, 4a vorgesehen. Die Schülerinnen und Schüler können durch ihre oft freie Wahl des Ortes und der Sozialform vom Anregungspotenzial der Lernumgebung profitieren. Dafür müssen im Lernzentrum jedes Lernhauses jedoch die gesammelten Lernmaterialien aller Jahrgangsstufen bereitstehen, was Platz und Geld kostet. Ein solches Grundmodul lässt sich allerdings in alle möglichen Schulen integrieren, wobei sich um die Lernhäuser je nach Platzverhältnissen Turnhalle, Verwaltung, Mensa und Hausmeisterwohnung gruppieren.

Die spezifischen örtlichen Gegebenheiten bleiben – vermutlich auch aus ökonomischen Gründen – weitgehend unberücksichtigt. In sehr verschiedenen Münchner Stadtteilen müssen in Kürze gleichzeitig vier neue

Faktor Architektur

Grundschulen fertig werden, die alle nach dem gleichen (Lernhaus-)Modell gebaut werden und auf unterschiedlich geschnittene Grundstücke passen sollen. Sie weisen auf Schule als Standortfaktor hin, da drei der Schulen die infrastrukturelle Erschließung eines Neubaugebiets einleiten. In vorläufiger Ermangelung der zukünftigen Klientel kann so keine Partizipation der Betroffenen stattfinden. Damit einhergehende Identifikations- und Motivationsmöglichkeiten von Schülern, Eltern und Lehrern werden offensichtlich im Münchner Lernhauskonzept im Unterschied zu den Bestrebungen der Montag Stiftung (Phase Null) nicht als entscheidend angesehen (vgl. Schönig 2013, S. 270).

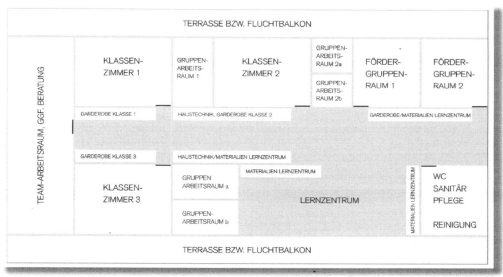

Abb. 4: Beispiel eines Lernclusters (hier mit Klassengarderoben und offenem Lern-Zentrum); Quelle: *BLLV* o. J., S. 34.

Das Bildungshaus Westpark-Grundschule in Augsburg stellt eine Variation des Lernhauses auf der Basis des Jahrgangsmodells für eine mehrzügige Grundschule mit zwei gebundenen Ganztagszügen dar (vgl. Richter 2015, S. 91ff.). Um eine gemeinsame Lerninsel mit einem gemeinsam genutzten Smartboard sind jeweils die Klassen 1a, 1b, 1c, 1d gruppiert. Wie auch im Classroom of future (Dudek 2013, S. 95) sind "flexibility and transparency" grundlegende Gestaltungsgrundsätze. Glaswände und Glastüren unterstreichen den Eindruck von Offenheit und Helligkeit (kritisch dazu Göb, o. J., S. 36). Verglaste Atrien im Inneren der Westpark-Grundschule ermöglichen sogar die optische Verbindung zwischen den Stockwerken, z. B. hinunter auf den Essbereich, der allerdings nicht ideal in der Nähe des Eingangs auf einer erweiterten Verkehrsfläche untergebracht ist. Zu Lasten von Ruhe und Erholung der täglichen Nutzer eignet sich diese Anordnung von Küche und Mensa auch für die außerschulische Verwendung, z. B. für Veranstaltungen der Gemeinde. Bereits von außen bilden Elementar- und Primarbereich eine Einheit. Im Inneren sind sie, nur durch eine Glaswand abgetrennt, über eine sogenannte Transitionszone verbunden, teilweise werden Räume gemeinsam genutzt. Beiden Bereichen steht ein gemeinsames großzügiges Außengelände zur Verfügung, das im Sinn der aktiven Gestaltung durch die Nutzer noch weitgehend ungeformt ist. Möglichkeiten der Umwelterziehung bietet bei anderen Schulgebäuden der Baukörper selbst als täglich greifbares Anschauungsobjekt für umweltfreundliche Technik. Dazu gehören z. B. die Montessorischule in Aufkirchen als erste Passivhaus-Schule Deutschlands mit ihrem Grasdach oder das Gymnasium Diedorf. Dessen insgesamt vier Gebäude umfassender Komplex für über 900 Schülerinnen und Schüler ist das wohl größte Holzgebäude in Deutschland. Als erstes deutsches Plusenergie-Schulgebäude mit Holzpellet-Heizung und Photovoltaikanlage produziert es mehr Energie, als es selbst verbraucht (vgl. FBG 2015, S. 3).

Zum pädagogisch fruchtbaren Umgang mit den neuen Lernumgebungen fordert Wolfgang Schönig die Bereitschaft, gewohnte Routinen aufzugeben und neue Techniken des Gebrauchs in Lehrerfortbildungen und bereits in der universitären Lehrerausbildung einzuüben (vgl. Schönig 2013, S. 271). Flexibilität ist also, wie der Raum selbst, sowohl matrial-physisch wie einstellungsmäßig vielsinnig zu verstehen. Der Dialog zwischen Architektur und Pädagogik wird so auch in Zukunft unerlässlich bleiben.

Literatur

Appel, S. (2009): Handbuch Ganztagsschule, 6. überarb. Aufl., Schwalbach/Ts.

Augsburg, R. (2015): Schulbaumesse München: Transparenz im Lernhaus. Online unter: *www.ganztagsschulen.org/de/10567.php* (Zugriff am: 22.10.2017).

Bausenwein, S., Reiterer, S. & Westerboer, I. (2017): Architektur in der Grundschule, Regensburg.

Bahner, O. (Hrsg.) (2014): Leitlinien für leistungsfähige Schulbauten in Deutschland. 2. Aufl. Bonn: Montag Stiftung, S. 47-49.

Dudek, M. (2013): How can architecture foster teaching and learning in classrooms? In: Kahlert, J., Nitsche, K. & Zierer, K. (Hrsg.): Räume zum Lernen und Lehren, Bad Heilbrunn, S. 90-104.

FBG (2015): Rundschreiben Forstbetriebsgemeinschaft Augsburg-West e. V. Nr. 03.

Ganztagsschulverband (2017): Ganztagsschulverband-aktuell, Ausgabe 3.

Girardet, U. & Hammelbacher, P. (o. J.): Gute Akustik: Grundlage für erfolgreiches Lernen. In: Bayerischer Lehrer- und Lehrerinnenverband (BLLV) (Hrsg.) (o. J.): Schulen pädagogisch bauen, München, S. 60-65.

Göb (o. J.): Folgerungen für angemessenen Schulbau. In: Bayerischer Lehrer- und Lehrerinnenverband (BLLV) (Hrsg.) (o. J.): Schulen pädagogisch bauen, München, S. 17-48.

Göb (o. J.): Grundlagen von Schulbaurecht und Schulbaufinanzierung in Bayern. In: Bayerischer Lehrer- und Lehrerinnenverband (BLLV) (Hrsg.) (o. J.): Schulen pädagogisch bauen, München, S. 66-69.

Mitreden, Mitbestimmen! Grundlagen und -wege der Beteiligung In: Bayerischer Lehrer- und Lehrerinnenverband (BLLV) (Hrsg.) (o. J.): Schulen pädagogisch bauen, München, S. 70-76.

Kemnitz, H. (2013): Zwischen Unterrichtsgroßraum und Klassenzimmer. Schulbau im Wandel der gesellschaftlichen Verfasstheit von Schule. In: Kahlert, J., Nitsche, K. & Zierer, K. (Hrsg.): Räume zum Lernen und Lehren, Bad Heilbrunn, S. 59-77.

Knoll, G. (2017): Gut im Geschäft. In: SZ Nr. 181, S. 38.

Montag Stiftungen Urbane Räume Jugend und Gesellschaft, Bund Deutscher Architekten (BDA) & Verband Bildung und Forschung (VBE) (Hrsg.) (2013): Leitlinien für leistungsfähige Schulbauten in Deutschland, Berlin und Bonn.

Pampe, B. (2013): Schulen planen und bauen: Rahmen und Richtlinien. In: Kahlert, J., Nitsche, K. & Zierer, K. (Hrsg.): Räume zum Lernen und Lehren, Bad Heilbrunn, S. 119-133.

Richter, A. (2015): Von der Schule zum Bildungshaus. In: Maschke, S., Schulz-Gade, G. & Stecher, L. (Hrsg.): Jahrbuch Ganztagsschule 2015, Schwalbach/Ts., S. 91-106.

Rittelmeyer, Ch. (o. J.): Welche Gesichtspunkte müssen bei der Gestaltung von Schulen beachtet werden? In: Bayerischer Lehrer- und Lehrerinnenverband (BLLV) (Hrsg.) (o. J.): Schulen pädagogisch bauen, München, S. 21-28.

Seydel, O. (2012): Pädagogische Perspektiven für den Schulbau. Online unter: *www.pedocs.de/volltexte/2012/5415/pdf/Seydel_2012_Pädagogische_Perspektiven_ D_A.pdf* (Zugriff am: 22.09.2017).

Stadler-Altmann, U. (2016): Den Lernort Ganztagsschule baulich gestalten. In: Maschke, S., Schulz-Gade, G. & Stecher, L. (Hrsg.): Jahrbuch Ganztagsschule 2016, Schwalbach/Ts., S. 127-137.

Staudinger, M. (2017): Lernhäuser im Einheitslook. In: SZ Nr. 181, S. 38.

Schönig, W. & Schmidtlein-Mauderer, Ch. (Hrsg.) (2013): Gestalten des Schulraums, Bern.

Wenzel, K. (o. J.): Ziel dieser Handreichung. In: Bayerischer Lehrer- und Lehrerinnenverband (BLLV) (Hrsg.) (o. J.): Schulen pädagogisch bauen. Impulse für einen modernen Schulbau, München, S. 7-10.

Klaudia Schultheis & Petra Hiebl
Achtsamkeitstraining in der Ganztagsschule

Der folgende Beitrag plädiert für eine Kultur der Achtsamkeit an Ganztagsschulen. Er stellt verschiedene Formen des Achtsamkeitstrainings vor, die im pädagogischen Alltag vor allem der Ganztagsschule eingesetzt werden können, um mit Belastungen aller Art besser zurechtzukommen.

Schülerinnen und Schüler werden in der Schule mit vielfältigen Anforderungen konfrontiert. Die Schule kann dabei für Kinder und Jugendliche zur Belastung werden. So hat jedes zweite Kind im Alter von zehn bzw. elf Jahren Angst vor schlechten Schulnoten (vgl. 3. World Vision Kinderstudie 2013, S. 56). In der zweiten und dritten Jahrgangsstufe fühlt sich jedes vierte Kind gestresst. Ein Hauptgrund ist die schulische Überforderung (vgl. Elefanten-Kinderstudie 2012, S. 136). Das Stressempfinden steigt dabei von der vierten bis zur siebten Jahrgangsstufe deutlich an (vgl. LBS Kinderbarometer Deutschland 2014, S. 127). Im Alter von 11-15 Jahren berichten 26 % der Mädchen sowie 15 % der Jungen über mindestens zwei psychosomatische Beschwerden pro Woche wie Kopf-, Bauch- oder Rückenschmerzen, Schlafstörungen, Nervosität, Benommenheit (vgl. HBSC, Ottova et al. 2013, S. 43; Bella-Studie Ravens-Sieberer et al. 2007, hier zit. n. Enderlein 2015).

Insbesondere, wenn schulische und außerschulische Freizeit miteinander in Konflikt geraten, d. h. wenn z. B. Vereins- und Lernzeit mit der Regenerationszeit und Familienzeit konkurrieren (vgl. Soremski 2013, S. 22), kann die Ganztagsschule die Probleme verstärken. Viele Jugendliche empfinden den Verlust an Zeit für Freunde aufgrund der schulischen Anforderungen als Beeinträchtigung ihrer sozialen Kontakte und erfahren dies als Schulstress (vgl. ebd. S. 24). Nach einer Umfrage des Kinderbarometers 2013 der Landesbausparkassen (LBS) empfindet die Hälfte aller Kinder die Zeit, die sie in der Schule verbringen müssen, als zu lang.

Die längere Zeit, die Kinder und Jugendliche in der Ganztagsschule verbringen, hat Folgen für das soziale Miteinander. Das ganztägige Zusammensein der Schülerinnen und Schüler birgt zusätzliches Konfliktpotenzial. Für manche kann die Schule als soziale Umgebung zum Stressfaktor werden, wenn sie Kontaktprobleme haben, gehänselt oder gemobbt werden (vgl. Wiesmann 2016). Darüber hinaus brauchen Kinder und Jugendliche auch Zeit für sich, in der sie zu sich selbst finden können. Eine sinnvolle Rhythmisierung in der Ganztagsschule nimmt auf diese Bedürfnisse der Schülerinnen und Schüler Rücksicht.

Eine gute Möglichkeit, die sozial-emotionale Kompetenz der Kinder und Jugendlichen zu stärken und im Alltag der Ganztagsschule kleine „Auszeiten" zu schaffen, bietet das *Training der Achtsamkeit* in der Schule. Es beruht auf einem pädagogischen und neurowissenschaftlichen Fundament.

Achtsamkeitstraining in der Ganztagsschule

Achtsamkeitstraining erschließt die Kraft der Stille und der Selbstbesinnung für Kinder und vermittelt Techniken, die auch präventiv für die Stressreduktion eingesetzt werden können.

Was wissen wir aus der Forschung über die Wirksamkeit von Achtsamkeit und meditativen Phasen in Schule und Unterricht?

Mit Achtsamkeit durch das Leben zu gehen, ist eine bestimmte innere Haltung: „Sie beruht auf der menschlichen Fähigkeit zur Selbstwahrnehmung und Selbstreflexion, zum Gewahr werden dessen, was man über die Sinne vermittelt bekommt und was man im Augenblick denkt" (Kaltwasser 2008, S. 45). Damit richtet sich Achtsamkeit „bewusst auf etwas Internales (Gedanken, Gefühle oder Körperempfindungen) oder Externales (über die Sinneswahrnehmungen) [...]" (Semple & Lee 2011, S. 73). Der achtsame Umgang mit dem Leben bedeutet Präsenz im *gegenwärtigen Augenblick*, d. h. „schlicht und einfach [...] ganz bei sich und bei der Sache zu sein" (Simma 2014, S. 4).

Die moderne Achtsamkeitspraxis und ihre wissenschaftliche Erforschung wurden von John Kabat-Zinn begründet, der Ende der 1970er Jahre das achtwöchige medizinische Achtsamkeitstraining MBSR (Mindfulness Based Stress Reduction), ein Programm zur Stressbewältigung durch Achtsamkeit, entwickelte. Die Wirksamkeit des Programms wurde durch begleitende wissenschaftliche Studien belegt (vgl. Hempel, Taylor, Marshall et al. 2014 sowie den Mindfulness-Research Guide der American Mindfulness Research Association (AMRA), Webseite). So bewirkt die Teilnahme am achtwöchigen Achtsamkeitsmeditationskurs messbare Veränderungen in Hirnregionen, die für Gedächtnis, Selbstwahrnehmung, Empathie und Stressreaktionen zuständig sind. Analysen der Kernspinbilder zeigten eine Zunahme der Dichte der grauen Substanz im Hippocampus, der Lern- und Gedächtnisprozesse unterstützt. Diese nahm ebenso zu in Regionen, die für Selbstwahrnehmung und Mitgefühl zuständig sind. Die von den Teilnehmenden berichteten Verbesserungen im Stresserleben gingen mit einer Abnahme der Dichte der grauen Substanz in der Amygdala einher. Von dieser Struktur ist bekannt, dass sie eine wichtige Rolle bei der Verarbeitung von Angst und Stress spielt (vgl. Hölzel et al. 2011; Singleton, Hölzel, Vangel, Brach, Carmody & Lazar 2014). Stress wird abgebaut, indem die Hirnaktivität im Angstzentrum verringert wird. Meditation kann damit auch präventiv wirken.

Welche Konzepte gibt es für das Achtsamkeitstraining in der Schule?

Seit einigen Jahren werden auch Konzepte für das Achtsamkeitstraining von Lehrerinnen und Lehrern sowie für Schulen entwickelt. Die Forschungen zeigen, dass Achtsamkeitstraining zu Verbesserungen bei ADHS und der Fähigkeit zur Selbstregulierung führt. Positive Wirkungen zeigen sich auch bei Angstsymptomen und Schlafstörungen sowie der Entwicklung der Sozialkompetenz (vgl. Association for Mindfulness in Education (AME), Webseite).

In den USA und Australien erfährt das Konzept „Mindfulness in Education" bereits große Akzeptanz.[1] Mit Hilfe der Achtsamkeitsübungen können Schülerinnen und Schüler lernen, ihre Aufmerksamkeit bewusst zu fokussieren und zu lenken. Selbst wenige Minuten des Achtsamkeitstrainings scheinen die Lernsituation erheblich zu verbessern. Nach Berichten von Lehrerinnen und Lehrern, deren Klassen die Praktiken der Achtsamkeit durchlaufen haben, seien die Klassen ruhiger und effizienter als ohne dieses Training (vgl. Association for Mindfulness in Education (AME): What is Mindfulness?).

Besonders wichtig ist bei der Vermittlung von Achtsamkeit die vorbildhafte Rolle der Lehrenden, denn aus der inneren Haltung der Lehrperson, also deren „Sein", resultieren auch deren Tun und ihre Worte im Umgang mit den Kindern. So führt „[d]er achtsame Umgang von Lehrkräften mit sich selbst […] zugleich zu einem achtsameren Umgang mit Kindern und Jugendlichen" (Keuffer 2011, S. 7). Eine von Achtsamkeit geprägte innere Haltung der Lehrenden kann damit zum Modell und Vorbild für die Schülerinnen und Schüler werden (vgl. Simma 2014, S. 12f.).

Wie lässt sich Achtsamkeitstraining in den Alltag der Ganztagsschule integrieren?

Achtsamkeitsübungen lassen sich sowohl in die Unterrichtszeiten einbauen als auch als besonderes Angebot in das Freizeit- und Erholungsangebot der Ganztagsschule integrieren.

Ein Konzept, das sich gut für die Arbeit mit Schülerinnen und Schülern eignet, ist das Programm RAIN, das vor etwa 20 Jahren von Michele McDonald entwickelt wurde, um Achtsamkeit zu üben (vgl. Brach 2016). Die systematische und klare Herangehensweise der RAIN-Methode ermöglicht es, sich der eigenen Automatismen im Umgang mit Schwierigkeiten bewusst zu werden. Dadurch wird es möglich, Verhaltensmuster zu verändern.

Das Programm RAIN arbeitet mit vier verschiedenen Schritten, um Achtsamkeit in unserem Leben zu praktizieren: *Recognize* (Erkennen), *Accept* (Annehmen), *Investigate* (Untersuchen und Erforschen), *Non-Identification* (Distanzierung) (vgl. ausführlich dazu Kaltwasser 2010, S. 57ff.).

Ein wichtiger Aspekt der achtsamkeitsbasierten Stressreduktion besteht darin, nicht zu werten und Situationen objektiv und vorurteilsfrei wahrzunehmen. Die Haltung der Achtsamkeit beinhaltet darüber hinaus das Annehmen der eigenen Gefühle und Gedanken. Dabei nimmt man eine offene und aufmerksame Haltung gegenüber sich selbst ein. Durch die dadurch entstehende Bewusstheit schafft man Distanz zum Geschehen und zu den eigenen

---

[1] Vgl. u. a. Association for Mindfulness in Education (AME); Mindful Schools (*www.mindfulschools.org*); Smiling Mind (*www.smilingmind.com.au*); Mindfulness In Schools Project (MISP) (*www.mindfulnessinschools.org*).

Gedanken und Gefühlen. Diese Distanzierungsfähigkeit gilt in der Psychologie als Indikator psychischer Gesundheit, denn mit ihr eröffnet sich uns die Entscheidungsfreiheit.

Achtsamkeitsübungen lassen sich vielfältig in den Unterricht integrieren. Besonders Wahrnehmungs- und Stilleübungen eignen sich gut, denn „Stille bereitet den Raum für die Wahrnehmung mit den Sinnen. Über die Sinne können die Kinder die Kraft der Stille entdecken und das Bewusstsein für ihren Körper entwickeln" (Simma 2014, S. 20). Solche Übungen fördern die Persönlichkeitsentwicklung und die Selbstregulierung der Kinder und Jugendlichen. Eines der wichtigsten Ziele des Achtsamkeitstrainings ist es, „Kinder darin zu unterstützen, dass sie ihre Gedanken, Gefühle und Körperempfindungen bewusster wahrnehmen [...]" (Semple & Lee 2011, S. 80), sodass sie durch wiederholtes Üben ein Verständnis von ihrer individuell gefärbten Interpretation ihrer Wahrnehmungen der gegenwärtigen Ereignisse erhalten. Die Kinder werden sich im Austausch so ihrer individuellen Gedanken, Gefühle und Körperempfindungen bewusst, welche ihre Reaktionen beeinflussen. So lernen Kinder zuerst klar zu sehen, um dann die Möglichkeiten des Handelns zu erkennen. Dies ermöglicht es ihnen dann, bewusst und frei zu entscheiden.

Achtsames Atmen ist die erste und grundlegendste Achtsamkeitsübung, denn unser Atem ist uns, solange wir leben, allgegenwärtig: „Der Atem kann als Anker gelten und hilft sowohl bei den Übungen als auch im Alltag, aus grübelnden Gedanken oder körperlicher Anspannung auszusteigen" (Kaltwasser 2008, S. 54). Das bewusste Wahrnehmen, Beobachten und Geschehenlassen des Atems hilft den Kindern und Jugendlichen, Aufmerksamkeit, Konzentration und innere Ruhe zu steigern (vgl. Simma 2014, S. 24). Bei diesem Schritt lernen die Kinder außerdem, ganz den gegenwärtigen Augenblick zu genießen. Es geht darum, nichts tun zu müssen, einfach nur zu sein, im Hier und Jetzt, eine Auszeit in einem Alltag voller Pflichten, Leistungsdruck und Erwartungen erleben zu können. Weitere bekannte Übungen des Achtsamkeitstrainings sind *achtsames Essen, achtsames Sehen, achtsames Gehen* oder *achtsames Berühren*. Bei allen Achtsamkeitsübungen kann es entlastend und beruhigend sein, im Alltag kurz innezuhalten und einen Moment bewusst und achtsam wahrzunehmen und ganz präsent zu sein. Im Innehalten gönnen wir uns einen Moment der Ruhe von den vielen Sinneseindrücken, die täglich auf uns einströmen (vgl. Simma 2014, S. 46).

Inzwischen existieren zahlreiche Materialien für das Achtsamkeitstraining, CDs, Apps und Bücher, die vielfältige Anregungen für Lehrerinnen und Lehrer bieten (siehe die Zusammenstellung am Ende dieses Beitrags). Damit das Achtsamkeitstraining erfolgreich ist, bedarf es nicht nur der Offenheit, sondern auch des disziplinierten, systematischen und bewussten Übens über längere Zeit hinweg. Dementsprechend muss auch mit den Kindern und Jugendlichen besprochen werden, wie wichtig Geduld beim Erlernen von

Achtsamkeit ist. Sie sollten ermutigt werden, geduldig ihre Übungen durchzuführen und zu versuchen, in jedem Augenblick im Alltag achtsam zu sein.

Achtsamkeitstraining in der Schule kann nachgewiesenermaßen zur Persönlichkeitsentwicklung der Schülerinnen und Schüler und zur Stärkung ihrer sozial-emotionalen Kompetenz beitragen. Allerdings muss man sich auch vor einer Funktionalisierung des Konzepts in Acht nehmen. Achtsamkeitstraining darf insbesondere in der Ganztagsschule nicht dazu dienen, im Sinne der Leistungsoptimierung oder Resilienzsteigerung missverstanden zu werden oder strukturelle Probleme der Schulorganisation damit beheben zu wollen. Das wäre eine verkürzte Sicht auf Achtsamkeit und würde ihr Potenzial verkennen. „Denn das Thema Achtsamkeit berührt immer die Frage, wie sich der Einzelne, der Achtsamkeit übende Mensch […] zu sich selbst und seinem Leben stellt und welchen Sinn er daraus zu ziehen vermag" (Kohls 2016, S. 9). Vermutlich ist in dieser tiefergehenden Dimension die Antwort zu finden, warum emotionaler Kompetenzerwerb über introspektive und meditative Verfahren eine kulturanthropologische Konstante darstellt (vgl. ebd.).

Materialien

Alidina, Sh. & Marshall, J.J. (2014): Übungsbuch Achtsamkeit für Dummies. Wiley-VCH Verlag: Weinheim.

Apps in englischer Sprache: Smiling Mind; MiSP: Mindfulness in Schools Project; Mindful Schools

Collard, P. (2016): Das kleine Buch vom achtsamen Leben. Wilhelm-Heyne Verlag: München.

Fessler, N. & Knoll, M. (2015): Achtsamkeitstraining für Kinder. Ökotopia Verlag: Münster.

Kaltwasser, V. (2016): Praxisbuch Achtsamkeit in der Schule. Selbstregulation und Beziehungsfähigkeit als Basis von Bildung. Beltz Verlag: Weinheim.

Rechtschaffen, D. (2016): Die achtsame Schule. Achtsamkeit als Weg zu mehr Wohlbefinden für Lehrer und Schüler. Arbor Verlag: Freiburg im Breisgau.

Simma, C. (2014): 77 Impulse für Achtsamkeit und Stille in der Grundschule. Verlag an der Ruhr: Mühlheim an der Ruhr.

Literatur

Brach, Tara (2016): Feeling Overwhelmed? Remember „RAIN". Four steps to stop being so hard on ourselves. In: Mindful. Taking time for what matters. Online unter: *www.mindful.org/tara-brach-rain-mindfulness-practice* (Zugriff am: 13.10.2017).

Elefanten-Kinderschuhe (Hrsg.) (2012): Große Ohren für kleine Leute! Die Elefanten-Kinderstudie 2011/2012 zur Situation der Kindergesundheit in Deutschland, Recklinghausen: RDN.

Enderlein, O. (2015): Schule ist meine Welt. Ganztagsschule aus der Sicht der Kinder. Themenheft 08. Hrsg. von der Deutschen Kinder- und Jugendstiftung (DKJS). 7. Aufl. Berlin.

Hempel, S., Taylor, S. L., Marshall, N. J., Miake-Lye, I. M., Beroes, J., Shanman, R., Solloway, M. R. & Shekelle, P. G. (2014): Evidence Map of Mindfulness. Online unter: *www.ncbi.nlm.nih.gov/pubmedhealth/PMH0071639/pdf/PubMed-Health_PMH0071639.pdf* (Zugriff am: 22.03.2018).

Hölzel, B. K., Carmody, J., Vangel, M., Congleton, C., Yerramsetti, S. M., Gard, T. & Lazar, S. W. (2011): Mindfulness practice leads to increases in regional brain gray matter density. In: Psychiatry Res. 2011 Jan 30; 191(1): 36-43. doi: 10.1016/j.pscychresns.2010.08.006. Epub 2010 Nov 10. Online unter: *www.ncbi.nlm.nih.gov/pubmed/21071182* (Zugriff am: 13.10.2017).

Kaltwasser, V. (2008): Achtsamkeit in der Schule. Stille-Inseln im Unterricht: Entspannung und Konzentration. Weinheim und Basel: Beltz Verlag.

Kaltwasser, V. (2010): Persönlichkeit und Präsenz. Achtsamkeit im Lehrerberuf. Weinheim und Basel: Beltz Verlag.

Keuffer, J. (2011): Vorwort. In: Kaufmann, R. E.: Selbstbestimmung und Beziehungslernen. Achtsamkeit im Schulleben vermitteln. Weinheim und Basel: Beltz Verlag.

Kohls, N. (2016): Vorwort. In: Kaltwasser, V.: Praxisbuch Achtsamkeit in der Schule. Selbstregulation und Beziehungsfähigkeit als Basis von Bildung. Weinheim und Basel: Beltz Verlag, S. 9-10.

Müthing, K., Riedel, S. & Todeskino, V. (2014): LBS-Kinderbarometer Deutschland 2014 – Jetzt reden wir! Recklinghausen: RDN.

Ottova, V., Hillebrandt, D., Bilz, L. & Ravens-Sieberer, U. (2013): Psychische Gesundheit und Wohlbefinden bei Kindern und Jugendlichen aus geschlechtsspezifischer Sicht. In: Kolip et al. (Hrsg.), S. 38-57.

Ravens-Sieberer, U., Wille, N., Bettge, S., Erhart, M., Robert Koch-Institut (2007): Psychische Gesundheit von Kindern und Jugendlichen in Deutschland Ergebnisse aus der BELLA-Studie im Kinder- und Jugendgesundheitssurvey (KiGGS). BGB 50 (5/6), S. 871-878.

Semple, R. J. & Lee, J. (2011): Behandlung von Angststörungen durch Achtsamkeit: Achtsamkeitsbasierte kognitive Therapie für Kinder. In: Greco, Laurie A. & Hayes, Steven C. (Hrsg.): Akzeptanz und Achtsamkeit in der Kinder- und Jugendlichenpsychotherapie. Weinheim und Basel: Beltz Verlag, S. 73-95.

Simma, C. (2014): 77 Impulse für Achtsamkeit und Stille in der Grundschule. Verlag an der Ruhr: Mühlheim an der Ruhr, S. 4-46.

Singleton, O., Hölzel, B., Vangel, M., Brach, N., Carmody, J. & Lazar, S. W. (2014): Change in Brainstem Gray Matter Concentration Following a Mindfulness-Based Intervention is Correlated with Improvement in Psychological Well-Being. In: Frontiers in Human Neuroscience, online published on 18 February 2014. Online unter: *https://doi.org/10.3389/fnhum.2014.00033* (Zugriff am: 13.10.2017).

Soremski, R. (2013): Keine Zeit für Freizeit? Ganztagsschule im Alltag Jugendlicher. Online unter: *www.bmbf.de/files/keine_zeit_fuer_freie_zeit_bf_2.pdf* oder *www.ganztagsschulen.org/de/6543.php* (Zugriff am: 14.09.2017).

Wiesmann, B. (2016): Mogelpackung Ganztagsschule. Online unter: *www.faz.net/aktuell/beruf-chance/campus/ueberlastete-kinder-mogelpackung-ganztagsschule-14552821-p3.html* (Zugriff am: 14.09.2017).

World Vision Deutschland (Hrsg.) (2013): Kinder in Deutschland 2013, 3. World Vision Kinderstudie, Weinheim und Basel: Beltz-Verlag.

Lern- und Lebensraum Ganztagsschule – Fragenteil

Erläutern Sie, auf welche Weise die Kooperation mit außerschulischen Partnern dazu beitragen kann, Schülerinnen und Schüler zu fördern und Kompetenzen nachhaltig zu vermitteln.

Lern- und Lebensraum Ganztagsschule

Nennen Sie Möglichkeiten, wie im Ganztag junge Menschen für eine aktive und selbstverantwortliche Lebensbewältigung und -gestaltung vorbereitet werden können.

Fragen – Reflexion – Concept Mapping

Lern- und Lebensraum Ganztagsschule – Reflexionsteil

Denken Sie noch einmal an die Inhalte des Kapitels. Vervollständigen Sie einen der folgenden Satzanfänge, indem Sie Ihre Gedanken dazu ausführen.

- „Eine Schlüsselerkenntnis für mich war…"
- „Die neue Perspektive für mich ist…"
- „Ich habe gelernt/verstanden, dass…"

_____

_____

_____

_____

_____

_____

_____

Welche Auswirkungen hat das auf Ihr persönliches Rollenverständnis als Lehrerin bzw. Lehrer?

_____

_____

_____

_____

_____

_____

Lern- und Lebensraum Ganztagsschule

Welche Anregungen/Ideen möchten Sie sich für Ihre spätere berufliche Praxis bewahren?

Worüber möchten Sie noch mehr erfahren?

Fragen – Reflexion – Concept Mapping

Lern- und Lebensraum Ganztagsschule – Concept Mapping

Stellen Sie Ihren jetzigen Kenntnisstand zum Themenkomplex mithilfe eines Schaubildes dar. Ergänzen Sie dieses mit Hinweisen und Symbolen, die Ihnen beim Lernen helfen und das Gelernte in Beziehung setzen.

IV
ÖFFNUNG DER GANZTAGSSCHULE

Henry Steinhäuser
Partnerschaftliche Gestaltung des Ganztags

Der Ganztag bietet die besondere Chance, außerschulische Bildungsträger aktiv in die Gestaltung schulischer Bildungsprozesse einzubinden und Bildungsakteure stärker lokal zu vernetzen. Nur gemeinsam mit der gesamten Schulfamilie und dem weiteren pädagogischen Personal aus unterschiedlichen Berufsfeldern können Lehrkräfte heute den vielfältigen Anforderungen eines erweiterten Bildungsverständnisses ganztägiger Bildung umfassend gerecht werden (Bundesministerium für Familie, Senioren, Frauen und Jugend, 2006, S. 4). Denn Bildung ist mehr als zweckgebundenes, auf Verwertbarkeit ausgerichtetes Fachwissen. Bildung umfasst das formale, non-formale und informelle Lernen und schließt Spiel und Freude ein.[1]

Um diesem Anspruch umfassend gerecht zu werden, müssen Bildung und Erziehung als gemeinsame Verantwortung und als gesamtgesellschaftliche Aufgabe verstanden werden, die die Öffnung der Schule in den kommunalen Raum und die Kooperation mit außerschulischen Akteuren nicht nur wünschenswert, sondern notwendig macht. Für eine systematische Einbindung der gesamten Schulfamilie und lokaler Bildungsakteure sind ein verändertes Rollenverständnis von Lehrerinnen und Lehrern und eine Kooperationskultur notwendig, in der sich alle beteiligten Personengruppen als Team verstehen. Dass alle Beteiligten ihre Stärken besser entfalten und ihre Qualifikationen gezielter in den Gestaltungsprozess einer Ganztagsschule einbringen können, wenn sie im Team zusammenarbeiten, erfahren immer mehr Kollegien an Ganztagsschulen.

Schülerinnen und Schüler im Zentrum des Teamgedankens

Natürlich stehen die Schülerinnen und Schüler im Mittelpunkt der pädagogischen Arbeit. Deshalb stehen sie auch im Zentrum des Teamgedankens. Sind Kinder und Jugendliche Teil dieses Teams und werden als solcher wahrgenommen und systematisch eingebunden, können sie soziale Kompetenzen aufbauen, die Grundlage für eine verantwortliche Lebensgestaltung und eine aktive Teilhabe am gesellschaftlichen Leben sind. Die Ganztagsschule wird dann zum Erfahrungsraum, in dem Kinder und Jugendliche umfassend in ihrer Persönlichkeitsentwicklung gefördert werden.

---

[1] In Art. 1 des Bayerischen Erziehungs- und Unterrichtsgesetzes (BayEUG) heißt es, die Schulen „sollen Wissen und Können vermitteln sowie Geist und Körper, Herz und Charakter bilden." Damit ist der erweiterte Bildungsauftrag der (Ganztags-)Schule gesetzlich ohnehin verankert, schließt doch das BayEUG die Vorstellung der Schule als Lern- und Lebensraum bereits ein. Lehrkräfte müssen also in ihrem pädagogischen Handeln „lediglich" dem Bildungs- und Erziehungsauftrag folgen.

Öffnung der Ganztagsschule

Kinder und Jugendliche zu verantwortungsbewussten und gemeinschaftsfähigen Persönlichkeiten zu erziehen, ist eine so komplexe Aufgabe, dass sie kaum allein von Eltern und Familie geleistet werden kann. Aufgrund der längeren Verweildauer der Kinder und Jugendlichen an der Schule bietet gerade der Ganztag hier ein großes Potenzial. Damit sich private und schulische Erziehung sinnvoll ergänzen, müssen Möglichkeiten und Zielsetzungen gut aufeinander abgestimmt und gemeinsam gestaltet werden. In der Ganztagsschule kann eine Vielzahl gemeinschaftlicher Erlebnisse den respektvollen und wertschätzenden Umgang miteinander fördern.

Darüber hinaus gibt es zahlreiche und vielfältige Mitsprache-, Mitbestimmungs- und Mitgestaltungsmöglichkeiten, die die Selbstständigkeit und Mitverantwortung von Schülerinnen und Schülern stärken. Partizipation ist zwar kein ganztagsspezifisches Merkmal. Durch das Mehr an Zeit können die Schülerinnen und Schüler jedoch verstärkt ihre Lernprozesse aktiv mitgestalten und ihre Interessen, ihr Engagement und ihre Kreativität bei der Gestaltung des Ganztagsschulalltags einbringen.

Partizipation ist eng mit dem Gedanken von Teamarbeit verknüpft. Sie steht in direktem Zusammenhang mit Verantwortungsübernahme und ist nicht wegzudenken aus einer Ganztagsschule, die ihren Schülerinnen und Schülern gerecht werden und die Schule zu einem Ort machen will, der von allen Beteiligten gemeinsam getragen und gestaltet wird. Eine so verstandene Partizipation ist mehr als nur die Berücksichtigung der Interessen von Schülerinnen und Schülern. Partizipation nach diesem Verständnis heißt, Entscheidungen, die das eigene Leben und das Leben der Gemeinschaft betreffen, zu teilen und gemeinsam Lösungen für Probleme zu finden (Schröder, 1995, S. 14). Kinder und Jugendliche bringen demnach nicht nur ihre Sicht und Perspektive ein, indem ihnen im Rahmen der etablierten Gremien dafür Gelegenheit gegeben wird. Sie handeln vielmehr Interessen und Verantwortlichkeiten gemeinsam mit den Erwachsenen aus und gestalten ihren Lern- und Lebensraum aktiv mit.

Partizipation ist in der Schule auf mehreren Ebenen angesiedelt: auf Unterrichts- bzw. Klassenebene (z. B. das Einbringen eigener Themen, Interessen und Wünsche im Unterricht und bei der Gestaltung des Klassen- bzw. Gruppenraums), auf der Ebene des Schullebens (z. B. das Wahrnehmen von Verantwortung als Streitschlichterin bzw. Streitschlichter oder als Tutorin bzw. Tutor bei der Hausaufgabenbetreuung) und auf außerschulischer Ebene im Ganztag bei der Zusammenarbeit mit den Kooperationspartnern (z. B. Beteiligung an Projekten im Stadtteil, gesellschaftliches Engagement in der Gemeinde oder in sozialen Einrichtungen).

Neben dem aktiven Handeln von Schülerinnen und Schülern schließt Partizipation auch die zuverlässige Unterstützung durch die Erwachsenen mit ein. Vor dem Hintergrund einer positiven partizipativen Grundhaltung, die das pädagogische Handeln prägt, schaffen Lehr- und Fachkräfte Freiräume für Schülerpartizipation. Sie moderieren und begleiten Reflexions- und Entscheidungsprozesse und unterstützen Schülerinnen und Schüler dabei, ihre Interessen zu artikulieren und zu vertreten. Diese aktive, unterstützende Rolle der Erwachsenen, die Schaffung vielfältiger Partizipationsmöglichkeiten und ihre strukturelle Verankerung im Schulalltag sind wichtige Voraussetzungen für eine lebendige Beteiligungskultur.

Schülerinnen und Schüler sollten sich allerdings nicht allein inhaltlich-konzeptionell mit ihren Ideen und Vorstellungen in den schulischen Gestaltungsprozess einbringen können, sondern sich bei deren Organisation und Umsetzung beteiligen. Bei der Planung der Freizeitangebote im offenen Ganztag beispielsweise sollten natürlich die Interessen der Schülerinnen und Schüler berücksichtigt werden. Sie sollten aber auch in die tatsächliche Gestaltung des Freizeitangebots angemessen eingebunden werden, z. B. beim Spielgeräteverleih oder bei der Pflege und Instandhaltung von Spielgeräten.

In einem partnerschaftlichen Gestaltungsprozess sollten alle beteiligten Akteure adäquat eingebunden werden. Lehr- und Fachkräfte müssen die Vorhaben mittragen bzw. sie umsetzen und Aufgaben lassen sich so auch auf viele Schultern verteilen. Eltern können beispielsweise für die freiwillige Mitarbeit bei der Spielplatzgestaltung gewonnen werden. Wichtig ist bei allem, Strukturen und Gremien so zu etablieren, damit Vorhaben bei personellen Veränderungen bei Schülern, Lehrern oder Eltern nicht im Sande verlaufen. Auch die Schulraumgestaltung ist mit der Einweihung eines Spielplatzes oder der Aufnahme eines Spielgeräteverleihs nicht abgeschlossen. Sie entwickelt sich weiter, neue Bedürfnisse machen Veränderungen notwendig. Deshalb gilt es, die Strukturen im schulischen Alltag fest zu verankern – unabhängig vom Engagement einzelner Personen – als integralen Bestandteil von Schulkonzept und Schulleben.

Synergien und Entlastung durch Zusammenarbeit im Kollegium

Lange Zeit sahen sich die Lehrerinnen und Lehrer in ihrer Klasse als „Einzelkämpfer". Verursacht u. a. durch die fachspezifische und relativ kleinteilige Organisationsstruktur der Institution Schule, begriffen sich Lehrkräfte meist als Individualisten, die alleine mit ihren Schülerinnen und Schülern im geschlossenen Klassenzimmer arbeiteten. Unterricht, aber auch Elternarbeit, wurden dabei als Angelegenheit zwischen der einzelnen Lehrkraft und der Schülerin oder dem Schüler bzw. ihren oder seinen Eltern verstanden. Mit der Einführung und dem Ausbau der Ganztagsschule wird dieses Rollenverständnis zunehmend obsolet.

Von Lehrkräften wird heute im Ganztag mehr erwartet: Sie sollen Eltern bei der Erziehung ihrer Kinder unterstützen, Bildungsbenachteiligungen abbauen und Schülerinnen und Schüler individuell fördern. Diesen hohen gesellschaftlichen Erwartungen können Lehrkräfte nur dann gerecht werden, wenn sie zusammenarbeiten. Die großen pädagogischen Herausforderungen lassen sich nur von gut aufgestellten Teams wirklich umfassend bewältigen.

Gleichzeitig rückt für Lehrkräfte der Arbeitsplatz Schule stärker in den Mittelpunkt. Die Ganztagsschule hat neue organisatorische Strukturen und Rahmenbedingungen hervorgebracht, die das berufliche Selbstverständnis und professionelle Handeln von Lehrerinnen und Lehrern grundlegend verändern. Mit einem erweiterten Aufgabenspektrum, das von der Entwicklung eines pädagogischen Konzepts über die Abstimmung von Umsetzungsmöglichkeiten mit Kolleginnen und Kollegen bis hin zur Qualitätssicherung und -entwicklung reicht, sind gewohnte Routinen und Abläufe nicht vereinbar. Der Ganztag bietet für Lehrkräfte neue Gestaltungsspielräume und Möglichkeiten, z. B. im Hinblick auf koordinierende und administrative Tätigkeiten oder auf die Erschließung neuer pädagogischer Handlungsfelder jenseits der eigenen Fächerkombination.

Viele Lehrerinnen und Lehrer machen im Ganztag auch die Erfahrung, dass sie ihre Aufgaben leichter und effektiver lösen können, wenn sie mit Kolleginnen und Kollegen zusammenarbeiten. So können die pädagogischen Herausforderungen auf mehrere Schultern verteilt werden. Lehrkräfte tauschen sich über einzelne Schülerinnen und Schüler, ihre Sorgen und Probleme aus oder gehen gemeinsam innovative Wege in der Unterrichtsgestaltung.

Für eine erfolgreiche Teamarbeit müssen bestimmte organisatorische Rahmenbedingungen geschaffen werden. Lehrkräfte brauchen gemeinsame Zeitfenster und geeignete Räume für Austausch und Kommunikation. An Grund- und Mittelschulen werden Ganztagsklassen häufig von einem Lehrertandem geführt. Dabei bestreiten zwei Lehrkräfte einen großen Teil des Unterrichts sowie der Lern- und Übungszeiten als de facto gleichberechtigte Klassenleiterinnen bzw. -leiter. Die zeitliche Überschneidung der Anwesenheit und die Notwendigkeit der Abstimmung der Aufgaben führen zu einem intensiven Austausch in fachlicher und organisatorischer Hinsicht.

An Realschulen und Gymnasien bieten sich aufgrund des Fachlehrerprinzips andere Formen der Teamarbeit an. Bewährt hat sich z. B. die Bildung eines sogenannten Klassenteams, bei dem eine möglichst geringe Anzahl von Lehrkräften in einer Klasse eingesetzt wird. Da die Kolleginnen und Kollegen mit einem relativ hohen Stundenvolumen ihres Deputats dann in einer Klasse arbeiten, steigt ihre Bereitschaft für eine engere Zusammenarbeit im Klassenteam.[2] Unterstützt werden diese Lehrkräfte durch das weitere pädagogische Personal externer Kooperationspartner.

---

[2] Die Rhythmisierung des Schultags im Doppelstundenmodell sorgt für einen ruhigeren Unterrichtsverlauf mit zusätzlichen Freiräumen für kollegialen Austausch und Teamarbeit. Möglich sind auch eine Koppelung „verwandter Fächer" in parallelen Stunden für eine gemeinsame, situationsabhängige Nutzung der Unterrichtszeit oder die Koppelung von komplementären Fächern für fächerübergreifende Projekte. Hinzu kommen je nach

Partnerschaftliche Gestaltung des Ganztags

Zusammenarbeit im multiprofessionellen Team als Gewinn und Herausforderung

Schulen, die bis in den Nachmittag hinein geöffnet haben und einem hohen Anspruch gerecht werden müssen, sind auf außerschulisches Personal angewiesen. Die Zusammenarbeit mit Kolleginnen und Kollegen mit unterschiedlichem beruflichen Hintergrund ist ein Wesensmerkmal der Ganztagsschule.[3] Zunehmend werden die außerschulischen Partner von Lehrkräften als eine Bereicherung ihrer pädagogischen Arbeit wahrgenommen und als Teil eines multiprofessionellen Teams akzeptiert.

Naturgemäß bringen hauptberufliche Künstler, Handwerker oder Architekten neue Denk- und Sichtweisen in die Schule und verankern als Repräsentanten der außerschulischen Lebenswelt den Arbeits- und Lebensweltbezug in der Schule. Diese Zusammenarbeit ermöglicht Schülerinnen und Schülern authentische Arbeitserfahrungen und Einblick in unterschiedliche Berufsfelder. Auch Lehrkräfte profitieren von der Zusammenarbeit mit Menschen aus verschiedenen Berufen, die ihre vielfältigen Kompetenzen in den Schulalltag einfließen lassen. Sie unterstützen Lehrkräfte und vermitteln Schülerinnen und Schülern eine Vielzahl an Fertigkeiten und Fähigkeiten. Auch Lehrerinnen und Lehrer selbst erfahren die Zusammenarbeit als anregend und können ihre Kenntnisse und Erfahrungen erweitern.

Die Zusammenarbeit mit den außerschulischen Kolleginnen und Kollegen stellt Schulleitung und Lehrkräfte aber auch vor Herausforderungen. Natürlich liegt in der Kooperation z. B. mit Kolleginnen und Kollegen der Jugendhilfe die Chance, dass sich Lehr- und Fachkräfte entsprechend der eigenen Qualifikation und ihres beruflichen Hintergrunds gegenseitig unterstützen und berufliche Erfahrungen austauschen und reflektieren. Konfliktreich wird sie dann sein, wenn die Beteiligten nicht bereit sind, als gleichberechtigte Partner auf Augenhöhe zusammenzuarbeiten und sie das unterschiedliche Berufsverständnis und die verschiedenen professionsspezifischen Auffassungen für unüberwindbar halten.

Eine weitere Herausforderung liegt in der Einbindung von Kolleginnen und Kollegen ohne pädagogische Ausbildung. Sie sollten von der Schulleitung und den Lehrkräften im Rahmen ihrer Möglichkeiten in der Arbeit mit Schulklassen bzw. großen Gruppen pädagogisch und organisatorisch

---

Ganztagskonzept Freiarbeitsphasen, epochaler Unterricht, projektorientierter Unterricht und Team-Teaching-Stunden.

[3] Das weitere pädagogische Personal wird auf Vorschlag der Schulleitung von der zuständigen Bezirksregierung im Rahmen eines Kooperations- bzw. Arbeitsvertrags angestellt. Die Schule ist zwar nicht selbst Vertragspartner bei der Personalanstellung, sie trägt aber die Gesamtverantwortung des jeweiligen Angebots. Sie entscheidet im Rahmen ihres Budgets und im Einvernehmen mit dem Schulforum über Art und Umfang der Angebote. Handlungsleitend sollte dabei in erster Linie das pädagogische Konzept der Schule sein, in das sich die zusätzlichen Angebote sinnvoll einfügen sollten.

unterstützt werden. Tanzprojekte mit freischaffenden Tänzerinnen und Tänzern z. B. können häufig nur dann erfolgreich durchgeführt werden, wenn bestimmte Rahmenbedingungen (Räumlichkeiten, zeitlicher Rahmen, technische Ausstattung) erfüllt sind. Obwohl gerade professionelle Tänzerinnen und Tänzer häufig pädagogisch sehr kompetent sind, sollten die außerschulischen Kolleginnen und Kollegen generell pädagogisch gut begleitet und in Problemsituationen unterstützt werden. Für Lehrkräfte kann diese Form der Zusammenarbeit insofern bereichernd sein, als sie z. B. bei einem Tanzprojekt andere Seiten ihrer Schülerinnen und Schüler kennenlernen und wertvolle Einblicke in Gruppendynamik und künstlerische Prozesse gewinnen können.

Damit sich zwischen den Lehrkräften und dem weiteren pädagogischen Personal eine fruchtbare Zusammenarbeit entwickeln kann, müssen Orte, Zeiträume und Strukturen geschaffen werden, die ein Kennenlernen in formellen und informellen Kontexten und einen regelmäßigen Austausch über pädagogische Themen ermöglichen. Echte Teamarbeit entwickelt sich in regelmäßigen Teamsitzungen, in denen nicht nur Absprachen organisatorischer Art getroffen werden können. Sie bieten Raum für eine konzeptionelle Fundierung, Gestaltung und Reflexion der pädagogischen Arbeit, z. B. in Bezug auf die Unterrichtsgestaltung oder hinsichtlich des Förderbedarfs für einzelne Schülerinnen bzw. Schüler. Sind die Treffen fest im Schulalltag verankert und finden regelmäßig statt, können auch Unterricht und außerunterrichtliche Angebote besser aufeinander abgestimmt und miteinander verzahnt werden.

Durch eine engere Verbindung des Unterrichts mit den außerunterrichtlichen Angeboten können die Potenziale der Ganztagsschule und ihrer Akteure besser genutzt werden. In fachbezogenen Ganztagsangeboten können dann fachunterrichtliche Themen aufgegriffen werden, Defizite aus dem Unterricht gezielt aufgearbeitet oder besonders begabte Schülerinnen und Schüler gefördert werden. Verzahnung reicht dabei von komplexen Abstimmungsprozessen und umfangreichen Projektvorhaben bis hin zu ganz alltäglichen, einfachen und naheliegenden Zusammenhängen: Unterricht und Ganztagsangebot können auch ineinandergreifen, indem beispielsweise ein im Deutschunterricht geschriebener Brief am Nachmittag frankiert und – verbunden mit einem Gang zur Post – versendet wird. Vorgangsbeschreibung, Kochrezepte, Bastelanleitungen praktische Umsetzung, Wegbeschreibung, Weg abgehen,

Darüber hinaus empfiehlt es sich, das weitere pädagogische Personal auch zu Personalausflügen und schulischen Festen und Feiern sowie ggf. zu Konferenzen oder Fortbildungsveranstaltungen einzuladen. Die Durchführung oder der Besuch gemeinsamer Teamfortbildungen fördert nicht nur die fachliche Weiterentwicklung, sondern auch Kooperation und Kommunikation. Selbstverständlich muss das weitere pädagogische Personal auch bei der Verteilung der Fächer und Plätze im Lehrerzimmer berücksichtigt werden. Mehr als nur ein Signal ist das Beispiel der Durchführung eines gemeinsamen

Hüttenwochenendes am Schuljahresanfang einer bayerischen Grundschule. Ein solcher Auftakt trägt dazu bei, dass sich alle Mitarbeiterinnen und Mitarbeiter willkommen fühlen und dass sie über schulische Abläufe, aufsichtsrechtliche Fragen und das Schulprofil umfassend informiert werden können. So kann möglichen Missverständnissen und Konflikten vorgebeugt werden.

Partnerschaft von Elternhaus und Schule: Balance zwischen Entlastung und Einbindung

Mit dem Ausbau der Ganztagsschule ist das Ziel verbunden, Voraussetzungen für die Vereinbarkeit von Familie und Beruf zu schaffen. Dafür müssen Eltern spürbar entlastet und in ihren Erziehungsaufgaben unterstützt werden. Andererseits wollen die Eltern an der schulischen Entwicklung der eigenen Kinder teilhaben und wünschen sich sowohl Einblick in schulisches Lernen als auch Möglichkeiten, ihre Kinder selbst zu unterstützen. Die Eltern brauchen in erster Linie Verlässlichkeit und das Vertrauen in eine Schule, die bereit ist, Verantwortung für die erweiterte Lernzeit und eine ganzheitliche Förderung zu übernehmen. Insbesondere müssen sich Eltern auf eine *verlässliche* Hausaufgabenbetreuung auch wirklich *verlassen* können. Sie zählt zu den wichtigsten Motiven von Eltern, ihre Kinder an Ganztagsschulen anzumelden. Auch wenn die Hausaufgabenbetreuung ein Baustein und fester Bestandteil des pädagogischen Konzepts ist, bilden Hausaufgaben auch im Ganztag eine zentrale Schnittstelle zwischen Elternhaus und Schule. Um Missverständnisse und Enttäuschungen zu vermeiden, müssen deshalb die Eltern über die konkrete Umsetzung und Gestaltung der Hausaufgabenbetreuung informiert werden.

Zum Standardrepertoire der Kommunikation mit Eltern zählen Elternabende und Info-Veranstaltungen. Die Schule sollte diese Termine nutzen, um die Eltern über die Hausaufgabenpraxis an der Schule zu informieren und ihnen plausibel zu machen, was die Schule leisten kann und was nicht. Sollen alle Schülerinnen und Schüler um 16 Uhr mit allen (schriftlichen) Aufgaben für den Tag fertig sein? Viele Kolleginnen und Kollegen sind dieser Ansicht, schließlich hätten die Kinder dann einen 8-Stunden-Tag hinter sich, wenn auch einen pädagogisch rhythmisierten Schultag mit Bewegungspausen und Freizeitangeboten. Andere Kollegien wollen sich nicht festlegen, denn einerseits sind die schulischen Anforderungen und Aufgaben sehr vielschichtig. Andererseits sind auch die individuellen Lernvoraussetzungen und persönlichen Ziele und Ansprüche der Schülerinnen und Schüler und ihrer Eltern sehr unterschiedlich. Deshalb empfiehlt es sich, mit allen Beteiligten, also Lehrkräften, weiterem pädagogischen Personal, den Schülerinnen und Schülern und ihren Eltern eng zusammenzuarbeiten und Ziele und Zuständigkeiten gemeinsam auszuhandeln (vgl. Andresen & Richter 2014, S. 11).

Während die Ganztagsschule die Eltern auch in ihren Erziehungsaufgaben unterstützt, können Eltern das schulische Lernen und die Erledigung der

Hausaufgaben begleiten. Es ist sinnvoll, wenn Schülerinnen und Schüler das Lernen auf Prüfungen, das Halten eines Referats oder Vokabellernen zu Hause fortsetzen, im Sinne eines Übens, Vertiefens oder Optimierens und Vervollkommnens dessen, was sie in der Schule gelernt haben und schon können. Eltern können daran Anteil nehmen, indem sie Zuspruch oder wertvolle Tipps geben.

Neben Elternabenden und Info-Veranstaltungen etablieren sich vielfältige Kommunikationsformen an Ganztagsschulen, um Eltern auf dem Laufenden zu halten und ihnen Rückmeldung zu geben oder sie über den Lernstand bzw. Lernerfolge ihres Kindes zu informieren. Dazu gehören u. a. Wochen- bzw. Monatsmail, Schul- oder Hausaufgabenheft, Logbuch, Lerntagebuch, Wochenplan oder Lernplan für den Tag.

Zusammenfassend tragen Kontinuität und Transparenz entscheidend zu einer erfolgreichen Zusammenarbeit mit Eltern bei. Dazu gehören direkte, kontinuierliche und zeitnahe Rückmeldungen an die Eltern, die Nutzung unterschiedlicher Kommunikationswege und das Vermeiden von Schuldzuweisungen sowie Transparenz des pädagogischen Selbstverständnisses der Schule (vgl. Andresen & Richter 2014, S. 18). Eine kritische und professionelle Auseinandersetzung mit den eigenen Vorstellungen von Familie, Erziehung und Elternschaft sowie ein Berufsethos, das der Weiterentwicklung und Verbesserung der Bildungs- und Erziehungspartnerschaft mit den Eltern einen hohen Stellenwert zuschreibt, zeichnen ein teamfähiges Kollegium aus.

Eine Ganztagsschule von den Kindern aus gedacht

Die Ganztagsschule als Lern- und Lebensraum bietet Kindern und Jugendlichen u. a. vielfältige Freizeitmöglichkeiten. In den Augen vieler Kinder wird die Freizeit in der Ganztagsschule jedoch gar nicht als *freie* Zeit wahrgenommen und entspricht zudem häufig auch nicht ihren Interessen. Die Gestaltung der schulischen Freizeitangebote sollte sich aber genau an den Interessen der Schülerinnen und Schüler ausrichten oder diese auch wecken. Wie dies gelingen kann, soll abschließend das Beispiel von Beobachtungen in einer Boulder[4]-AG zeigen: Dort läuft im Hintergrund Musik, ältere Jungen klettern im hinteren Teil der Halle, die jüngeren Jungen sitzen auf dem Boden und unterhalten sich und ein Mädchen klettert allein im vorderen Teil der Halle. Hier ist der Austausch genauso möglich wie das gemeinsame Sporttreiben von befreundeten Jungen und das Training eines Mädchens für sich allein. Den Freizeitcharakter erhält die Situation sowohl durch die Musikuntermalung als auch durch die Möglichkeit verschiedener Freizeitorientierungen innerhalb eines Freizeitraums (vgl. Soremski 2011, S. 14). – Ganztagsschule ist hier von den Bedürfnissen der Kinder ausgedacht. Sie orientiert sich an den

---

[4] Bouldern – Klettern ohne Seil und Gurt in Absprunghöhe – ist weniger gefährlich als Klettern und weniger aufsichtsintensiv.

Bedürfnissen, an den Interessen der Kinder und Jugendlichen, ja sie lässt die Schülerinnen und Schüler (Frei-)Räume selbst (mit-)gestalten.

Literatur

Andresen, S. & Richter, M. (2014): Ganztagsgrundschule und Familien – Herausforderungen für Bildung, Erziehung und Betreuung. Vechta.

Bayerisches Staatsministerium für Bildung und Kultus, Wissenschaft und Kunst. (Hrsg.) (o. J.): Bildungsregionen in Bayern: Schule vor Ort vernetzt gestalten. Online unter: *www.km.bayern.de/ministerium/meldung/1086/-enge-vernetzung-steigert-bildungsqualitaet.html* (Zugriff am: 05.10.2016).

Bundesministerium für Bildung und Forschung (Hrsg.) (2012): Ganztägig bilden – Eine Forschungsbilanz. Berlin.

Deinet, U. & Icking, M. (Hrsg.) (2010): Jugendhilfe und Schule. Analysen und Konzepte für die kommunale Kooperation. Verlag Barbara Budrich: Opladen, Berlin, Toronto.

Dollinger, S. (2012): Gute (Ganztags-)Schule? Die Frage nach Gelingensfaktoren für die Implementierung von Ganztagsschule. Bad Heilbrunn: Klinkhardt forschung.

Fischer, N., Holtappels, H. G., Klieme, E., Rauschenbach, T., Stecher, L. & Züchner, I. (Hrsg.) (2011): Ganztagsschule. Entwicklung, Qualität, Wirkungen: Längsschnittliche Befunde der Studie zur Entwicklung von Ganztagsschulen (StEG). Weinheim: Juventa.

Hüther, G. (2013): Kommunale Intelligenz. Potentialentfaltung in Städten und Gemeinden. Hamburg: Edition Körber-Stiftung.

Kamski, I., Holtappels, H. G. & Schnetzer, T. (Hrsg.) (2009): Qualität von Ganztagsschule. Konzept und Orientierungen für die Praxis. Münster: Waxmann.

Olk, T., Speck, K. & Stimpel, T. (2011): Professionelle Kooperation unterschiedlicher Berufskulturen an Ganztagschulen – Zentrale Befunde eines qualitativen Forschungsprojektes. In: Stecher, L., Krüger, H.-H. & Rauschenbach, T. (Hrsg.): Ganztagsschule – Neue Schule? Eine Forschungsbilanz. Sonderheft 15 der Zeitschrift für Erziehungswissenschaft, 63-80. Wiesbaden: VS.

Schröder, R. (1995): Kinder reden mit! Beteiligung an Politik, Stadtplanung und Stadtgestaltung. Weinheim: Beltz.

Soremski, R. (2011): Keine Zeit für Freizeit? Ganztagsschule im Alltag Jugendlicher. Ergebnisse des Forschungsprojekts „Bildungsprozesse zwischen Familie und Ganztagsschule" des DJI München.

Vereinigung der Bayerischen Wirtschaft e. V. (Hrsg.) (2013): Zwischenbilanz Ganztagsgrundschulen. Betreuung oder Rhythmisierung? Gutachten des Aktionsrats Bildung. Münster: Waxmann.

Ewald Kiel, Marcus Syring, Jonas Scharfenberg & Alina Ivanova
Außerschulische Kooperation in der Ganztagsschule

Problemdisposition – der normative Rahmen

Die Schullandschaft in Deutschland verändert sich zurzeit deutlich – und mit ihr die Organisationsformen von Schule, die Rollen der Schulleitungen und der Lehrkräfte. Eine der vielen zentralen Veränderungen ist die Entwicklung von Ganztagsschulen. Eine der vielen Anforderungen, die diese Schulform erfüllen soll, „ist in der konzeptionellen Verzahnung zwischen Unterricht und außerunterrichtlichen Angeboten zu sehen. Die Öffnung von Schule geschieht über die Einbindung außerschulischer Partner, die sich im Netzwerk der kommunalen Bildungslandschaft vor Ort präsentieren, z. B. Träger der Kinder- und Jugendhilfe, der sozialen, sportlichen und kulturellen Einrichtungen und Vereine sowie Unternehmen aus der Wirtschaft. Entscheidend dabei ist der „rote Faden", das Konzept, an dem sich die Auswahl externer Angebote orientiert" (Staatsinstitut für Schulqualität und Bildungsforschung München 2010, S. 16).

Mit anderen Worten: Es geht um eine sozialräumliche Vernetzung (vgl. den Titel des Sammelbandes von Speck, Olk, Böhm-Kasper, Stolz & Wiezorek 2011) der Schulen, wobei diese als teilautonome Institutionen aufgefordert sind, ihre Beziehungen zu einem erheblichen Teil eigenverantwortlich zu gestalten (vgl. Saalfrank 2005). Das untenstehende Schaubild verdeutlicht diese Anforderung. Zur Ausgestaltung dieser sozialräumlichen Vernetzung und der damit einhergehenden Beziehungen stehen nur begrenzt empirische Befunde zur Verfügung (etwa Fischer & Stecher 2013, Wiesner, Olk & Speck 2016 sowie die Beiträge bei Fischer, Kuhn & Tillack 2016).

Außerschulische Kooperation in der Ganztagsschule

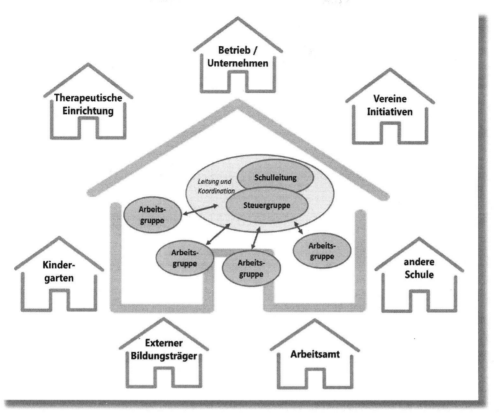

Abb. 1: Außerschulische Partner im Kontext der Öffnung von Schulen nach außen

Wenn man, wie der Lehrstuhl für Schulpädagogik der LMU München, Schulen in Schulentwicklungsprozessen begleitet und dabei die Perspektive von Lehrkräften und Schulleitungen einnimmt, kristallisieren sich aus deren Sicht schnell zwei Fragen heraus:

- **Frage 1:** Was sind wichtige Merkmale einer gelungenen Kooperation mit externen Partnern?
- **Frage 2:** Was darf in einer gelungenen Kooperation nicht passieren?

Im Folgenden wird anhand einer kleinen empirischen Untersuchung an einer teilgebundenen Ganztagsschule zunächst gezeigt, wie Lehrkräfte diese Fragen beantworten. Das Ergebnis weist auf eine Reihe von Gelingensbedingungen für Kooperationen mit externen Partnern hin, die anschließend in einen theoretisch-empirischen Rahmen eingebettet werden, um sie zumindest teilweise verallgemeinern zu können.

Öffnung der Ganztagsschule

Fallanalyse – eine Münchner Mittelschule

Die Untersuchung fand im Rahmen eines begleiteten Schulentwicklungsprozesses an einer Münchner Mittelschule mit offenem Ganztagsbetrieb statt. Die Schule mit ihren ca. 40 Lehrkräften und etwa 320 Schülerinnen und Schülern (mit bis zu 80 % Migrationsanteil) initiierte den Prozess der Schulentwicklung selbst.

Methodisches Vorgehen: Fokusgruppenbefragung und Inhaltsanalyse

Zur Ermittlung der Antworten auf die beiden oben genannten Fragen wurden alle Lehrkräfte der Mittelschule gebeten, an einer Fokusgruppenbefragung teilzunehmen, die mithilfe eines Online-Fragebogens stattfand. Von allen 40 angeschriebenen Lehrkräften nahmen 15 teil (37,5 % Rücklaufquote). Die Lehrerinnen und Lehrer sollten folgende offene Fragen beantworten:

- **Frage 1:** Was sind für Sie wichtige Merkmale einer gelungenen Kooperation?
- **Frage 2:** Ordnen Sie die in Frage 1 genannten Antworten nach ihrer Wichtigkeit, beginnend mit der wichtigsten.
- **Frage 3:** Was darf aus Ihrer Sicht in einer Kooperation gar nicht passieren?

Die Datenauswertung erfolgte mit der zusammenfassenden Inhaltsanalyse nach Mayring (2015), wobei das Kategoriensystem induktiv aus dem Material, hier den 15 ausgefüllten Online-Fragebögen, heraus entwickelt wurde. Anschließend wurden den Aussagen der Lehrkräfte durch zwei zuvor geschulte Kodierer mithilfe des Programms MAXQDA Kategorien zugeordnet (Kodierung). Die Fragen 1 und 2 wurden dabei zusammengeführt, indem bei der Kodierung der Merkmale aus Frage 1 eine Gewichtung der Antworten entsprechend Frage 2 eingeführt wurde. Wurde also beispielsweise das Merkmal „Zuverlässigkeit" von einer Lehrkraft genannt und als sehr wichtig eingeschätzt, so erhielt es die fünffache Gewichtung (wurde fünf Mal gezählt). Zur besseren Beschreibung und Interpretation wurden die ermittelten Kategorien abschließend nach übergeordneten Handlungsfeldern gegliedert.

Insgesamt wurden aus den 15 Fragebögen im Rahmen der ersten Frage bei insgesamt 214 Codings 25 Aspekte kodiert und 6 übergeordneten Merkmalen zugeordnet. Die prozentuale Übereinstimmung zwischen den Kodierern betrug als Maß der Güte der Kodierung für alle Kategorien zusammen 98 %. In Fällen, in denen zunächst keine Übereinstimmung vorlag, wurde ein kommunikativer Validierungsprozess durchgeführt, um die Kategorien und die Abgrenzungen zwischen den Kategorien solange zu schärfen, bis eine eindeutige Zuordnung möglich war. Für die dritte Frage wurden bei insgesamt 34 Codings 13 Aspekte 4 übergeordneten Bereichen zugeordnet. Hier betrug die prozentuale Übereinstimmung insgesamt 82 %.

Außerschulische Kooperation in der Ganztagsschule

Ergebnisse

Was sind wichtige Merkmale einer gelungenen Kooperation mit externen Partnern, gewichtet nach ihrer jeweiligen Relevanz (Frage 1 & 2)?

Die meisten Nennungen erzielt die Kategorie *Schüler/innen haben einen Mehrwert* (40 Nennungen). Dahinter steht der Wunsch der Lehrkräfte, dass es bei der Kooperation nicht nur um die kustodiale Funktion der Schule geht, sondern auch Bildungsprozesse angestoßen werden.

Eng damit verknüpft ist das Merkmal der *gemeinsamen Ziele* (36 Nennungen). Den Lehrkräften ist es wichtig, dass sowohl Schule als auch Kooperationspartner gemeinsame Ziele verfolgen und gemeinsame Projekte vorantreiben, von denen beide Seiten profitieren: „Es ist gut, wenn Kooperationspartner und Lehrer am selben Strang ziehen" und „[w]ichtig ist die Verständigung über gemeinsame Werte und Erziehungsziele."

Als weiteres Merkmal einer gelungenen Kooperation geben die Lehrkräfte an, dass der Partner sich *dem System Schule anpassen* muss (17 Nennungen). Darunter wird verstanden, dass die Partner die Handlungslogiken der Schule verstehen und akzeptieren, Zeit in gemeinsame Absprachen investieren und Hilfe von den Lehrkräften annehmen.

Genauso wichtig wie der Mehrwert für die Schülerinnen und Schüler ist die *Eignung des Kooperationspartners* (52 Nennungen) für eine gelungene Kooperation. Unter Eignung wird dabei verstanden, dass die Partner pädagogisch-didaktisch ausgebildet sind und Erfahrungen im Umgang mit schwierigen Situationen sowie eine gewisse Frustrationstoleranz mitbringen. Ebenso fordern die Lehrkräfte eine hohe Selbstständigkeit und Flexibilität von den Partnern sowie eine ehrliche Evaluation ihrer Arbeit.

Der *gegenseitige Umgang* (31 Nennungen) stellt ein weiteres Gelingensmerkmal dar. Darunter wird gefasst, dass Vereinbarungen verbindlich eingehalten werden (Zuverlässigkeit, Pünktlichkeit etc.), es klare Zuständigkeiten und kurze Kommunikationswege gibt und die Zusammenarbeit von gegenseitiger Wertschätzung geprägt ist.

Auch die *Entlastung* (38 Nennungen) stellt ein Merkmal guter Kooperationen dar. Die Kooperation sollte eine Entlastung im Unterricht bzw. Schulalltag bringen oder zumindest keinen zusätzlichen Aufwand für die Lehrkräfte darstellen. Dazu zählt auch, dass die jeweiligen Akteure zahlenmäßig begrenzt sein sollten: „Viele Köche verderben den Brei – je weniger Beteiligte, desto besser."

Öffnung der Ganztagsschule

Tab. 1: Merkmale einer gelungenen Kooperation geordnet nach sechs Bereichen mit Anzahl der Nennungen (gesamt), den korrigierten Zuordnungen (corr) sowie den Nichtübereinstimmungen der Kodierung (non)

	gesamt	corr	non
	214	**214**	**4**
Schüler/innen haben einen Mehrwert	**40**	**40**	**0**
Schüler/innen profitieren	23	23	0
Beitrag zur kulturellen Bildung	10	10	0
Schüler/innen „sehen" etwas anderes	7	7	0
Gemeinsame Ziele	**36**	**36**	**4**
Gemeinsame Ziele und Absprachen verfolgen	22	20	2
Gemeinsame Projekte verfolgen	7	9	2
Schule profitiert	5	5	0
Partner hat Mehrwert	2	2	0
Anpassung der Partner	**17**	**17**	**0**
Partner lassen sich auf System Schule ein und nehmen Hilfen an	15	15	0
Partner investieren Zeit in Absprachen	2	2	0
Eignung der Partner	**52**	**52**	**0**
Partner sind päd.-didaktisch ausgebildet	25	25	0
Partner haben Erfahrung im Umgang mit schwierigen Situationen	11	11	0
Frustrationstoleranz	1	1	0
Ehrliche Evaluation	3	3	0
Selbstständigkeit	10	10	0
Flexibilität	2	2	0
Gegenseitiger Umgang	**31**	**31**	**0**
Vereinbarungen verbindlich einhalten	14	14	0
Klare Zuständigkeiten	3	3	0
Kurze Kommunikationswege	4	4	0
Gegenseitige Wertschätzung	5	5	0
Zusammenarbeit der Partner ist gut	5	5	0
Entlastung	**38**	**38**	**0**
Kein zusätzlicher Aufwand für Lehrkräfte	8	8	0
Kosten-Nutzen-Profit	5	5	0
Entlastung im Unterricht	12	12	0
Effektiver und reibungsloser Ablauf	10	10	0
Entlastung der Schule	3	3	0
Nicht zuzuordnen (inhaltliche Mehrdeutigkeit)	**3**	**3**	**0**

Außerschulische Kooperation in der Ganztagsschule

Was darf in einer gelungenen Kooperation nicht passieren (Frage 3)?
In vielerlei Hinsicht spiegelt die dritte Frage die Antworten auf die erste wider, allerdings unter umgekehrten Vorzeichen. Die Kategorien „Partner" (9 Nennungen) und „Partnerschaft" (11 Nennungen), aber auch „Lehrkräfte und Schule" (7 Nennungen) drehen sich um Aspekte wie Regelorientierung, Klärung von Zuständigkeiten und Verlässlichkeit. Hier ergeben sich viele Parallelen zu den Kategorien „Gemeinsame Ziele" und „Gegenseitiger Umgang" der ersten Frage, die beide sehr viele Nennungen aufweisen (zusammen 66 Nennungen). In der Kategorie „Schüler/innen" spiegelt sich der Wunsch nach einem Mehrwert für die Schüler/innen, der nicht nur auf körperliche Betätigung beschränkt ist.

Tab. 2: Merkmale einer misslungenen Kooperation geordnet nach vier Bereichen mit Anzahl der Nennungen (gesamt), den korrigierten Zuordnungen (corr) sowie den Nichtübereinstimmungen der Kodierung (non)

	gesamt	corr	non
	34	34	6
Partner	9	9	2
Hält sich nicht an schulische Regeln	3	3	0
Keine pädagogische Eignung	3	4	1
Verselbstständigung ohne Rücksprachen	3	2	1
Lehrkräfte und Schule	7	7	2
Missachtung des Partners	2	1	1
Mehrbelastung für Lehrkräfte und Schule	5	6	1
Partnerschaft	11	12	1
Fehlende klare Absprachen und Zuständigkeiten	2	3	1
Fehlende Kontrolle und Evaluation	2	2	0
Partnerschaften als Selbstzweck	1	1	0
Partner passt nicht zum Schulkonzept	3	3	0
Absprachen werden nicht eingehalten	3	3	0
Schüler/innen	7	6	1
Kein Konzept / nur Betreuung	2	2	0
Schüler/innen profitieren kaum	3	2	1
Nur "körperliche" Betätigung	2	2	0

Öffnung der Ganztagsschule

Die Perspektive der Lehrkräfte im Kontext aktueller Forschung

Die obigen Perspektiven der Lehrkräfte sind in vielen Fällen an Ergebnisse aktueller Untersuchungen zur Kooperation von Schulen anschlussfähig. Einige Aspekte können allerdings auch problematisiert werden.

Schülerinnen und Schüler sollen einen Mehrwert haben!

Dieser Wunsch der Lehrkräfte erfährt Bestätigung durch die StEG-Studie (StEG Konsortium o. a. J. a, b), die seit 2005 länderübergreifend die Entwicklung von Ganztagsschulen verfolgt und sich als Systemmonitoring zur Ganztagsschule versteht. Diese Studie zeigt differenziert auf, welche Mehrwerte den Schülerinnen und Schülern bei einem qualitätsvollen Ganztagsangebot entstehen. Insbesondere Eltern aus Familien mit niedrigem sozioökonomischem Status fühlen sich durch die Schule unterstützt und in Bezug auf die Hausaufgaben entlastet, wenn ihre Kinder die Ganztagsangebote nutzen (Fischer 2011, S. 29). Es finden sich eine Reihe positiver Auswirkungen auf Noten, Sozialverhalten und Schulfreude:

- ***Noten:*** Bei dauerhafter Teilnahme an Ganztagsangeboten gibt es ein geringeres Risiko von Klassenwiederholungen, ab drei Tagen pro Woche zeigen sich bessere Noten, v. a. bei hoher wahrgenommener Angebotsqualität und positiv wahrgenommener Schüler/innen-Betreuer/innen-Beziehung.
- ***Sozialverhalten:*** Bei guter Qualität des Angebots zeigt sich eine positive soziale Verantwortungsübernahme, es gibt weniger Störungen im Unterricht, weniger gewalttätiges Verhalten und Vandalismus. Dies gilt insbesondere für Jungen. Sind sie an Themenwahl und Planungen beteiligt, verhalten sie sich auch hilfsbereiter gegenüber Mitschülerinnen und Mitschülern und übernehmen eher Verantwortung in der Schule.
- ***Schulfreude:*** Positive Auswirkung einer als positiv wahrgenommenen Schüler/innen-Betreuer/innen-Beziehung.

Im Rahmen von guten Ganztagsangeboten entsteht Schülerinnen und Schülern also durchaus der Mehrwert, den Lehrkräfte von solchen Angeboten erwarten. Die Studie bestätigt zumindest die mit Ganztagsangeboten verbundene Hoffnung, die Teilhabe von Schülerinnen und Schülern aus Kontexten sozialer Benachteiligung zu verbessern.

Die Partner müssen geeignet sein!

Keine Dimension der vorliegenden kleinen Studie wies mehr Nennungen auf. Neben einer pädagogisch-didaktischen Ausbildung und Erfahrungen im Umgang mit schwierigen Situationen erwarten die Lehrkräfte von den Partnern eine hohe Selbstständigkeit und Flexibilität sowie eine ehrliche Evaluation ihrer Arbeit. Auch dieses Ergebnis lässt sich mit Forschungsbefunden verbinden. So hebt nicht nur die StEG-Studie in ihrem zweiten Untersuchungszyklus die Bedeutung der pädagogisch-fachlichen Qualifikation der Kooperationspartner hervor (StEG-Konsortium o. a. J. a; Speck 2010).

Es müssen gemeinsame Ziele entwickelt werden!
Diese Forderung steht ebenfalls in Einklang zu Befunden der Arbeits- und Organisationspsychologie, gemäß denen gemeinsame Ziele die Kohäsion von Gruppen erhöhen (Spieß 2010). Dabei ist darauf zu achten, dass die Ziele realistisch und umsetzbar sind. Unrealistische Ziele entmutigen bei ausbleibendem Erfolg (Sieland 2001). Dem gegenüber steht jedoch der Wunsch nach Anpassung der Kooperationspartner an die Schule und ihre Handlungslogiken.

Die Partner müssen einen verlässlichen Umgang pflegen! Die Partner passen sich an!
Der „gegenseitige Umgang" (31 Nennungen) im Sinne verlässlichen Handelns (Zuverlässigkeit, Pünktlichkeit, klare Zuständigkeiten etc.) stellt aus Sicht der Lehrkräfte ein weiteres Gelingensmerkmal dar. Auch hier zeigt die Arbeits- und Organisationspsychologie, dass die von den Lehrkräften genannten Gelingensbedingungen unabdingbar für eine erfolgreiche Kooperation sind (Spieß 2010; Dammer 2011).

Der verlässliche Umgang sollte im Zusammenhang mit der Kategorie „Anpassung der Partner" (17 Nennungen) gesehen werden. Verlässlichkeit im Umgang zeigt sich für Lehrkräfte hier ganz besonders in der Anpassung der Partner an das System Schule. Anpassungsleistungen des Systems Schule, sprich der Lehrkräfte, stehen eher nicht im Fokus, was die Betonung der „gemeinsamen Ziele" relativiert und auf eine Asymmetrie der Beziehungen hinweist. Lehrkräfte möchten in ihrer Autonomie möglichst nicht beeinträchtigt werden. Derart asymmetrische Partnerschaften bieten ein großes Potenzial an Konflikten und weisen ein höheres Risiko des Scheiterns auf (Dammer 2011; Teusler 2008; Kumar, Scheer & Steenkamp 1995).

Kooperation soll entlasten!
Im Kontext der Belastungsforschung werden soziale Beziehungen sowohl privater als auch beruflicher Art grundsätzlich als protektiv betrachtet. Einerseits schützen soziale Beziehungen vor Depression, andererseits erhöhen sie das berufliche Engagement (Krause & Dorsemagen 2014).

Grundsätzlich gilt im Einklang mit der StEG-Studie, dass Kooperation besonders dann als Entlastung empfunden wird, wenn die Partner als geeignet erlebt werden, d. h. wenn sie sich als pädagogisch kompetent und in der Interaktion verlässlich erweisen. Allerdings ist zu beachten, dass die Koordination der Partnerschaften ebenfalls mit Arbeitsbelastung verbunden ist. Im Kontext der zweiten Förderphase der StEG-Studie wird konstatiert (StEG-Konsortium 2015), dass der überwiegende Teil der Ganztagsschulen mit außerschulischen Partnern zusammenarbeitet – im Durchschnitt mit vier externen Anbietern. Ein Drittel bis knapp die Hälfte der Schulleitungen berichtet von Problemen bei der Gewinnung von Kooperationspartnern.

Dies ist an der untersuchten Schule, die in der Fallanalyse vorgestellt wurde, etwas anders: Dort gibt es 16 Partner. Das hat einerseits sicherlich damit zu tun, dass die Schule in der Großstadt München beheimatet ist, wo die Anzahl verfügbarer Partner höher sein mag als in ländlichen Regionen. Andererseits ist der Anteil an Schülerinnen und Schülern mit Migrationshintergrund sehr hoch. Da eine solche Menge an Partnerschaften nicht mehr sinnvoll organisiert werden kann, liegt das Auswahlproblem in diesem Fall darin zu entscheiden, welche Partner zu entpflichten sind.

Kooperation muss sich intensivieren!
Zur Kooperation von Lehrkräften untereinander existiert eine Reihe empirischer Studien (z. B. Gräsel, Fußangel & Pröbstel 2006). Kernergebnis vieler dieser Studien ist, dass Lehrkräfte, wenn sie zusammenarbeiten, auf einem Niveau eher geringer Intensität verbleiben und Kokonstruktion im Sinne gemeinsamer, unterrichtsbezogener Aushandlungs- und Reflexionsprozesse eher vermeiden. Theoretisch sehr einflussreich ist in diesem Kontext das Autonomie-Paritäts-Muster von Lortie (1975) gemäß dem Lehrkräfte ihre Arbeit machen wollen, ohne dass eine andere Person eingreift (Autonomie), und gleichzeitig Wert darauflegen, gleichberechtigt zu agieren (Parität). Hierzu lassen sich zwei Dinge feststellen: Zum einen wäre auch für die Kooperation mit externen Partnern eine Intensivierung der Kooperation im Sinne von Kokonstruktion wünschenswert. Zum anderen bedroht die externe Kooperation gleichzeitig das Autonomie-Paritäts-Muster, denn Kooperation verlangt – wenn sie sich nicht in einer reinen Anpassungsleistung der externen Partner erschöpfen soll – verlässliche Absprachen, welche die Autonomie einschränken.

Deswegen ist unseres Erachtens die Kategorie „gemeinsame Ziele" in der Beispielstudie zwar eine zentrale Kategorie, die jedoch dadurch relativiert wird, dass auf der anderen Seite in besonderem Maß eine Anpassung der außerschulischen Partner erwartet wird: Ein solches Muster der Kooperation würde die eigene Autonomie nicht infrage stellen.

Kooperation findet in multiprofessionellen Teams statt!
Die Professionsvielfalt an Ganztagsschulen hat auch jenseits von StEG eine beträchtliche Menge an Forschung generiert (z. B. Kielblock & Gaiser 2017; Kunze 2016; StEG-Konsortium 2015). Wesentliche Ergebnisse dieser Forschung lassen sich wie folgt zusammenfassen:

- Es gibt eine tendenziell positive Haltung gegenüber multiprofessioneller Teamarbeit (Steiner 2013).
- Gleichzeitig wird berichtet, dass Lehrkräfte sich in ihrem Selbstverständnis durch neue externe Akteure bedroht sehen (Kastrup 2011).

Außerschulische Kooperation in der Ganztagsschule

- Die Verzahnung vormals ausdifferenzierter getrennter Bereiche erweist sich als schwierig (Kunze 2016) und die Verfügbarkeit von Personal bzw. vieler Professionen führt nicht automatisch zu (gelingender) interdisziplinärer Kooperation (Friend 2000).

Will man den letzten Punkt besser verstehen, lohnt es sich, in Kontexte zu schauen, in denen schon länger multiprofessionell gearbeitet wird, etwa in die Sonderpädagogik. Dort werden einige grundsätzliche Aspekte multiprofessioneller Zusammenarbeit deutlich, die sich unseres Erachtens auch auf die Ganztagsschule übertragen lassen:

- Gelingendes Zusammenwirken erfordert ein ausgewogenes Verhältnis von Eigenständigkeit, Aufeinanderbezogensein und notwendiger Führung (Straßmeier 1992).
- Dieses ausgewogene Verhältnis wird häufig auf Grund von Statusdenken, Unsicherheit bzw. Konkurrenz, Versagensängsten, Abgrenzungsbedürfnissen oder falschen gegenseitigen Erwartungen nicht erreicht (Straßmeier 1992; Welsh 1998).
- Die Zusammenarbeit über alle Kontexte hinweg erfordert Absprachen und einen schnellen Austausch von Informationen. Entscheidungshoheiten sind zu respektieren und sollten einem Austausch nicht im Wege stehen (Brownell, Yeager, Rennels & Riley 1997; Weiß, Markowetz & Kiel 2017). Dem steht häufig das Autonomie-Paritäts-Muster entgegen.

Fazit

Die vorliegende kleine Studie zeigt, dass die Kooperation mit externen Partnern für Ganztagsschulen einerseits eine Notwendigkeit ist. Lehrkräfte können aus ihrer Sicht explizite Gelingensbedingungen solcher Kooperationen benennen, die in vielen Fällen im Einklang mit den Forschungsergebnissen zu den Grundsätzen kooperativen Handelns stehen. Andererseits sind diese Kooperationen keine Selbstläufer, denn ihre Ansprüche sind geprägt durch die Eigenperspektive und den Wunsch, sich im Sinne des Autonomie-Paritäts-Musters möglichst nicht von anderen – den kooperierenden Partnern – abhängig zu machen.

Literatur

Brownell, M. T., Yeager, E., Rennells, M. S. & Riley, T. (1997): Teachers working together: What teacher educators and researchers should know. Teacher Education and Special Education, 20, S. 340-359.

Dammer, I. (2011): Gelingende Kooperation („Effizienz"). In Becker, T., Dammer, I., Howaldt, J. & Loose, A. (Hrsg.): Netzwerkmanagement. Berlin, Heidelberg: Springer, S. 37-47.

Fischer, N. (2011): Ganztagsschulen. Was sie leisten – was sie stark macht. Schulmanagement (2), S. 28-30.

Fischer, N. & Stecher, L. (2013): Öffnung von Schule und individuelle Förderung. Ergebnisse aus der Studie zur Entwicklung von Ganztagsschulen (StEG). Schulverwaltung. Nordrhein-Westfalen, 24 (11), S. 310-311.

Fischer, N., Kuhn, H. P. & Tillack, C. (Hrsg.) (2016): Theorie, Praxis und Forschung zur Qualität von Ganztagsschulen (Reihe: Theorie und Praxis der Schulpädagogik).

Friend, M. (2000): Myths and misunderstandings about professional collaboration. Remedial and Special Education, 21, S. 130-134.

Gräsel, C., Fußangel, K. & Pröbstel, C. (2006): Lehrkräfte zur Kooperation anregen – eine Aufgabe für Sisyphos? Zeitschrift für Pädagogik, 52 (2), S. 205-219.

Kastrup, V. (2011): Die Rolle der Sportlehrkräfte in der Ganztagsschule. Eine Betrachtung aus professionstheoretischer Perspektive. In: Gröben, B., Kastrup, V. & Müller, A. (Hrsg.): Sportpädagogik als Erfahrungswissenschaft. Jahrestagung der dvs-Sektion Sportpädagogik vom 03.-05. Juni 2010 in Bielefeld (Schriften der Deutschen Vereinigung für Sportwissenschaft, Bd. 211, S. 352-357). Hamburg: Feldhaus, Ed. Czwalina.

Kielblock, S. & Gaiser, J. M. (2017): Professionenvielfalt an Ganztagsschulen. In: Maschke, S., Schulz-Gade, G. & Stecher, L. (Hrsg.): Jahrbuch Ganztagsschule 2017: Junge Geflüchtete in der Ganztagsschule. Integration gestalten – Bildung fördern – Chancen eröffnen (Jahrbuch Ganztagsschule, S. 113-123).

Krause, A. & Dorsemagen, C. (2014): Belastung und Beanspruchung im Lehrerberuf – Arbeitsplatz- und bedingungsbezogene Forschung. In: Terhart, E., Bennewitz, H. & Rothland, M. (Hrsg.): Handbuch der Forschung zum Lehrerberuf (2., überarbeitete und erweiterte Auflage, S. 987-1013). Münster: Waxmann.

Kumar, N., Scheer, L. K. & Steenkamp J.-B. (1995): The Effects of Perceived Interdependence on Dealer Attitudes. Journal of Marketing Research, 32(3), S. 348-356.

Kunze, K. (2016): Multiprofessionelle Kooperation – Verzahnung oder Differenzierung? Einige Einwände gegen die Polarisierungstendenz einer Diskussion. In: Idel, T.-S., Dietrich, F., Kunze, K., Rabenstein, K. & Schütz, A. (Hrsg.): Professionsentwicklung und Schulstrukturreform. Zwischen Gymnasium und neuen Schulformen in der Sekundarstufe (Studien zur Professionsforschung und Lehrerbildung, (261-277). Bad Heilbrunn: Verlag Julius Klinkhardt.

Lortie, D. C. (1975): Schoolteacher – a sociological study. Chicago: University Press.

MAXQDA. Software für qualitative Datenanalyse, 1989-2018. Berlin: VERBI Software. Consult. Sozialforschung GmbH.

Mayring, P. (2015): Qualitative Inhaltsanalyse. Grundlagen und Techniken (12. überarbeitete Auflage).

Saalfrank, W.-T. (2005): Schule zwischen staatlicher Aufsicht und Autonomie. Konzeptionen und bildungspolitische Diskussion in Deutschland und Österreich im Vergleich. Würzburg: Ergon.

Sieland, B. (2001): Was ist am Lehrerberuf wirklich belastend? Grundschule, 33 (3), S. 36-39.

Speck, K. (2010): Qualifikation, Professionalität und pädagogische Eignung des Personals an Ganztagsschulen. Der pädagogische Blick, 18, S. 13-32.

Speck, K., Olk, T., Böhm-Kasper, O., Stolz, H.-J. & Wiezorek, C. (Hrsg.) (2011): Ganztagsschulische Kooperation und Professionsentwicklung. Studien zu multiprofessionellen Teams und sozialräumlicher Vernetzung (Studien zur ganztägigen Bildung). Weinheim u. a.: Beltz Juventa.

Spieß, E. (2010): Organisationspsychologie: Basiswissen, Konzepte und Anwendungsfelder. München: Oldenbourg.

Staatsinstitut für Schulqualität und Bildungsforschung München (Hrsg.) (2010): Offene Ganztagsschulen in Bayern. Anregungen und Hilfestellungen zur praktischen Umsetzung. München.

StEG-Konsortium (o. a. J. a): Ganztagsschule: Bildungsqualität und Wirkungen außerunterrichtlicher Angebote. Ergebnisse der Studie zur Entwicklung von Ganztagsschulen 2012-2015. Online unter: *www.projekt-steg.de/sites/default/files/StEG_Brosch_FINAL.pdf* (Zugriff am: 30.05.2017).

StEG-Konsortium (o. a. J. b): Ganztagsschule: Entwicklung und Wirkungen. Ergebnisse der Studie zur Entwicklung von Ganztagsschulen 2005-2010. Online unter: *www.projekt-steg.de/sites/default/files/Ergebnisbroschuere_StEG_2010.pdf* (Zugriff am: 30.05.2017).

StEG-Konsortium (2015): Ganztagsschule 2014/2015. Deskriptive Befunde einer bundesweiten Befragung. Gießen.

Steiner, C. (2013): Die Einbindung pädagogischer Laien in den Alltag von Ganztagsschulen. Bildungsforschung, 10 (1), S. 64-90.

Straßmeier, W. (1992): Untersuchungen zum Phänomen des „Ausbrennens" bei Mitarbeitern an Schulen für Geistigbehinderte. Zeitschrift für Heilpädagogik, 43 (10), S. 649-655.

Teusler, N. (2008): Strategische Stabilitätsfaktoren in Unternehmenskooperationen. Eine kausalanalytische Betrachtung. Wiesbaden: Gabler.

Weiß, S., Markowetz, R. & Kiel, E. (2017): Multiprofessionelle Kooperation inner- und außerschulischer Akteure im Förderschwerpunkt Geistige Entwicklung – Die Sicht von Lehrkräften. Zeitschrift für Heilpädagogik, 68 (7), S. 316-328.

Welsh, M. (1998): Collaboration: Staying on the bandwagon. Journal of Teacher Education, 49(1), S. 26-37.

Wiesner, T., Olk, T. & Speck, K. (2016): Kooperation im Ganztag: Wohin steuern die Schulen? Erkenntnisse aus einer Evaluationsstudie zum Ganztagsgeschehen in Brandenburg. In: Fischer, N., Kuhn, H. P. & Tillack, C. (Hrsg.): Theorie, Praxis und Forschung zur Qualität von Ganztagsschulen (Reihe: Theorie und Praxis der Schulpädagogik, S. 202-215).

Andrea Hopf, Stephan Kielblock & Ludwig Stecher
Die veränderte Lehrerrolle in Ganztagsschulen

Lehrerrolle und Ganztag

Die flächendeckende Einführung der Ganztagsschulen in Deutschland verändert nicht nur das Bild der Schule, sondern auch die Aufgaben und Anforderungen für diejenigen, die in ihr arbeiten. Dies betrifft in besonderem Maße auch die Lehrerinnen und Lehrer. Ein umfangreicher Diskurs um die Rolle der Lehrkräfte in der Ganztagschule bzw. ihr Berufsverständnis hat sich in den letzten zehn bis 15 Jahren entwickelt (Wunder 2008; Speck 2012; Schuknecht 2013; Kielblock & Stecher 2014). Dass sich die Arbeit als Lehrkraft in einer Ganztagsschule von der Arbeit einer Lehrkraft in einer Halbtagsschule zumindest teilweise unterscheidet, macht Speck (2012) deutlich – so u. a. mit Blick auf die verlängerte Präsenz am Ort Schule, die notwendigen erweiterten Vermittlungskompetenzen der Lehrkräfte, die sich aus der Vernetzung mit den außerunterrichtlichen Angeboten oder einer neuen Rhythmisierung an der Schule ergeben, oder mit Blick auf die Zusammenarbeit mit dem (neuen) außerunterrichtlich pädagogisch tätigen Personal (multiprofessionelle Kooperation). Speck resümiert aus dieser Sicht die aktuelle Situation damit, „dass Lehrkräfte an Ganztagsschulen gegenüber ihren Kolleginnen und Kollegen an Halbtagsschulen zwar nicht gänzlich neue Aufgaben, aber umfangreichere und z. T. anders gewichtete Aufgaben übernehmen sollen" (Speck 2012, S. 59f.).

Erweiterung der pädagogischen Arbeit für Lehrkräfte in der Ganztagsschule

Wenngleich die Veränderungen der Lehrerrolle teils auch als mögliche neue Belastungsquellen diskutiert werden (wir gehen darauf in Abschnitt 3 näher ein), sehen viele darin vor allem neue und weitreichende Gestaltungsoptionen für die pädagogische Arbeit von Lehrkräften.

... durch den erweiterten Zeitrahmen

Der *erweiterte Zeitrahmen* bietet etwa die Möglichkeit, dass die Lehrerkräfte mehr Zeit mit den Schülerinnen und Schülern verbringen können, was sich positiv auf die Lehrer-Schüler-Beziehung auswirken und als Ausgangspunkt einer verbesserten individuellen Förderung einzelner Schülerinnen und Schüler genutzt werden kann. Der erweiterte Zeitrahmen bietet auch die Grundlage für neue Zeitstrukturen, also die Möglichkeit, den Tagesablauf zu rhythmisieren und aus der Sicht der Lehrkräfte, den Unterricht neu und auf die Anforderungen der Schülerinnen und Schüler ausgerichtet über den Tag zu verteilen.

Öffnung der Ganztagsschule

Was das im Einzelnen konkret bedeutet, haben Kielblock und Gaiser (2016) anhand der Studie zur Entwicklung von Ganztagsschulen (StEG) untersucht. Sie zeigen auf der Basis der bundesweiten StEG-Daten, dass drei Viertel der Lehrerinnen und Lehrer im Primarbereich und zwei Drittel im Sekundarbereich über ihren Unterricht hinaus im Ganztagsbetrieb mitarbeiten. Diese Mitarbeit bezieht sich vor allem auf die Durchführung eigener Angebote, aber auch bspw. auf Organisations- und Managementaufgaben im Ganztagsbetrieb. Die Mehrheit derjenigen, die eigene außerunterrichtliche Angebote durchführen, gibt an, ein bis zwei Stunden pro Woche dafür aufzuwenden.

Kielblock und Gaiser (2016) gingen darüber hinaus der Frage nach, wie die Lehrerinnen und Lehrer ihr Engagement im Ganztag begründen. Sie können anhand von – im Rahmen von StEG geführten – Interviews zeigen, dass es aus der Sicht der Lehrkräfte dabei vor allem um die Erweiterung der Möglichkeiten ihrer pädagogischen Arbeit geht. Es stehe mehr Zeit zum Lernen zur Verfügung, argumentierten die Lehrkräfte, und es sei besser möglich, die Verknüpfung von Vormittag und Nachmittag zu realisieren und einen inhaltlichen Bogen zu spannen.

Ein weiterer Aspekt, der in den Interviews genannt wurde, ist, dass es im Ganztag besser möglich sei, auf die individuellen Interessen und Bedürfnisse der Schülerinnen und Schüler eingehen zu können. Aus Lehrerperspektive eröffnen sich im vergleichsweise freier gestaltbaren außerunterrichtlichen Bereich pädagogische Gestaltungsmöglichkeiten bzw. Freiräume. Darüber hinaus sehen die Lehrerinnen und Lehrer die Möglichkeit, durch ihr Engagement im Ganztag im Schulleben insgesamt präsenter zu sein. Das ermöglicht, an den sozialen Beziehungen zu arbeiten; sowohl hinsichtlich der Schüler-Schüler-Beziehung als auch hinsichtlich der Schüler-Lehrer-Beziehung. In einem der erwähnten Interviews kam besonders zum Ausdruck, dass man im Ganztag die Kinder „nochmal von einer ganz anderen Seite" wahrnehmen könne (Kielblock & Gaiser 2016).

... durch die Zusammenarbeit mit dem weiteren pädagogisch tätigen Personal

Auch die *Zusammenarbeit mit dem weiteren pädagogisch tätigen Personal* kann das pädagogische Portfolio der Lehrkräfte erweitern. So bringen die *neuen* Professionen – wie etwa die Sozialpädagogik – eine neue, andere Sicht auf die Schülerinnen und Schüler, neue Ideen mit Blick auf die methodische und didaktische Organisation von Lehr-Lern-Prozessen sowie neue Lerninhalte mit an die Schule (vgl. Kielblock & Gaiser 2016). Auch wenn aus anderen Studien bekannt ist, dass diese Kooperation unterschiedlicher pädagogisch Tätiger im Ganztagsbetrieb nicht immer reibungslos verläuft (siehe Abschnitt 3), so betonen die Interviewten in der Studie von Kielblock und Gaiser (2016) doch, dass die Ideen und Kompetenzen des Weiteren pädagogisch tätigen Personals für die eigene Arbeit bereichernd erlebt werden. So beschreibt etwa eine Lehrerin im Interview, dass durch die Kooperation mit pädagogisch Tätigen anderer Professionen pädagogische Reflexionsprozesse angestoßen werden, die letztlich auch den Kindern zugutekommen.

Damit deutet sich an, dass die multiprofessionelle Kooperation zu den Kernelementen einer gelingenden Ganztagsschularbeit gehört. Aus der bundesweiten Schulleitungsbefragung (StEG-Konsortium, 2015) ist bekannt, dass an der weit überwiegenden Mehrheit der deutschen Ganztagsschulen (etwa 90 %) weiteres pädagogisch tätiges Personal mitarbeitet. In einer Studie von Kielblock & Gaiser (2017) wurde der professionsbezogene Hintergrund des weiteren pädagogisch tätigen Personals an Ganztagsschulen genauer untersucht. Es zeigte sich dabei eine große Bandbreite. Gerade in dieser Heterogenität pädagogischer Perspektiven liegt ein besonderes Potenzial, das es zu entfalten gilt.

Mögliche zusätzliche Belastungen der Lehrkräfte in der Ganztagsschule

Mit dem erweiterten Zeitrahmen und der Zusammenarbeit wurden im vorigen Abschnitt zwei Punkte herausgegriffen, die das Potenzial beschreiben, das sich für Lehrkräfte aus der Veränderung in Ganztagsschulen ergibt. Anhand dieser Punkte soll im Folgenden auch über mögliche Belastungen gesprochen werden. Nur beide Perspektiven – die des Potenzials und die der möglichen Belastungen – zusammen ermöglichen realitätsangemessene Aussagen dazu, wie und in welchem Maße sich die Lehrerrolle an Ganztagsschulen von der an Halbtagsschulen unterscheidet.

... durch den erweiterten Zeitrahmen

Hempe-Wankerl (2005) beschreibt anhand eines Bremer Modellversuchs zu Präsenzzeiten, wie die Anwesenheits- bzw. Arbeitszeiten von Lehrerinnen und Lehrern in Ganztagsschulen mithilfe eines Jahreszeitenarbeitsmodells hinsichtlich der geänderten Anforderungen der Ganztagsschule neu geregelt werden können. So wurden beispielsweise an der Ganztagsgrundschule Borchshöhe für die Lehrerinnen und Lehrer 35 Stunden Anwesenheit in der Schule (ca. 21 Stunden für Unterricht und 14 Stunden für Vorbereitungen, Teamgespräche, Lehrplanung etc.) und etwa 10 weitere Stunden als individuell planbare Arbeitszeit in der Woche festgelegt (Hempe-Wankerl 2005, S. 234). Die wöchentliche Gesamtarbeitszeit ergibt sich aus einer Arbeitszeitberechnung, die für das ganze Jahr einen Erholungsurlaubsanspruch von 30 Tagen vorsieht. Wenngleich Hempe-Wankerl (2005) von einer großen Akzeptanz seitens des Lehrerkollegiums hinsichtlich der neuen Arbeitszeitregelung schreibt, muss offenbleiben, inwieweit ein solcher Modellversuch in die Breite übertragbar ist.

Verbringen die Lehrkräfte mehr Zeit in der Schule, heißt dies auch, dass sie spezifische Arbeiten wie Korrekturarbeiten oder die Vorbereitung des Unterrichts, die zuvor häufig zu Hause erledigt wurden, nun innerhalb der Schule erledigen. Dies kann nur erfolgreich umgesetzt werden, wenn in der Ganztagsschule auch die entsprechend notwendige Infrastruktur zur Verfügung steht. Hierzu gehört ein eigener Arbeitsplatz, Ruhearbeitsräume, Regale für eigene Bücher etc. Hinzu kommt, dass die Arbeitszeitpläne (Stundenpläne) für die Lehrkräfte in Ganztagsschulen mit dem anderen Personal abgestimmt werden müssen, damit unterrichtliche und außerunterrichtliche Arbeitszeiten sinnvoll zueinander passen und in jeweils ausreichender Länge zur Verfügung stehen (z. B. Zeitfenster für konzentrierte Arbeit an der Unterrichtsvorbereitung). Ohne eine solche Arbeitszeitkonzeption erhöht sich das Risiko von „Springstunden" und Leerlauf (Appel 2004, S. 148ff., 155).

Das Mehr an Zeit in der Ganztagsschule kann zudem dazu führen, dass Lehrerinnen und Lehrer zunehmend mehr Aufgaben übernehmen (müssen) und dadurch die Gefahr von Überlastungen steigt. Hier mahnt Schuknecht (2013) an, dass für das erfolgreiche Ausfüllen der neuen und erweiterten Rolle einer Lehrkraft in der Ganztagsschule auch die entsprechende „Zeit für eine angemessene Rollenausübung vorhanden sein muss" (S. 79). Mit anderen Worten: Um die gewonnenen Potenziale ausschöpfen zu können, muss garantiert werden, dass Lehrerinnen und Lehrer ihre Rolle innerhalb der Schule mitgestalten und weiterentwickeln können.

... durch die Zusammenarbeit mit dem weiteren pädagogisch tätigen Personal

Wenngleich wir oben die positiven Seiten der multiprofessionellen Kooperation angesprochen haben, kann davon ausgegangen werden, dass es vor dem Hintergrund substantiell unterschiedlicher (pädagogischer) Vorstellungen und Professionsüberzeugungen ggf. durchaus schwirig sein kann, in der pädagogischen Arbeit „an einem Strang zu ziehen".

In unterschiedlichen Studien zeigte sich gerade die Entwicklung einer gemeinsamen „pädagogischen Vision" von Lehrkräften und weiterem Personal als eine besondere Herausforderung in der multiprofessionellen Kooperation. Exemplarisch findet sich diese Herausforderung beispielsweise in einer Fallstudie, von der Gaiser et al. (2017) berichten, bei der eine Ganztagsschule und ein Hort den Entschluss fassen, verstärkt miteinander zu kooperieren – es treten Barrieren auf individueller und struktureller Ebene auf. Die Entwicklung einer gemeinsamen Vision ist davon abhängig, dass sich alle Beteiligten um kontinuierliche Reflexion und Fortbildung bemühen und dass entsprechende Strukturen etabliert sind, die (gemeinsame) Reflexion und (gemeinsame) Fortbildung ermöglichen. Damit sind einerseits hohe Anforderungen an die beteiligten Personen mit Blick auf ihre eigene Weiterentwicklung und Innovationsbereitschaft angesprochen und gleichzeitig auch die Anforderungen an die strukturelle Verfasstheit einer Schule (gemeinsame Konferenzen, Überschneidungszeiten, gemeinsame Räumlichkeiten etc.).

Die veränderte Lehrerrolle in Ganztagsschulen

Resümee

Warum der außerunterrichtliche Bereich für Lehrkräfte grundsätzlich sehr herausfordernd sein kann, wurde von Kielblock und Monsen (2016) beschrieben. Wichtige Punkte betreffen Bereiche, die noch zuvor als Potenziale des Ganztags hervorgehoben wurden, wie etwa die wenigen inhaltlichen Vorgaben, welcher Stoff zu behandeln wäre. Zwar ist für den unterrichtlichen Bereich der Ganztagsschule das Curriculum vergleichsweise konkret geregelt, aber für den außerunterrichtlichen Bereich fehlen solche inhaltlichen Vorgaben weitestgehend. Lehrkräfte, die im Ganztag tätig sein wollen, müssen sich entsprechend geeignete und gegebenenfalls innovative Strategien für die methodische und didaktische Arbeit mit den Schülerinnen und Schülern außerhalb des Unterrichts aneignen. Es muss davon ausgegangen werden, dass Lehr-Lern-Probleme im außerunterrichtlichen Bereich nicht schablonenartig bearbeitet werden können. Sich auf den außerunterrichtlichen Bereich einzulassen, erfordert also von den Lehrkräften Innovationsbereitschaft, Offenheit und Reflexionsbereitschaft.

Wie zuvor bereits betont, ergibt sich ein großes Potenzial daraus, dass Lehrerinnen und Lehrer gemeinsam mit allen anderen Fachkräften an der Erfüllung des Bildungs- und Erziehungsauftrages arbeiten, sich zuständig fühlen und an einem Strang ziehen. Damit dieser Auftrag gelingen kann, ist es notwendig, die Qualität der pädagogischen Arbeit stetig im Auge zu behalten. Die modernen Instrumente der Qualitätssicherung bieten auch dem Lehrpersonal Möglichkeiten, ihre pädagogische Tätigkeit zu evaluieren. Dies birgt aber auch ein Risiko: Nach Terhart (2011, S. 217) bereitet die Nutzung von Instrumenten, die der Qualitätsverbesserung dienen, vielen Lehrkräften noch Schwierigkeiten. Dies betrifft vor allem die Rückkopplung der Ergebnisse und die Umsetzung und Integration der Maßnahmen im schulischen Prozess. Gerade mit der Ganztagsschule werden solche Evaluationsaufgaben zunehmen. Die Rolle des Lehrers bzw. der Lehrerin wird sich in vielfacher Hinsicht zukünftig durch die Ganztagsschule verändern.

Literatur

Appel, S. (2004): Handbuch Ganztagsschule. Praxis – Konzepte – Handreichungen. Schwalbach/Ts.: Wochenschau Verlag.

Hempe-Wankerl, C. (2005): Über den Zusammenhang von pädagogischen Konzepten, Zeitstrukturen in der Schule und Arbeitsbelastung der Lehrkräfte. Oder: Ganztagsschulen brauchen Ganztagslehrer. In Fitzner, T., Schlag, T & Lallinger, M. W. (Hrsg.): Ganztagsschule – Ganztagsbildung. Politik – Pädagogik – Kooperationen (S. 221-235). Bad Boll: Evangelische Akademie.

Gaiser, J. M., Kielblock, S. & Stecher, L. (2017): Ganztagsschule und Hort als gemeinsamer Bildungsraum. In Neuß, N. (Hrsg.): Hort und Ganztagsschule: Grundlagen für den pädagogischen Alltag und die Ausbildung (S. 45-53). Berlin: Cornelsen.

Kielblock, S. & Gaiser, J. M. (2017): Professionenvielfalt an Ganztagsschulen. In: Maschke, S., Schulz-Gade, G.& Stecher, L. (Hrsg.): Jahrbuch Ganztagsschule 2017: Junge Geflüchtete in der Ganztagsschule: Integration gestalten – Bildung fördern – Chancen eröffnen (S. 113-123). Schwalbach/Ts.: Debus Pädagogik.

Kielblock, S. & Gaiser, J. M. (2016): Mitarbeit von Lehrerinnen und Lehrern im Ganztagsbetrieb und ihre subjektiven Theorien zum pädagogischen Potenzial ihres ‚Mehr an Zeit'. In: Fischer, N., Kuhn, H. P. & Tillack, C. (Hrsg.): Was sind gute Schulen? Teil 4: Theorie, Praxis und Forschung zur Qualität von Ganztagsschulen (S. 122-137). Immenhausen bei Kassel: Prolog.

Kielblock, S. & Monsen, J. J. (2016): Practitioner's use of research to improve their teaching practices within extended educational provisions. International Journal for Research on Extended Education, 4(2), 5-16.

Kielblock, S. & Stecher, L. (2014): Lehrer/innen an Ganztagsschulen. In Coelen, T. & Stecher, L. (Hrsg.), Die Ganztagsschule. Eine Einführung (S. 99-110). Weinheim, Basel: Beltz Juventa.

Schuknecht, P. (2013): Lehrer/innen in der Ganztagsschule: Vom Wissensvermittler zum Lern- und Lebensbegleiter. In: Erdsiek-Rave, U. & John-Ohnesorg, M. (Hrsg.): Gute Ganztagsschulen. Berlin: Friedrich-Ebert-Stiftung.

Speck, K. (2012): Lehrerprofessionalität, Lehrerbildung und Ganztagsschule. In: Appel, S. & Rother, U. (Hrsg.): Schulatmosphäre – Lernlandschaft – Lebenswelt (S. 56-66). Schwalbach/Ts.: Wochenschau Verlag.

StEG-Konsortium (2015): Ganztagsschule 2014/2015. Deskriptive Befunde einer bundesweiten Befragung. Frankfurt am Main.

Terhart, E. (2011): Lehrerberuf und Professionalität: Gewandeltes Begriffsverständnis – neue Herausforderungen. In: Zeitschrift für Pädagogik, 57 Beiheft, S. 202-224.

Wunder, D. (2008) (Hrsg.): Ein neuer Beruf? Lehrerinnen und Lehrer an Ganztagsschulen. Schwalbach/Ts.: Wochenschau Verlag.

Elke Inckemann
Ehrenamtliche Vorleser in der gebundenen Ganztagsgrundschule – Förderung von Sprache und Lesen

Ehrenamtliche Vorleser in der gebundenen Ganztagsgrundschule: Förderung von Sprache und Lesen

An die Ganztagschule knüpfen sich große Erwartungen (vgl. vbw 2013, S. 19f): Aus sozialpolitischer Perspektive soll die Ganztagsschule helfen, ein umfassendes Betreuungsangebot zur Verfügung zu stellen, aus bildungspolitischer Perspektive ist das Ziel, mehr Chancengerechtigkeit zu schaffen, und aus pädagogischer Perspektive soll die Ganztagsschule dazu beitragen, die Qualität und Wirkung der Schule zu verbessern. Alle drei Perspektiven spielen eine Rolle, wenn es um Sprachentwicklung und Leseförderung geht. Bezogen auf dieses inhaltliche Feld ist die Hoffnung, dass

- sich durch die längere Betreuungszeit zusätzliche Möglichkeiten ergeben, Kinder in ihrer sprachlichen Entwicklung und im Lesen zu fördern,
- Kinder aus benachteiligten Familien gezielt in der Sprachentwicklung und im Lesen gefördert werden und so bessere Bildungschancen erhalten,
- individualisierte Lernwege im Sprach- und Leseunterricht ermöglicht werden.

Eine ganz besondere Chance, Sprachentwicklung und Lesefähigkeiten in der Ganztagsschule zu fördern, steckt im Vorlesen.

Bedeutung des Vorlesens

Als wichtigste Instanz für das Vorlesen gilt die Familie. Vater, Mutter oder andere Verwandte sitzen mit den Kindern der Familie gemütlich, meist in ritualisierter Form zusammen, der Erwachsene liest – vielleicht schon zum wiederholten Male – aus einem Buch vor, über den Text wird gesprochen, es wird gelacht und gekuschelt. Von diesen Situationen gehen wichtige Impulse in verschiedene Richtungen aus (vgl. Ehmig & Reuter 2013, S. 2ff; Stiftung Lesen 2014, 2015, 2016): Das Kind gewinnt Sicherheit und emotionalen Halt, die Beziehung zwischen Kind und Erwachsenem wird gestärkt, durch die Auseinandersetzung mit dem Text wird das Weltwissen des Kindes, seine Empathie und Fantasie gefördert. Gerade wenn sich ein Dialog zwischen Kind und Vorleser entspinnt („dialogisches Lesen", vgl. Kraus 2008), entsteht aus der Vorlesesituation die „effektivste Spracherwerbssituation überhaupt" (Nickel 2005, S. 86). Für das Lesenlernen gehen vom Vorlesen zwei weitere Impulse aus (vgl. Hurrelmann 1994): Zum einen gleitet das Kind beim Vorlesen in die Welt der Schriftlichkeit, da die Vorlesetexte von einem anspruchsvollen Wortschatz und von komplexeren syntaktischen Strukturen

Öffnung der Ganztagsschule

gekennzeichnet sind als die mündliche Alltagskommunikation. Zum anderen taucht das Kind in die Welt der Bücher ein und baut Lesemotivation auf (Ehmig & Reuter 2013, S. 9). Vor diesem Hintergrund gilt das Vorlesen als „einfachste und wichtigste Möglichkeit, den schulischen Leseerfolg zu sichern" (Kammermeyer 2003, S. 71).

In vielen Familien ist das Vorlesen ein fester Bestandteil des Familienlebens (vgl. Stubbe u.a. 2007), doch die Stiftung Lesen kommt zu der Einschätzung, dass in Deutschland in einem Drittel der Familien mit Kindern im Vorlesealter nicht oder zu selten vorgelesen wird (Ehmig & Reuter 2013, S. 29). Es scheint also deutliche Unterschiede zwischen den Familien zu geben. So wird insbesondere in Familien mit türkischem Migrationshintergrund und niedrigem Bildungsniveau wenig oder gar nicht vorgelesen (vgl. Stiftung Lesen 2010).

Wenn das Vorlesen so wichtig ist, aber ein beträchtlicher Teil der Kinder zu selten in der Familie vorgelesen bekommt, liegt der Gedanke nahe, dass andere Institutionen ausgleichend wirken sollten. Da ist zunächst der Kindergarten zu nennen und die Grundschule, aber auch der Einsatz von Ehrenamtlichen. In München widmet sich z. B. der Verein „Lesefüchse e. V." mit über 300 Ehrenamtlichen dem Vorlesen. Die ehrenamtlichen Vorleserinnen und Vorleser stellen z. B. in Bibliotheken und Grundschulen regelmäßige Vorlesestunden zur Verfügung. In gebundenen Ganztagsklassen führen sie in den Jahrgangsstufen 1 und 2 wöchentlich Vorlesestunden in Gruppen mit 4-6 Kindern durch. Durch die Einbindung der Vorlesestunden in den Pflichtunterricht und die Umsetzung in Kleingruppen kann in den Ganztagsklassen eine Regelmäßigkeit und Breitenwirkung gewährleistet werden, wie sie in Vorlese-AGs, Leseclubs und Vorleseangeboten in Bibliotheken nicht möglich ist.

Ergebnisse aus der Begleitforschung „Ganztagsklassen mit ehrenamtlichen Vorlesern"

Der Frage, wie sich Kinder entwickeln, bei denen das Vorlesen zum „Pflichtprogramm" in der Ganztagsschule gehört, wurde in der wissenschaftlichen Begleitung der „Ganztagsklassen mit ehrenamtlichen Vorlesern" (GehVor) nachgegangen. In drei Münchner Ganztagsklassen wurden von Herbst 2012 bis Juli 2016 die sprachlichen Fähigkeiten, die Lesemotivation und die Lesekompetenz der Kinder erhoben. 12 Vorleser von Lesefüchse e. V. lasen in diesen Klassen von Herbst 2012 bis Juli 2014 in 14 Gruppen vor. Insgesamt wurden im Herbst 2012 in den drei Klassen 61 Kinder eingeschult. Davon nahmen 49 Kinder an allen Verfahren in den Jahrgangsstufen 1 und 2 teil, von 43 Kindern liegen alle Verfahren der Jahrgangsstufen 1-4 vor. Im Folgenden wird zunächst auf die Ergebnisse aus den Jahrgangsstufen 1 und 2 (N=49), anschließend auf die Ergebnisse vom Ende der Grundschulzeit (N=43) eingegangen. Der Anteil der Kinder mit Migrationshintergrund lag in den drei Klassen zu allen Erhebungszeitpunkten bei 70-80 %.

Ehrenamtliche Vorleser in der gebundenen Ganztagsgrundschule

Ergebnisse Anfang Jahrgangsstufe 1

Zur Erfassung der *Ausgangslage am Anfang der 1. Jahrgangsstufe* wurden anhand dreier Verfahren phonologische Bewusstheit, sprachliche Fähigkeiten sowie Leseerfahrung und Lesemotivation erhoben[1]:

- In allen drei Klassen sind Kinder mit wenig Leseerfahrung und geringer Lesemotivation (insgesamt 10 von 49 Kindern). Nur 17 von 49 Kindern (35 %) geben an, oft vorgelesen zu bekommen (s. Abb. 1). Eine Mehrheit der Kinder, 32 von 49 Kindern, wünscht sich mehr Vorlesen im Elternhaus (65 %).

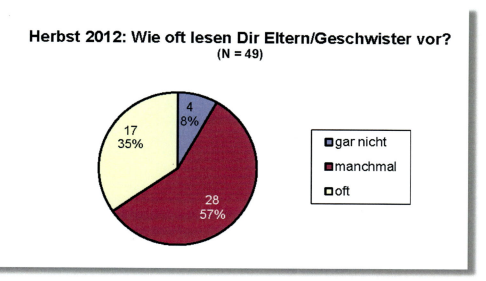

Abb. 1: Ergebnis zu Frage 8 im Fragebogen zur Leseerfahrung und Lesemotivation im Herbst 2012 (N=49)

---

[1] In der 1. und 2. Jahrgangsstufe wurden drei standardisierte Testverfahren eingesetzt: Im Herbst 2012 der „Test zur Erfassung der phonologischen Bewusstheit und der Benennungsgeschwindigkeit" (TEPHOBE) zur Erfassung der phonologischen Bewusstheit als zentraler Vorläuferfähigkeit des Schriftspracherwerbs, die „Sprachstandsüberprüfung und Förderdiagnostik für Ausländer- und Aussiedlerkinder" (SFD) zur Überprüfung des Sprachstands von Kindern mit nicht-deutscher Erstsprache. Ab Mitte der 1. Jahrgangsstufe wurde der standardisierte Lesetest „Würzburger Leise Leseprobe – Revision" (WLLP-R) zu Feststellung der Lesegeschwindigkeit auf Wortebene eingesetzt. Der Vorteil standardisierter Tests besteht darin, dass die Leistung eines Kindes durch die exakten Vorgaben so objektiv wie möglich erhoben wird und durch die Normtabellen mit den Leistungen einer großen Gruppe Gleichaltriger verglichen werden kann (Prozentrang, T-Wert). Für die Erfassung von Lesemotivation und Leseerfahrung wurde ein Fragebogen entwickelt (in Anlehnung an Richter & Plath 2012), für den allerdings keine Vergleichswerte aus anderen Klassen vorliegen.

- Die meisten Kinder beginnen den schriftsprachlichen Anfangsunterricht mit einer hohen Motivation. So geben 44 von 49 Kindern (90 %) an, dass sie sich auf das Lesenlernen sehr freuen, 37 von 49 Kindern (76 %) gefällt der Leseunterricht in der Schule sehr.
- 40 % der Kinder geben an, mit den Eltern zu Hause selten Deutsch zu sprechen, aber 96 % der Kinder sagen, dass sie mit Freunden oft bzw. immer Deutsch sprechen.
- In zwei Klassen zeigen insgesamt vier von 49 Kindern unterdurchschnittliche Ergebnisse in der phonologischen Bewusstheit.
- In allen drei Klassen sind Kinder mit schwachen Ergebnissen im Sprachtest SFD 1, der den Sprachstand im Vergleich zu anderen Kindern mit Migrationshintergrund überprüft. Bei vier Kindern mit Migrationshintergrund ist zu befürchten, dass sie aufgrund der Schwächen im Wortschatz dem Regelunterricht nicht angemessen folgen können. Bei 20 weiteren Kindern mit Migrationshintergrund lassen die Ergebnisse im Wortschatz darauf schließen, dass sie eine zusätzliche Förderung in Deutsch als Zweitsprache benötigen.

Die Ergebnisse aus allen drei Verfahren wurden in einem Risikoprofil zusammengeführt, in dem je Verfahren bis zu drei Risikopunkte vergeben werden. In allen drei Klassen sind Kinder mit sehr günstiger (insgesamt 17 Kinder), eher günstiger (18 Kinder) und eher ungünstiger (13 Kinder) Ausgangslage, aber nur ein Kind weist eine sehr ungünstige Ausgangslage auf. Die Kinder mit Migrationshintergrund finden sich in allen Leistungsbereichen, aber alle 14 Kinder mit eher ungünstiger bzw. sehr ungünstiger Ausgangslage haben Migrationshintergrund.

Ergebnisse Jahrgangsstufe 2

Die Erfassung der *Lernentwicklung bis zum Ende der 2. Jahrgangsstufe* anhand der Verfahren WLLP-R, SFD 2, Fragebogen zur Leseerfahrung und Lesemotivation ergab:

Am Ende der Jahrgangsstufe 2 wird 42 von 49 Kindern (86 %) zu Hause gar nicht oder nur manchmal vorgelesen. 30 von 49 Kindern (61 %) wünschen sich mehr Vorlesen im Elternhaus. Das Vorlesen bei den Lesefüchsen gefällt den Kindern auch am Ende der 2. Jahrgangsstufe sehr gut (57 %) bzw. gut (29 %).

28 von 49 Kindern (58 %) geben an, dass ihnen der Leseunterricht sehr großen Spaß mache, ebenfalls 28 Kinder geben an, dass sie selbst gerne lesen. In ihrer Freizeit lesen 20 von 49 Kindern (41 %) mindestens einmal täglich. Andererseits geben 18 Kinder (37 %) an, dass sie seltener als einmal in der Woche in der Freizeit lesen.

Am Ende der 2. Jahrgangsstufe ist kein Kind im Lesetest WLLP-R im unterdurchschnittlichen Leistungsbereich (T-Wert < 40), drei Kinder erreichen den durchschnittlichen Leistungsbereich aber nur knapp (T-Wert zwischen

40 und 44). 12 von 49 Kindern (24 %) erzielen im WLLP-R eine überdurchschnittliche Leistung (T-Wert > 60), darunter sind neun Kinder mit Migrationshintergrund.

Von den 14 Kindern, die zu Beginn des 1. Schuljahrs eine eher ungünstige bzw. sehr ungünstige Ausgangslage aufwiesen – alle mit Migrationshintergrund –, erreichen am Ende der 2. Jahrgangsstufe im Lesetest WLLP-R 12 Kinder den durchschnittlichen Leistungsbereich, drei Kinder davon stehen an der Grenze zum überdurchschnittlichen Leistungsbereich. Zwei Kinder erreichen eine überdurchschnittliche Leistung.

Der Sprachtest SFD 2 ergab bei vier Kindern mit Migrationshintergrund Schwächen im Wortschatz, sodass sie dem Regelunterricht vermutlich nicht angemessen folgen können. Weitere 16 Kinder mit Migrationshintergrund benötigen laut der Ergebnisse im SFD 2 eine zusätzliche Förderung in Deutsch als Zweitsprache.

Ergebnisse Jahrgangsstufe 4

Die Erfassung der *Lernentwicklung bis zum Ende der 4. Jahrgangsstufe* anhand der Verfahren WLLP-R, ELFE[2], SFD 4 und des Fragebogens zur Leseerfahrung und Lesemotivation zeigte:

- Am Ende der 4. Jahrgangsstufe sagen 25 von 43 Kindern (59 %), dass ihnen der Leseunterricht sehr großen Spaß mache, 23 Kinder (53 %) geben an, dass sie gerne lesen. Ebenfalls 23 von 43 Kindern lesen mindestens einmal täglich in der Freizeit (s. Abb. 2). Neun von 43 Kindern (21 %) geben an, dass sie seltener als einmal in der Woche in der Freizeit lesen bzw. wollen dazu keine Angabe machen.
- Im Lesetest WLLP-R (s. Abb. 3) bleiben vier von 43 Kindern (9 %) im unterdurchschnittlichen Leistungsbereich. 32 Kinder erzielen eine durchschnittliche Leistung (74 %), zwei Kinder davon erreichen den durchschnittlichen Leistungsbereich allerdings nur knapp. Sieben Kinder (16 %) erzielen in der Lesegeschwindigkeit eine überdurchschnittliche Leistung. Im Leseverständnistest ELFE (s. Abb. 3) bleiben zwei von 43 Kindern (5 %) im unterdurchschnittlichen Leistungsbereich. 39 Kinder erzielen eine durchschnittliche Leistung (91 %), davon erreichen drei Kinder nur knapp den durchschnittlichen Leistungsbereich. Zwei Kinder (5 %) erreichen im Leseverständnis eine überdurchschnittliche Leistung.

---

[2] Das standardisierte Verfahren „Ein Leseverständnistest für Erst- bis Sechstklässler" (ELFE) wurde ab der 3. Jahrgangsstufe zur Erfassung des Leseverständnisses auf Wort-, Satz- und Textebene eingesetzt.

Öffnung der Ganztagsschule

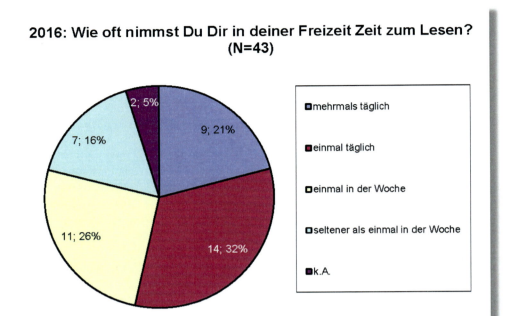

Abb. 2: Ergebnis zu Frage 30 im Fragebogen zur Leseerfahrung und Lesemotivation am Ende der 4. Jahrgangsstufe (N=43)

- Auch die elf Kinder mit Migrationshintergrund, die zu Beginn des 1. Schuljahres eine eher ungünstige Ausgangslage aufwiesen und bis zum Ende der 4. Jahrgangsstufe in der Klasse blieben (orange markiert, s. Abb. 3), verteilen sich am Ende der 4. Jahrgangsstufe in den Lesetests WLLP-R und ELFE auf alle Leistungsbereiche. Ein Kind bleibt sowohl im WLLP als auch im ELFE im unterdurchschnittlichen Leistungsbereich, ein weiteres Kind bleibt lediglich im WLLP bei einer unterdurchschnittlichen Leistung. Die neun anderen Kinder erreichen in beiden Verfahren eine mindestens durchschnittliche Leistung. Zwei der Kinder, die mit einer ungünstigen Ausgangslage gestartet waren, erreichen im WLLP den überdurchschnittlichen Leistungsbereich.
- Der Sprachtest SFD 4 ergibt bei zwölf Kindern mit Migrationshintergrund Schwächen im Wortschatz, sodass sie dem Regelunterricht vermutlich nicht angemessen folgen können. Bei weiteren neun Kindern mit Migrationshintergrund wäre nach den Ergebnissen des SFD 4 eine zusätzliche Förderung in Deutsch als Zweitsprache notwendig.

Ehrenamtliche Vorleser in der gebundenen Ganztagsgrundschule

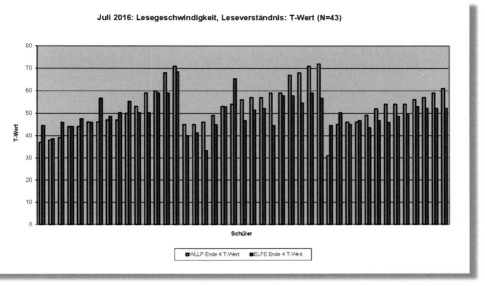

Abb. 3: Ergebnisse Lesegeschwindigkeit, Leseverständnis am Ende der 4. Jahrgangsstufe (N=43)

Insgesamt deuten die Ergebnisse darauf hin, dass viele Kinder der drei Ganztagsklassen ein „Vorlesedefizit" aufwiesen und die Vorlesesituationen der ehrenamtlichen Vorleser in den Jahrgangsstufe 1 und 2 motiviert aufnahmen. Am Ende der 4. Jahrgangsstufe zeigen sich bei den Schülerinnen und Schülern solide Ergebnisse zu Lesemotivation, Lesegeschwindigkeit und Leseverständnis. Erfreulich ist, dass mehr als die Hälfte der Kinder angibt, mindestens einmal täglich in der Freizeit zu lesen. Irritierend sind dagegen m. E. die schwachen Ergebnisse einiger Kinder im Sprachtest SFD 4. Es entsteht der Eindruck, dass der gebundene Ganztag und das Engagement von ehrenamtlichen Vorlesern Lesemotivation und Lesekompetenz unterstützen können, dass aber die Chancen des Vorlesens für die Sprachförderung noch bewusster genutzt werden könnten. Von Bedeutung scheint hier zu sein, dass das Vorlesen in der Ganztagsschule einerseits möglichst vielfältig und andererseits in einer hohen Qualität umgesetzt wird. Darüber hinaus würden Kinder mit Migrationshintergrund von spezifischen DaZ-Fördermaßnahmen profitieren – z. B. mit dem Ziel, bildungssprachliche Kompetenzen zu fördern (vgl. Feilke 2012).

Umsetzung und Qualität des Vorlesens in der Ganztagsschule

In der Ganztagsschule ergeben sich durch das zusätzliche Zeitkontingent und die besonderen Strukturen mit gebundener und ungebundener Freizeit besondere Chancen für das Vorlesen – in loser Folge oder regelmäßig, auf freiwilliger Basis oder verpflichtend, in kleinen oder großen Gruppen, im

Öffnung der Ganztagsschule

Pflichtunterricht oder in der Freizeit, Kinder untereinander oder mit erwachsenen Vorlesern (vgl. Bräuer 2015, Claussen 2011, Dehn & Merklinger 2015, Gessner & Kuhley 2015, Hoppe 2012). Im Idealfall wird das Vorlesen zum Bestandteil der Schulentwicklung und damit zu einem gemeinsamen Anliegen aller an der Ganztagsschule Beteiligten (vgl. Gessner, Kuhley & Bräuer 2015):

- Kinder lesen ihren Mitschülerinnen und -schülern vor. Das vorlesende Kind sitzt auf einem besonders gekennzeichneten „Vorlesestuhl".
- Schülerinnen und Schüler aus höheren Jahrgangsstufen lesen Kindern aus niedrigeren Jahrgangsstufen vor.
- Grundschülerinnen und -schüler besuchen den Kindergarten und lesen den Kindern dort vor.
- Schülerinnen und Schüler lesen sich gegenseitig vor (Peer-Lernen im Vorlese-Team).
- Schülerinnen und Schüler trainieren in Lautlesetandems die Leseflüssigkeit.
- In einer „Lesenacht" werden Vorlesesituationen integriert, in der Kinder und die Lehrkraft vorlesen.
- Im „Leseclub" werden Vorlesesituationen für andere Schülerinnen und Schüler vorbereitet und durchgeführt.
- Bei einem „Vorlesewettbewerb" ergeben sich viele Möglichkeiten, selbst vorzulesen und beim Vorlesen zuzuhören (im Zweier-Team, in der Kleingruppe, vor der Klasse, vor der Schulgemeinschaft).
- In der Kleinen Pause liest die Lehrkraft vor.
- In der „Leseschiene" (der Klassenverband wird stundenweise aufgelöst und klassenübergreifend werden Neigungs- oder Leistungsgruppen gebildet) lesen die Lehrkräfte vor.
- In einem „Vorlesezimmer" wird von einem Elternteil, einem Großelternteil, einem ehrenamtlichen Vorleser oder einem Praktikanten vorgelesen.
- „Lesepaten", z. B. Eltern, Großeltern, Schülerinnen und Schüler der benachbarten weiterführenden Schule etc. kommen in die Klasse und lesen dort in Kleingruppen vor.
- Die Kinder besuchen eine Senioreneinrichtung, in der ihnen von Senioren vorgelesen wird.
- Die Kinder besuchen die Bibliothek, in der die Bibliothekarin bzw. der Bibliothekar vorliest.
- Autoren, bekannte Persönlichkeiten bzw. besondere Funktionsträger (z. B. Polizisten beim „Münchner Kinder-Krimifest 2016") lesen vor.
- Am bundesweiten Vorlesetag der Stiftung Lesen wird von externen Vorlesern vorgelesen.

Ehrenamtliche Vorleser in der gebundenen Ganztagsgrundschule

Unabhängig von der Organisationsform des Vorlesens ist die Qualität des Vorlesens von großer Bedeutung. Dabei kommt es auf verschiedene Faktoren an, wie Auswahl des Lesestoffs, äußere Bedingungen (Akustik, Lichtverhältnisse, Möblierung, Zeitstruktur), Einsatz von Stimme, Gestik und Mimik des Vorlesers, Beziehung zwischen Vorleser und Zuhörer(n), Interaktion zwischen Vorleser und Zuhörer(n) in der Vorlesesituation, abwechslungsreiche Gestaltung und Fortführung der Vorlesesituation, Verknüpfung des Vorlesens mit anderen Unterrichtsinhalten und nicht zuletzt die Vorbereitung und Qualifikation des Vorlesers (vgl. Claussen 2011, Bräuer 2015, Trischler 2015).

Literatur

Belgrad, J. (2015): Lernraum Vorlesen. In: Bräuer, G. & Trischler, F. (Hrsg.): Lernchance: Vorlesen. Vorlesen lehren, lernen und begleiten in der Schule. Stuttgart, S. 19-39.

Belgrad, J. & Klipstein, Ch. (2015): Leseförderung durch Vorlesen. Ein empirisch begründetes Plädoyer für das regelmäßige Vorlesen im Unterricht aller Schularten. In: Gressnich, E., Müller, C. & Stark, L. (Hrsg.): Lernen durch Vorlesen. Sprach- und Literaturerwerb in Familie, Kindergarten und Schule. Tübingen, S. 180-198.

Bräuer, G. (2015): Lernraum Schulhaus und Nachbarschaft. In: Bräuer, G. & Trischler, F. (Hrsg.): Lernchance: Vorlesen. Vorlesen lehren, lernen und begleiten in der Schule. Stuttgart, S. 255-341.

Claussen, C. (2011): Praxisbuch Vorlesen. Mit Büchern aufwachsen. Braunschweig.

Dehn, M. & Merklinger, D. (Hrsg.) (2015): Erzählen – vorlesen – zum Schmökern anregen. Frankfurt.

Ehmig, S. C. & Reuter, T. (2013): Vorlesen im Kinderalltag. Die Bedeutung des Vorlesens für die Entwicklung von Kindern und Jugendlichen und Vorlesepraxis in den Familien. Mainz.

Feilke, H. (2012): Bildungssprachliche Kompetenzen – fördern und entwickeln. In: Praxis Deutsch, 233, S. 4-13.

Gessner, E. & Kuhley, H. P. (2015): Lernraum Klassenzimmer – Vorlesen im Unterricht. In: Bräuer, G. & Trischler, F. (Hrsg.): Lernchance: Vorlesen. Vorlesen lehren, lernen und begleiten in der Schule. Stuttgart, S. 211-254.

Gessner, E., Kuhley, H. P. & Bräuer, G. (2015): Vorlesen als Lernchance – Eine Chance auch für die Schulentwicklung? In: Bräuer, G. & Trischler, F. (Hrsg.): Lernchance: Vorlesen. Vorlesen lehren, lernen und begleiten in der Schule. Stuttgart, S. 331-341.

Hoppe, I. (2012): In Lesewelten hineinwachsen. Leseförderung in der flexiblen Schulanfangsphase. Berlin.

Hurrelmann, B. (2006): Ein erweitertes Konzept von Lesekompetenz und Konsequenzen für die Leseförderung. In: Auernheimer, G. (Hrsg.): Schieflagen im Bildungssystem. Wiesbaden, S. 161-178.

Kammermeyer, G. (2003): Chancen des Kindergartens nutzen – Förderung von „literacy" in der frühen Kindheit. In: Arnold, R. & Günther, H. (Hrsg.): Innovative Bildungs- und Erziehungsprozesse. Pädagogische Materialien der Universität Kaiserslautern, Nr. 19, S. 71-80.

Kraus, K. (2008): Beobachtungsstudie über Vorlesen in Kindergärten. Was ist dialogisches Lesen? Kann es die Sprachfähigkeit von Kindern fördern? Wie wird es in deutschen Kindergärten angewendet? Saarbrücken.

Nickel, S. (2005): Family Literacy – Sprach- und Literalitätsförderung in der Familie. Bremen.

Richter, K. & Plath, M. (2005): Lesemotivation in der Grundschule. Empirische Befunde und Modelle für den Unterricht. Weinheim: Juventa.

Stubbe, T.C., Buddeberg, I., Hornberg, S. & McElvany, N. (2007): Lesesozialisation im Elternhaus im internationalen Vergleich. In: Bos, W. et al. (Hrsg.): IGLU 2006. Münster, S. 299-327.

Stiftung Lesen (2010): Vorlesestudie 2010: Vorlesen und Erzählen in Familien mit Migrationshintergrund. Mainz.

Stiftung Lesen (2014): Vorlesestudie 2014: Vorlesen macht Familien stark. Mainz.

Stiftung Lesen (2015): Vorlesestudie 2015: Vorlesen – Investition in Mitgefühl und solidarisches Handeln. Mainz.

Stiftung Lesen (2016): Vorlesestudie 2016: Was wünschen sich Kinder? Mainz.

Trischler, F. (2015): Lernraum Vorleser/in. In: Bräuer, G. & Trischler, F. (Hrsg.): Lernchance: Vorlesen. Vorlesen lehren, lernen und begleiten in der Schule. Stuttgart, S. 41-209.

Vbw – Vereinigung der bayerischen Wirtschaft e. V. (Hrsg.) (2013): Zwischenbilanz Ganztagsgrundschulen: Betreuung oder Rhythmisierung. Gutachten des Aktionsrats Bildung. Münster.

Doris Streber
Training von Tutorinnen und Tutoren

Individuelle Förderung darf man heute als Kennzeichen moderner Schulpolitik und auch als einen prominenten Gegenstand der Bildungsforschung bezeichnen. „Seit den ersten nationalen Veröffentlichungen der PISA-Studie ist die bildungspolitische Forderung nach Förderung in immer wiederkehrenden Ritualen und zugleich sehr gebetsmühlenartig forciert worden" (Jäger 2012, S. 1). Individuelle Förderung wird gegenwärtig als wesentliche Variable erfolgreichen Unterrichtens angegeben. Nach so viel Aufmerksamkeit seitens der Fachwissenschaften verwundert es nicht, dass individuelles Fördern mittlerweile in die Schulgesetze der Bundesländer und die Lehrerbildung Eingang gefunden hat.

Vermehrte schulische Angebote und/oder *Tutorien* zur Hausaufgabenbetreuung und Vertiefung am Nachmittag sind Möglichkeiten, um Schülerinnen und Schüler zu fördern und/oder Defizite auszugleichen. Dabei ist nicht allein eine veränderte Organisationsform von Schule ausschlaggebend, sondern die Überzeugung, Förderung auch wirklich zu wollen.

Gleichwohl stellt sich die Frage, wer außerhalb des Regelunterrichts zusätzlichen schulischen Förderunterricht erteilt. Dies können idealerweise ausgebildete Lehrkräfte sein, aber auch weiteres pädagogisch qualifiziertes Personal. Im Folgenden soll ein Modell vorgestellt werden, das sich erstens sehr gut realisieren lässt und zweitens eine Situation darstellt, bei der die beiden beteiligten Seiten profitieren: Tutoren und Tutanden. Seine Praktikabilität konnte erfolgreich empirisch überprüft werden (vgl. Streber, van Kessel & Haag 2014).

Lehramtsstudierende sind aufgrund ihrer bereits vorhandenen pädagogischen Expertise besonders geeignet, um nachmittags den offenen Ganztag mitzugestalten. In der Betreuung von Kleingruppen an den Schulen gewinnen sie Erfahrung durch Praxis. Doch Erfahrungsgewinn allein wäre zu wenig, vielmehr kommt es auf eine reflektierte Praxiserfahrung an, die in diesem Fall durch ein Begleitseminar sichergestellt werden kann. Dafür wurde ein Basistraining für Tutorinnen und Tutoren konzipiert, das hier vorgestellt werden soll (vgl. van Kessel & Haag 2011). Ermutigt hierzu wurde ich durch eine Studie, die zeigen konnte, dass selbst Schülerinnen und Schüler sich hervorragend als Tutorinnen und Tutoren in ihrer eigenen Schule eignen (Haag & Streber 2011). Dazu wäre es aber notwendig, dass noch eine Optimierung „durch eine intensive Vorbereitung und Betreuung der Tutorinnen und Tutoren zu erwarten und zu erreichen ist" (S. 267).

Basismodell tutoriellen Lernens
Individuelle Förderung sollte nicht beliebig erfolgen, sondern einem festen Ablaufmuster folgen. In der allgemeinen Didaktik hat sich dafür der Begriff

des Artikulationsschemas etabliert, das der Unterstützung bei der Strukturierung des Unterrichts dient.

Das hier vorgestellte Basismodell für tutorielles Lernen knüpft an die Tradition der Artikulationsschemata seit Herbart an (für einen hervorragenden Überblick vgl. Kiel 2012, der die Auswahl und Ausführungen seiner gewählten Schemata in die Tradition Herbarts stellt und die Weiterentwicklungen aufzeigt). Mit diesem Basismodell soll deutlich werden, dass bei individueller Förderung nicht alle didaktischen Elemente Berücksichtigung finden müssen wie beim Aufbau einer normalen Unterrichtsstunde.

Das Modell (Abb. 1) sieht in zeitlicher Abfolge drei Schritte vor, denen fünf beschriebene Wirkfaktoren für erfolgreiches Fördern zugeordnet werden können. Während sich die Teilschritte aus der Tradition der allgemeinen Didaktik herleiten lassen, sind die Wirkfaktoren der Lehr-Lern-Forschung entlehnt – ein Beleg für die Koexistenz zweier Theorietraditionen, die beide Potenziale für individuelle Förderung haben.

Tab. 1: Basismodell tutoriellen Lernens

Schritte	Wirkfaktoren
(1) tutorielles Lernen vorbereiten	- Vorwissen sichern - Selbstorganisiertes Lernen
(2) tutorielles Lernen begleiten/ betreuen	- Time on task - Lernstrategien
(3) tutorielles Lernen bewerten	- Individuelle Bezugsnorm

Aus der Fülle der vorliegenden Theorien inklusive Variablen aus Befunden der Unterrichtsforschung werden empirisch gut belegte Merkmale und damit Theoriebausteine gelingender individueller Förderung, wie sie im Kontext der Nachhilfeforschung entwickelt wurden, dargestellt. Unter Rückgriff auf Befunde der empirischen Unterrichtsforschung (Helmke & Schrader 2001) haben *Thomas, van Kessel, Lohrmann* und *Haag* (2006) Wirkfaktoren identifiziert, auf die es bei erfolgreicher Nachhilfe ankommt; wohl wissend, dass die Frage nach den Wirkungen von Unterricht „zu den ältesten und schwierigsten Problemen der Pädagogischen Psychologie" (Helmke & Schrader 2001, S. 81) gehört, weil hier keine monokausalen Determinanten vorliegen.

Diese *fünf* mittlerweile empirisch gut belegten **Merkmale** gelingender individueller Förderung werden im Folgenden kurz dargestellt. An ihnen kann man sich orientieren, wenn man die Qualität erfolgreichen tutoriellen Lernens von der Seite der Tutorin bzw. des Tutors aus beurteilen möchte.

Merkmal 1: Vorwissen sichern

Vorwissen gilt neben der allgemeinen Intelligenz als bedeutsamster Einzelprädiktor des Schulerfolgs (Helmke & Schrader 2001, S. 82). Ein Hauptziel tutoriellen Lernens ist das Schließen von Wissenslücken bzw. die Sicherung des Vorwissens (Behr 1990). In funktionaler Hinsicht ist das Vorwissen für den Schulerfolg deshalb relevant, weil es zum einen die Voraussetzung für den Erwerb neuer Lerninhalte gewährleistet und weil zum anderen ein höheres Vorwissen zu einer besseren assoziativen Verknüpfung neuer Lerninhalte und zu einem effektiveren Einsatz von Lern- und Kontrollstrategien führt (Allexander & Schwanenflugel 1994).

Merkmal 2: Selbstorganisiertes Lernen

Selbstorganisiertes Lernen ist dadurch charakterisiert, dass die Lernenden ihren persönlichen Lernbedarf eigenständig feststellen, sich selbst motivieren, das Lernen steuern, überwachen und bewerten. Selbstorganisiertes, selbstkontrolliertes oder auch selbstreguliertes Lernen ist damit ein zielorientierter Prozess des aktiven und konstruktiven Wissenserwerbs, der auf dem reflektierten und gesteuerten Zusammenspiel kognitiver und motivational-emotionaler Ressourcen einer Person beruht (Konrad 2011). Im Rahmen tutoriellen Lernens haben die Schülerinnen und Schüler – natürlich in gewissen Grenzen – die Möglichkeit, die Lerninhalte (beispielsweise durch die Angabe eigener Wissenslücken) selbst zu bestimmen.

Merkmal 3: Time on task

Die zur Verfügung gestellte bzw. effektiv genutzte Lernzeit stellt eine entscheidende Bedingung für den Lernerfolg dar. Es geht darum, die tatsächliche Lernzeit effektiv zu nutzen. Tutorielles Lernen dürfte auch deshalb wirksam sein, weil die zusätzliche Lernzeit regelmäßig, d. h. in verteilter und nicht in massierter Form in Anspruch genommen wird. So konnte beispielsweise sowohl für schulische Hausaufgaben als auch für studentisches häusliches Arbeiten gezeigt werden, dass vor allem die Regelmäßigkeit des täglichen Arbeitens einen positiven Lerneffekt hat (Haag & Mischo 2002; Trautwein, Köller & Baumert 2001).

Merkmal 4: Lernstrategien

Lernen lernen ist heute eine zentrale Variable für erfolgreiches Lernen und wird als zentrales Element erfolgreichen Arbeitens überhaupt gesehen. Übereinstimmend lassen sich zwei Strategien unterscheiden: Lern- und Kontrollstrategien. Zu den Lernstrategien gehören das Planen des Lernens und das Aneignen von Lernstoff. Die Kontrollstrategien werden auch als metakognitive Strategien bezeichnet, wozu obiges Selbstorganisiertes Lernen gehört.

Merkmal 5: Individuelle Bezugsnorm

Zwischen kognitiven und motivationalen Prozessen besteht eine enge Verbindung: Leistungsschwache Schülerinnen und Schüler erleben häufiger Misserfolge, was sich negativ auf motivational bedeutsame Faktoren wie das Selbstkonzept eigener Fähigkeiten, die Ursachenzuschreibungen für

Leistungen, Anspruchsniveausetzungen und Ergebniserwartungen auswirken kann (Klauer & Lauth 1997). Hinsichtlich der Lernmotivation der Schülerin bzw. des Schülers ist vor allem die Bezugsnormorientierung der Lehrkraft von Bedeutung (Rheinberg 2001). Darunter versteht man bei der Leistungsbewertung die Art des Maßstabs, nach der eine Arbeit bewertet wird. Es lassen sich die individuelle, soziale und kriteriale bzw. sachliche Bezugsnorm unterscheiden. Als eine motivational förderliche Maßnahme hat sich beispielsweise die Berücksichtigung der individuellen Bezugsnorm bei der Leistungsbewertung erwiesen (Mischo & Rheinberg 1995; Jerusalem & Mittag 1999).

Trainingsbausteine

Das hier vorgestellte Training orientierte sich an einem Praxisleitfaden, wie ihn *van Kessel* und *Haag* (2011) für Nachhilfelehrerinnen und -lehrer entwickelt haben. Obige Wirkfaktoren werden nun der Reihe nach als Trainingsbausteine vorgestellt. Der Aufbau dieser Trainingsbausteine folgt einem immer gleichen Schema:

- eine Verortung in der Theorie,
- ausgehend von einem Fallbeispiel werden Aufgaben abgeleitet, die zu bearbeiten sind,
- Lösungsvorschläge werden gemacht,
- Bezüge zu den anderen Trainingsbausteinen werden hergestellt,
- kritische Fragen an die Tutorin bzw. den Tutor runden jeden Trainingsbaustein ab.

Durchführung des Trainings

Im Rahmen von jeweils drei Seminarveranstaltungen zu tutoriellem Lernen wurden die Teilnehmerinnen und Teilnehmer (dreimal je 20 Studierende zwischen dem zweiten und vierten Semester) mit den Inhalten vertraut gemacht. Das Material, das aus den oben skizzierten Trainingsbausteinen besteht, wurde anhand von Referaten und in Einzelarbeit zu Hause angeeignet und im Seminar aufbereitet und besprochen. Hierzu waren für jeden Baustein zwei Sitzungen á 90 Minuten vorgesehen.

Evaluierung des Trainings

Ganz zu Beginn und am Ende der Seminarveranstaltungen wurde das Training in einer Art Selbstevaluation überprüft. Dabei wurden die Seminarteilnehmerinnen und -teilnehmer gefragt, inwieweit sie sich nach dem absolvierten Training kompetenter als vor dem Training einschätzen. Ein Fragebogen wurde so konzipiert, dass je zwei Items zu den fünf Bausteinen entwickelt wurden. Dazu je ein Beispiel:

- „Vorwissen sichern" („Ich erstelle einen systematischen Lernplan.")
- „Selbstkontrolliertes Lernen" („Ich beziehe die Schülerinnen und Schüler beim Abfassen eines Lernplans mit ein.")
- „Time on task" („Ich sorge dafür, dass meine Schülerinnen und Schüler mit Lernen beschäftigt sind.")
- „Lernstrategien" („Ich halte meine Schülerinnen und Schüler an, wichtige Stichwörter aufzuschreiben.")
- „Individuelle Bezugsnorm" („Ich lobe unmittelbar nach einer gut erbrachten Leistung.")

Die Beantwortung erfolgte über eine vierstufige Likert-Skala (1 = trifft vollständig zu; 2 = trifft eher zu; 3 = trifft eher nicht zu; 4 = trifft gar nicht zu). Ergebnisse liegen von insgesamt 40 Seminarteilnehmern vor. In allen vier Kurzskalen konnten mittels eines statistischen Tests signifikante Verbesserungen erzielt werden.

Schlussbemerkung

Für den Praxisleitfaden, der ursprünglich für Nachhilfelehrer konzipiert wurde (vgl. Streber, van Kessel & Haag 2014) liegen erste Evaluierungsergebnisse vor, die auf die Wirksamkeit eines Trainings von Tutorinnen und Tutoren hindeuten. Die angehenden Lehrerinnen und Lehrer konnten somit in einer Seminarveranstaltung Kompetenzen erwerben, die für sie bei ihrer zukünftigen Arbeit hilfreich sein werden. Vielleicht wurden sie auch dafür sensibilisiert, im Ganztag am Nachmittag den Fördergedanken nicht aus den Augen zu verlieren.

Literatur

Allexander, J. M. & Schwanenflugel, P. J. (1994): Strategy regulation: The role of intelligence, metacognitive attributions, and knowledge base. In: Developmental Psychology, 30, S. 709-723.

Behr, M. (1990): Nachhilfeunterricht. Erhebung in einer Grauzone pädagogischer Alltagsrealität. Darmstadt.

Haag, L. & Mischo, C. (2002): Saisonarbeiter in der Schule – einem Phänomen auf der Spur. In: Zeitschrift für Pädagogische Psychologie, 16, S. 109-115.

Haag, L. & Streber, D. (2011): Tutorielles Lernen. In: Empirische Pädagogik, 25, Heft 3, S. 358-369.

Helmke, A. & Schrader, F. W. (2001): Determinanten der Schulleistung. In: Rost, D. H. (Hrsg.): Handwörterbuch Pädagogische Psychologie, 2. Auflage, Weinheim, S. 81-91.

Jäger, R. S. (2012): Pädagogische Diagnostik und Förderung: Vom Erkennen zum Handeln. In: Tramm, T., Seeber, S. & Kremer, H. H. (Hrsg.): Funktionen und Erträge pädagogischer Diagnostik im wirtschafts- und berufspädagogischen

Bereich. bwp@ Ausgabe Nr. 22 / Juni 2012. Online unter: *www.bwpat.de/ausgabe22/jaeger_bwpat22.pdf* (Zugriff am: 15.8.2017).

Jerusalem, M. & Mittag, W. (1999): Selbstwirksamkeit, Bezugsnormen, Leistung und Wohlbefinden in der Schule. In: Jerusalem, M./Pekrun, R. (Hrsg.): Emotion, Motivation und Leistung, Göttingen, S. 223-245.

Kiel, E. (2012): Strukturierung. In: Kiel, E. (Hrsg.): Unterricht sehen, analysieren, gestalten. Bad Heilbrunn, S. 21-36.

Klauer, K.-J. & Lauth, G. W. (1997): Lernbehinderungen und Leistungsschwierigkeiten bei Schülern. In: Weinert, F. E. (Hrsg.): Psychologie des Unterrichts und der Schule, Series: Enzyklopädie der Psychologie, Themenbereich D, Praxisgebiete, Serie I, Pädagogische Psychologie, Bd. 3. Göttingen, S. 701-738.

Konrad, K. (2011): Wege zum erfolgreichen Lernen. Ansatzpunkte, Strategien, Beispiele. Weinheim.

Mischo, C. & Rheinberg, F. (1995): Erziehungsziele von Lehrern und individuelle Bezugsnormen der Leistungsbewertung. In: Zeitschrift für Pädagogische Psychologie, 9, S. 139-151.

Rheinberg, F. (2001): Bezugsnormorientierung. In: Rost, D. H. (Hrsg.): Handwörterbuch Pädagogische Psychologie. 2. Auflage, Weinheim, S. 55-62.

Streber, D., van Kessel, M. & Haag, L. (2014): Ein Basistraining für erfolgreiche Nachhilfelehrer. In: Empirische Pädagogik, 28, Heft 1, S. 5-19.

Thomas, J., van Kessel, M., Lohrmann, K. & Haag, L. (2006): Wirkfaktoren im Wissen und Handeln der Nachhilfelehrer – Einzelfallbetrachtungen. In: Psychologie in Erziehung und Unterricht, 53, Heft 1, S. 35-43.

Trautwein, U., Köller, O. & Baumert, J. (2001): Lieber oft als viel: Hausaufgaben und die Entwicklung von Leistung und Interesse im Mathematik-Unterricht der 7. Jahrgangsstufe. In: Zeitschrift für Pädagogik, 47, S. 703-724.

van Kessel, M. & Haag, L. (2011): Praxisleitfaden für Nachhilfelehrer. Bad Honnef.

Öffnung der Ganztagsschule – Fragenteil

Auf welchen Ebenen ist schulische Partizipation angesiedelt? Führen Sie jeweils mindestens zwei Beispiele an und erläutern Sie diese.

Öffnung der Ganztagsschule

Welche besonderen Chancen liegen in der Kooperation mit außerschulischen Partnern und Institutionen für Lehrkräfte? Welchen Herausforderungen müssen sie sich stellen?

Fragen – Reflexion – Concept Mapping

Öffnung der Ganztagsschule – Reflexionsteil

Denken Sie noch einmal an die Inhalte des Kapitels. Vervollständigen Sie einen der folgenden Satzanfänge, indem Sie Ihre Gedanken dazu ausführen.

- „Eine Schlüsselerkenntnis für mich war…"
- „Die neue Perspektive für mich ist…"
- „Ich habe gelernt/verstanden, dass…"

_____

_____

_____

_____

_____

_____

_____

Welche Auswirkungen hat das auf Ihr persönliches Rollenverständnis als Lehrerin bzw. Lehrer?

_____

_____

_____

_____

_____

_____

_____

_____

_____

Öffnung der Ganztagsschule

Welche Anregungen/Ideen möchten Sie sich für Ihre spätere berufliche Praxis bewahren?

Worüber möchten Sie noch mehr erfahren?

Fragen – Reflexion – Concept Mapping

Öffnung der Ganztagsschule – Concept Mapping

Stellen Sie Ihren jetzigen Kenntnisstand zum Themenkomplex mithilfe eines Schaubildes dar. Ergänzen Sie dieses mit Hinweisen und Symbolen, die Ihnen beim Lernen helfen und das Gelernte in Beziehung setzen.

V

GANZTAGSSCHULE ALS LERNENDE ORGANISATION

Henry Steinhäuser
Wie Qualitätsentwicklung gelingen kann

Ganztagsschulen unterscheiden sich von Regelschulen vor allem darin, dass Schülerinnen und Schüler dort einen Großteil des Tages verbringen und sich nicht nur das Lernen in die Schule verlagert, sondern sich dort auch ein wichtiger Teil des Lebens abspielt. Ein wesentliches Merkmal dieser Schulen ist die Öffnung nach außen. Deshalb lassen sich Ganztagsschulen mit einem Basislager vergleichen, sie sind Lern- und Lebensraum und ein Standort, von dem aus die Schülerinnen und Schüler in außerschulische Regionen aufbrechen, zu dem sie aber auch wieder zurückkehren, ihre Erfahrungen teilen, sie reflektieren und neue Erkenntnisse gewinnen. Qualitätsmanagement liefert – um im Bild zu bleiben – die Navigationsinstrumente und Steigeisen, ohne die eine erfolgreiche Expedition nicht vorstellbar wäre. Das Staatsinstitut für Schulqualität und Bildungsforschung (ISB) stellt hier als Ausrüster derartiger Expeditionen die notwendigen Instrumente zur Verfügung.

Quantitativer Ausbau erfordert qualitative Ausgestaltung

Die Ganztagsgarantie, die der ehemalige Ministerpräsident Horst Seehofer in seiner Regierungserklärung vom 12. November 2013 ausgesprochen hat, sichert jeder Schülerin und jedem Schüler bis zum Alter von 14 Jahren ab 2018 ein bedarfsgerechtes Ganztagsangebot zu (Bayerische Staatskanzlei 2013, S. 5). Damit wird der dynamische Ausbau von Ganztagsschulen der letzten Jahre in Bayern fortgesetzt.

Entscheidend für den Ausbau ist jedoch nicht nur die Quantität, sondern auch die Qualität der Ganztagsangebote (vgl. Das Konsortium der Studie zur Entwicklung von Ganztagsschulen 2010, 2015). Auch gesamtgesellschaftliche Herausforderungen wie die Steigerung des Bildungsniveaus und die Verbesserung der Chancengleichheit machen ein effektives Qualitätsmanagement notwendig. Aber auch die hohen finanziellen Aufwendungen des Freistaats – mit zusätzlich 170 Mio. € und 2.000 Lehrerstellen für Ganztagsschulen allein 2014 (im ersten Jahr nach der abgegebenen Ganztagsgarantie) – rechtfertigen, ja fordern eine systematische Entwicklungsarbeit in Ganztagsschulen.

Vor diesem Hintergrund wurden am ISB qualitätsfördernde und -sichernde Instrumente entwickelt, die die Ausgestaltung des Ganztags unterstützen. Diese Instrumente berücksichtigen alle ganztagsspezifischen Felder wie eine veränderte Lern- und Unterrichtskultur, differenzierte Förderangebote, die Gestaltung der Mittagszeit und das Mittagessen, eine den spezifischen Anforderungen entsprechende Raum- und Zeitgestaltung sowie die Einbeziehung außerschulischer Lernorte und Partner.

Spezifik des Ganztags

Ganztagsschulen sind hinsichtlich ihrer Zielsetzungen und Ausgestaltung sehr heterogen. Eine Schule, der mehr Zeit zur Verfügung steht und die diese Zeit anders strukturieren kann, die über eine großzügigere räumliche und personelle Ausstattung verfügt und ein pädagogisches Konzept entwickelt, das an diesen Bedingungen ausgerichtet ist, bietet allen beteiligten Akteuren größere Gestaltungsspielräume und ist in ihrer Ausprägung stärker einem ganzheitlichen Bildungsbegriff verpflichtet.

Grundsätzlich werden die Dimensionen ganzheitlichen Lernens zwar auch von der externen Evaluation erfasst. Die für Ganztagsschulen entwickelten Qualitätssicherungsinstrumente sind jedoch auf die Spezifik des Ganztags, seine Ausprägung und Schwerpunkte sowie seine Wirksamkeit zugeschnitten. Zudem wird damit der Tatsache Rechnung getragen, dass sich der Ganztag in einem Aufbau- und Entwicklungsstadium befindet und eine besondere Herausforderung darstellt, die besonderer qualitätssichernder Maßnahmen bedarf.

Gestiegene Erwartungen und Anforderungen

Hinzu kommen die vielfältigen Erwartungen der Eltern, die sich häufig nicht nur zuverlässige Betreuungszeiten wünschen, die die Vereinbarkeit von Familie und Beruf unterstützen bzw. überhaupt ermöglichen. Zusätzlich sollte die Ganztagsschule aus Sicht vieler Eltern auch das kindliche Wohlbefinden sichern, den schulischen Erfolg steigern und die Entwicklung schulischer Leistungen individuell unterstützen. Die Erwartungen der Kinder decken sich häufig mit denen der Eltern, sie plädieren darüber hinaus jedoch auch für mehr Mitgestaltungsmöglichkeiten und schätzen besonders die gemeinsame Zeit mit Freunden und autonome Freizeitgestaltungsmöglichkeiten (Enderlein 2015, S. 8).

Effektives Qualitätsmanagement an Ganztagsschulen muss diese verschiedenen Perspektiven aller am Ganztag Beteiligten berücksichtigen, soweit dies auf dem Hintergrund sehr heterogener Rahmenbedingungen möglich ist.

Ziel eines Qualitätsmanagements für Ganztagsschulen

Die Entwicklung eines tragfähigen Qualitätsmanagements war von dem Ziel geleitet, Ganztagsschulen bei der Einrichtung und Weiterentwicklung ihres Ganztagsangebots zu unterstützen und ihnen in dem Spannungsfeld von gesellschaftlichen Erwartungen und individuellen Ansprüchen der Eltern, von politischen Zielsetzungen, ministeriellen Vorgaben und pädagogischen Vorstellungen Orientierung zu geben. Die erarbeiteten Qualitätssicherungsinstrumente dienen der Reflexion und damit einer weiteren Professionalisierung des pädagogischen Handelns sowie einer Schärfung des pädagogischen Profils der einzelnen Schule.

Die ISB-Handreichungen zu offenen und gebundenen Ganztagsschulen sowie zur Mittagsbetreuung an Grundschulen unterstützen Schulen bei der

Wie Qualitätsentwicklung gelingen kann

praktischen Umsetzung ihrer Ganztagsangebote. Sie geben pädagogische und organisatorische Orientierungen, beleben und intensivieren die Diskussion um Qualität vor Ort. Sie enthalten Anregungen z. B. für die Gestaltung des Tages- und Wochenablaufs, der Mittagsfreizeit und der zusätzlichen Angebote, sie geben Impulse für die Weiterentwicklung und beschreiben Zielsetzungen, Aufbau, pädagogische Aspekte, Personen und Professionen, Räumlichkeiten und Sachausstattung. Im Anhang finden sich zusätzlich Antragsformulare, Muster-Kooperationsverträge und Beispiel-Stundenpläne.

Qualitätsrahmen für offene und gebundene Ganztagsschulen

Lehrkräfte aller Schularten mit Erfahrungen als Ganztagslehrkräfte, -schulleiter und -koordinatoren entwickelten unter Leitung des Ganztagsreferats der Grundsatzabteilung am ISB Qualitätsrahmen für offene und gebundene Ganztagsschulen. Diese Qualitätsrahmen beschreiben sowohl die grundlegenden Qualitätsstandards, die alle Ganztagsschulen erfüllen müssen, als auch Möglichkeiten zur Weiterentwicklung in allen Ganztagsbereichen. Sie dienen der Sicherstellung einer verlässlichen und landesweit vergleichbaren Umsetzung von Ganztagsangeboten. Die verbindlichen „Basisstandards" fassen die maßgeblichen Kriterien mit notwendigen Gestaltungsspielräumen zusammen, die beschriebenen „Möglichkeiten zur Weiterentwicklung" sollen als Anregungen ohne normativen Charakter verstanden werden.

Handreichungen und Qualitätsrahmen unterstützen die Akteure an den Schulen vor Ort bei der Entwicklung eines pädagogischen Konzepts. Es ist grundlegender Bestandteil im Antragsverfahren für neue Ganztagsangebote, muss im Rahmen des Qualitätsentwicklungsprozesses jedoch immer wieder reflektiert und ggf. modifiziert werden.

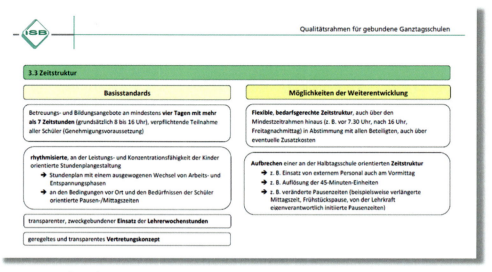

Abb. 1: Zeitstruktur: Qualitätsrahmen für gebundene Ganztagsschulen

Evaluationsinstrumente: Bilanzberichte und Einschätzungsbögen

Auf der Grundlage der Qualitätsrahmen wurde ein Verfahren der kontinuierlichen Bilanzierung ganztagsschulischer Entwicklungsschritte erarbeitet. Die entsprechenden Materialien sind als Selbstevaluationsbögen konzipiert und Teil einer verpflichtenden Berichterstattung der Ganztagsschulen. Diese Bilanzbögen – ein innerschulisches Qualitätssicherungsinstrument – müssen von allen Ganztagsschulen einmalig neun Monate nach Einführung des Ganztagsangebots und danach in einem Turnus von zwei Jahren der Schulaufsicht auf Anforderung vorgelegt werden. Um die Perspektive der Schulaufsicht intensiv in den Qualitätsentwicklungsprozess einfließen zu lassen, fasst auch diese ihre Eindrücke zu jeder Ganztagsschule in sog. „Einschätzungsbögen" zusammen, die sich an den Qualitätsrahmen orientieren. Auch diese Bögen sind ein sachlich-zielgerichtetes Unterstützungsinstrument und dienen nicht der Beurteilung und Kontrolle. Kritisch-konstruktive Außenwahrnehmung ergänzt so die Selbstevaluation.

Die Evaluationsinstrumente dienen dazu, mit Unterstützung der Schulaufsicht innerhalb eines festen zeitlichen und inhaltlichen Rahmens die ganztagsspezifische Entwicklungsarbeit und Selbststeuerungsfähigkeit der einzelnen Schule zu unterstützen, indem diese Bilanz zieht, daraus Schlussfolgerungen ableitet und entsprechende Schritte anbahnt. Eine so verstandene Bilanzberichterstattung ist damit Teil eines Verständnisses von Schule, die sich als lernende Organisation begreift.

Wie Qualitätsentwicklung gelingen kann

Abb. 2: Verteilerseite von ISB und Kultusministerium

Unterstützungsangebote in Bayern

Die ganztagsspezifischen Unterstützungsangebote in Bayern sind vielfältig und im Interesse einer sinnvollen Ressourcensteuerung zwischen den verschiedenen Anbietern gut aufeinander abgestimmt. Während die Ganztagskoordinatorinnen und -koordinatoren der Bezirksregierungen und Dienststellen der Ministerialbeauftragten die Schulen und ihre Entscheidungsträger auf regionaler Ebene unterstützen, richtet sich die Akademie für Lehrerfortbildung und Personalführung Dillingen (ALP) an Schulleitungen und Lehrkräfte bayernweit und hat u. a. Fortbildungsveranstaltungen zur Einrichtung einer Ganztagsschule oder zur Förderung von Kommunikation und Kooperation zwischen Schule und ihren Partnern im Programm.

Das ISB steht für den Brückenschlag zwischen den Erkenntnissen der Forschung, den bildungspolitischen Zielperspektiven und den Erfahrungen der

Praxis. Auch das Ganztagsreferat des ISB unterstützt die pädagogische Ausgestaltung der Ganztagsschule mit unterschiedlichen Beratungs-, Fortbildungs- und Unterstützungsangeboten. Neben den schulorganisatorischen Informationen (u. a. zum Antragsverfahren und zu Genehmigungsvoraussetzungen) auf dem Internet-Portal des Staatsministeriums für Unterricht und Kultus bietet das vom ISB betreute bayerische Ganztagsschulportal vor allem fachlich-pädagogische Unterstützung. Eine gemeinsame Seite von Kultusministerium und ISB (www.ganztagsschulen.bayern.de) leitet Interessenten auf die entsprechenden Internetportale weiter.

Das ISB veröffentlicht Materialien für die Hand der Lehrerinnen und Lehrer, aber auch für das weitere pädagogisch tätige Personal an Ganztagsschulen. Zurzeit entstehen in Arbeitskreisen mit ganztagserfahrenen Lehrkräften aus ganz Bayern z. B. ein Praxisband zur Gestaltung der Hausaufgabenzeit im Ganztag, ein Leitfaden für die zweite Phase der Lehrerbildung und eine Materialsammlung zur Förderung von Bewegung im Ganztag. Zudem soll 2018 eine Informationsbroschüre für potenzielle Kooperationspartner veröffentlicht werden: Der Ausbau der Ganztagsangebote führt dazu, dass sich außerschulische Bildungsträger mit ihren Anliegen im Ganztag engagieren möchten und nach Kooperationsmöglichkeiten suchen. Die Broschüre wird einen Beitrag dazu leisten, solche Kooperationen anzubahnen und Kooperationsaktivitäten seitens außerschulischer Anbieter zu intensivieren.

Zum 1. Januar 2016 hat das für Ganztagsschulfragen zuständige Referat am ISB die Aufgabenbereiche der Serviceagentur „Ganztägig lernen Bayern" übernommen, die im Rahmen des Programms „Ganztägig bilden", das von der Deutschen Kinder- und Jugendstiftung (DKJS) weiterhin koordiniert und fachlich betreut wird, in vorhandene Länderstrukturen integriert wurde. Seitdem bietet das ISB regelmäßig Fachtagungen für Lehrkräfte und das weitere pädagogische Personal an Ganztagsschulen an. Darin liegt die Chance, dass Synergieeffekte stärker genutzt werden, wenn das Wissen der ISB-Publikationen direkt für Fortbildungsveranstaltungen nutzbar gemacht wird oder die jeweiligen Autorinnen und Autoren bei Vorträgen, Diskussionen oder Workshops mitwirken. Außerdem besteht so die Möglichkeit, durch Veranstaltungen nicht nur Know-how und Innovationen schneller und unmittelbarer in die Breite zu tragen, sondern auch durch den direkten Kontakt mit Schulen und zu Fachreferenten den fachlichen Austausch zu intensivieren.

Den Veranstaltungsauftakt der Serviceagentur am ISB bildete im März 2016 der 5. Bayerische Ganztagsschulkongress in Forchheim.[1] Unter dem Motto „Grenzen öffnen – Spielräume erweitern" wurde den ca. 300 Teilnehmerinnen und Teilnehmern an zwei Tagen nicht nur eine Fülle an ganz

---

[1] Forchheim war bereits zum fünften Mal Austragungsort für den Bayerischen Ganztagsschulkongress, vor allem aufgrund einer lebendigen Ganztagsschulszene in der Stadt und der Region Forchheim sowie einem gut vernetzten Team, das diesen Kongress im Turnus von zwei Jahren plant und durchführt.

Wie Qualitätsentwicklung gelingen kann

konkreten Beispielen und Anregungen für ihre Praxis geboten, sie konnten sich auch über bildungspolitische Rahmenbedingungen und die Ausbaustrategie der Staatsregierung informieren.

Ausblick: Handlungsfelder und Potenziale

Zu Beginn des ersten Kapitels dieses Bandes wurden die bildungspolitischen Hintergründe und Zielsetzungen des Ganztagsschulausbaus in Bayern dargestellt. Es ist deutlich geworden, dass der Freistaat den Ausbau von Ganztagsschulen in den letzten Jahren mit großem Engagement vorangetrieben hat und dass Ganztagsangebote heute zum Alltag an bayerischen Schulen gehören. Nach dem flächendeckenden Ausbau von Ganztagsschulen richtet sich nun der Blick stärker auf die Potenziale bei der inhaltlichen und organisatorischen Ausgestaltung des Ganztags. Studien wie die Studie zur Entwicklung von Ganztagsschulen (StEG) (Das Konsortium der Studie zur Entwicklung von Ganztagsschulen 2010, 2015) oder die Zwischenbilanz Ganztagsgrundschulen des Aktionsrats Bildung (Vereinigung der Bayerischen Wirtschaft e. V. 2013) haben dafür wertvolle Erkenntnisse geliefert und wichtige Handlungsimpulse auf den Ebenen der Bildungsadministration, der Unterstützungssysteme und der Praxis vor Ort gegeben.

Solche Impulse aus der Wissenschaft sowie der Austausch mit anderen Schulen, die sich auf den Weg gemacht haben, fördern den Schulentwicklungsprozess der einzelnen Schule. Geeignete Instrumente der Qualitätssicherung und -entwicklung können diese dabei unterstützen, ihren Schulentwicklungsprozess transparent, strukturiert und systematisch zu gestalten. Sie bündeln Entwicklungsziele und Maßnahmen, die dadurch einen verbindlichen Rahmen erhalten. Staatliche Steuerungsimpulse wie die verpflichtende Einführung eines Schulentwicklungsprogramms oder die Erstellung eines Medienkonzepts an allen Schulen in Bayern können ebenfalls dazu beitragen, die Schulentwicklung vor Ort voranzubringen. Letztlich dienen sie doch der Stärkung der Eigenverantwortung der Schulen. Denn im Konsens mit der gesamten Schulgemeinschaft entwickelt sich jede Schule ganz individuell von innen heraus auf der Grundlage der vorhandenen Kompetenzen und Ressourcen.

Die Digitalisierung ist zweifelsfrei eine der größten Herausforderungen unserer Zeit. Sie prägt und verändert das Leben und Arbeiten der Menschen hier wie überall auf der Welt. Der souveräne und vielseitige Umgang mit digitalen Medien ist eine der großen pädagogischen Zukunftsaufgaben, und die Schule ist der Ort, wo junge Menschen das Wissen und die Kompetenzen erwerben, mit denen sie sich reflektiert und souverän in der Lebens- und Arbeitswelt heute und in Zukunft bewegen können. Dabei geht es um eine ebenso zielgerichtete wie besonnene Digitalisierung der Schule, die nicht einseitig auf Technologisierung setzt, sondern Unmittelbarkeitserfahrungen und Gemeinschaftserlebnisse genauso ermöglicht.

Ganztagsschule als lernende Organisation

Im Hinblick auf die Stärkung und den weiteren Ausbau ganztägiger Bildung in den kommenden Jahren können digitale Medien einen wichtigen Beitrag leisten, z. B. mit dem Ziel der besseren Kooperation und Verzahnung schulischer und außerschulischer Angebote oder der Stärkung kollaborativen und selbstbestimmten Lernens. Die Integration von Lerntechnologien im Ganztag bietet zudem zusätzliche Möglichkeiten im Bereich der individuellen Förderung und der Binnendifferenzierung sowie im Hinblick auf komplexere Aufgabenstellungen bei projektorientiertem Arbeiten.

Auf welche Kompetenzen und Potenziale eine Schulgemeinschaft zurückgreifen kann, wie sie möglicherweise medienvermeidendes Verhalten in Teilen des Kollegiums überwinden und skeptische und weniger medienaffine Kolleginnen und Kollegen mitnehmen und begeistern kann – dafür können nur mit allen Beteiligten gemeinsam vor Ort Lösungen gefunden werden. Eine sinnvolle Medienintegration ist jedoch nicht allein ein pädagogisches Vorhaben, sie bedarf entsprechender technologischen Voraussetzungen bzw. Entwicklungsmöglichkeiten sowie eines organisatorischen Konzepts. Dabei die Experten an der eigenen Schule, aber auch die Funktionsträger (Stufen- und Fachbetreuer) und diejenigen im Kollegium, die das Vorhaben unterstützen und ihre Überzeugungen ins Kollegium tragen, gezielt einzubinden[2], ist Aufgabe der Schulleitung und kann nur vor Ort gelöst werden.

Das Beispiel der Integration digitaler Medien in den Ganztag zeigt, dass die Herausforderungen nicht isoliert voneinander bewältigt werden können, sondern in ein Schulentwicklungskonzept eingebettet werden müssen. Die Entwicklung des Ganztags und die Integration digitaler Medien gehen dabei Hand in Hand. Die besonderen Bedingungen und Zielsetzungen des Ganztags müssen sich im Medienkonzept der Schule niederschlagen. Umgekehrt muss sich der Ganztag die spezifischen Möglichkeiten der Medienintegration als Handlungsfeld der Schulentwicklung erschließen und dieses gestalten.[3]

Natürlich gibt es eine Vielzahl an weiteren Handlungsfeldern der Schulentwicklung an Ganztagsschulen, von der *lokalen* Vernetzung der Schule – bei gleichzeitiger Nutzung der Chancen der Ganztagsschule in einer *globalisierten* Lebenswelt – bis hin zur *individuellen* Förderung – bei gleichzeitiger Schaffung *gemeinschaftlicher* Erlebnisse und der Gestaltung einer Beziehungs- und Verantwortungskultur. Gerade dieser Aspekt ist in der Ganztagsschule von großer Bedeutung und birgt große Potenziale, verbringen doch Schülerinnen und Schüler hier längere Zeit zusammen als in anderen Schulen.

---

[2] Aufenanger (2017, S. 9) unterscheidet zwischen Macht-, Fach- und Kommunikationspromotern.

[3] Das Programm „bildung.digital – Netzwerk ganztägig bilden" der Deutschen Kinder- und Jugendstiftung in Kooperation mit den Kultusministerien von acht Bundesländern unterstützt Ganztagsschulen dabei, Konzepte der digitalen Bildung zu entwickeln und zu verankern. Das Themenportal *www.bildung.digital* bündelt die Erfahrungen, Prozesse und Ergebnisse aus dem Programm.

Wie Qualitätsentwicklung gelingen kann

Wohlbefinden und Zufriedenheit gehen einher mit entsprechender Unterstützung durch Lehrkräfte und Eltern, mit Freundschaften und mit sportlichen Betätigungen (vgl. OECD 2015). Dass es an Ganztagsschulen für eine gezielte Unterstützung durch Lehr- und Fachkräfte, für die Entwicklung und Pflege von Freundschaften und für sportliche Betätigungen vielfältige Möglichkeiten gibt, dafür hat dieser Band zahlreiche Beispiele vorgestellt.

Die Qualität pädagogischer Beziehungen ist von existenzieller Bedeutung im Ganztag. Kinder und Jugendliche, aber auch Lehrpersonen und pädagogische Fachkräfte brauchen pädagogisch wertvolle Beziehungen, damit Leben, Lernen und demokratische Sozialisation gelingen (Deutsches Institut für Menschenrechte Berlin et al. 2017, S. 3). Lernen braucht eine Atmosphäre, in der niemand beschämt, sondern Kinder und Jugendliche gestärkt werden. Wie dies gelingen kann, wie Lehr- und Fachkräfte Disziplin so durchzusetzen, dass die Menschenwürde von Schülerinnen und Schülern jederzeit gewahrt ist, dafür wollen die Reckahner Reflexionen zur Ethik pädagogischer Beziehungen sensibilisieren. Die Leitlinien sind als pädagogische Selbstverpflichtung konzipiert, die ethische Orientierungen für den schulischen Alltag formulieren, und dienen der Auseinandersetzung mit der Ethik pädagogischer Beziehungen in Teams und Kollegien (Deutsches Institut für Menschenrechte Berlin et al. 2017, S. 3).

Weitere Informationen unter:

- *www.ganztagsschulen.bayern.de*
  (Verteilerseite von ISB und Kultusministerium mit sämtlichen Informationen zu Ganztagsschulen in Bayern, vgl. Abb. 2)
- *www.bayern.ganztaegig-lernen.de*
  (Homepage der Serviceagentur mit Informationen zu Fachtagungen)
- *www.tagung-ganztagsschule.de*
  (Homepage des Bayerischen Ganztagsschulkongresses mit Tagungsband und Videos)

Literatur

Aufenanger, S. (2017): Lehren und Lernen neu denken: Digitale Medien in der Ganztagsschule. Vortrag auf dem Ganztagsschulkongress 2017. Umweltforum Berlin. Online unter: *www.ganztaegig-lernen.de/lernen-und-lehren-neu-denken-digitale-medien-der-ganztagsschule* (Zugriff am: 08.04.2018).

Bayerische Staatskanzlei (Hrsg.) (2013): Bayern. Die Zukunft. Regierungserklärung des Bayerischen Ministerpräsidenten Horst Seehofer, MdL, am 12. November 2013 im Bayerischen Landtag. München.

Bayerisches Staatsministerium für Bildung und Kultus, Wissenschaft und Kunst (Hrsg.) (2018): Bekanntmachung des Bayerischen Staatsministeriums für Bildung und Kultus, Wissenschaft und Kunst vom 31.01.2018. München.

Ganztagsschule als lernende Organisation

Das Konsortium der Studie zur Entwicklung von Ganztagsschulen (StEG) (Hrsg.) (2010): Ganztagsschule: Entwicklung und Wirkungen. Ergebnisse zur Entwicklung von Ganztagsschulen 2005-2010. Frankfurt am Main.

Das Konsortium der Studie zur Entwicklung von Ganztagsschulen (StEG) (Hrsg.) (2015): Ganztagsschule: Bildungsqualität und Wirkungen außerunterrichtlicher Angebote. Ergebnisse der Studie zur Entwicklung von Ganztagsschulen 2012-2015. Frankfurt am Main.

Enderlein, O. (2017): Schule ist meine Welt. Ganztagsschule aus der Sicht der Kinder. Themenheft 08 der Publikationsreihe der Deutschen Kinder- und Jugendstiftung im Rahmen von „Ideen für mehr! Ganztägig lernen."

OECD (2015): Programme for International Student Assessment (PISA). Results from PISA 2015 Students' Well-Being. Online unter: *www.oecd.org/pisa/PISA 2015-Students-Well-being-Country-note-Germany.pdf* (Zugriff am: 08.04.2018).

Deutsches Institut für Menschenrechte Berlin, Deutsches Jugendinstitut e. V. München, MenschenRechtsZentrum an der Universität Potsdam, Rochow-Museum & Akademie für bildungsgeschichtliche und zeitdiagnostische Forschung e. V. an der Universität Potsdam (Hrsg.) (2017): Reckahner Reflexionen zur Ethik pädagogischer Beziehungen. Leitlinien einer pädagogischen Selbstverpflichtung. Reckahn: Rochow-Edition 2017.

Christian Elting, Bärbel Kopp & Michael Haider
Wirkungen des Ganztags auf Leistungs- und Persönlichkeitsentwicklung der Schülerinnen und Schüler

Der Ausbau der Ganztagsschullandschaft in Deutschland ist mit Erwartungen aus unterschiedlichen Perspektiven verknüpft (Coelen & Dollinger 2012): Aus *wirtschaftspolitischer Perspektive* ist mit der Ganztagsschule die Hoffnung verbunden, vorhandene Begabungsreserven zu mobilisieren, eine *familienpolitische Perspektive* zielt auf erweiterte Betreuung zur Steigerung der Vereinbarkeit von Familie und Beruf, während eine *sozial- und bildungspolitische Perspektive* Kompetenzförderung und den Abbau herkunftsbedingter Bildungsdisparitäten erwartet. Aus *pädagogischer Perspektive* hat die Ganztagsschule den Anspruch, non-formale und formale Bildungsorte bzw. informelle und formale Bildungsprozesse zu verknüpfen. An diese Verzahnung ist u. a. die Hoffnung auf erweiterte Lernchancen im Leistungs- und Persönlichkeitsbereich geknüpft.

Dieser Beitrag fokussiert ebendiese Erwartung an ganztägige Bildungsangebote, förderlich auf Leistung und Persönlichkeit der Schülerinnen und Schüler zu wirken. Anhand eines Kurzüberblicks über den Forschungsstand und am Beispiel einer eigenen Studie zu einer besonderen Form der Ganztagsorganisation wird herausgearbeitet, welche Wirkungen empirisch belegt sind und welche Aspekte für eine differenzierte Beurteilung und Weiterentwicklung von Ganztagsangeboten zu berücksichtigen sind.

Forschungsstand: Wirkungen von Ganztagsangeboten auf Leistung und Persönlichkeit

In diversen US-amerikanischen Studien (zsf. Brümmer et al. 2011) konnten positive Wirkungen von *extracurricular activities* und *after school programs* im Leistungs- und Persönlichkeitsbereich belegt werden (z. B. auf Schulfreude, Motivation, Sozialverhalten). Gleiches gilt für Ganztagsangebote der Schweizer Tagesschulen (z. B. Wirkungen auf sozio-emotionale Kompetenzen, Selbstkonzept; Schüpbach 2010, Schüpbach et al. 2013). Sowohl US-amerikanische als auch Schweizer Befunde deuten darauf hin, dass eine intensive Nutzung und hohe Qualität ganztägiger Bildungsangebote für deren Wirkung entscheidend sind. Nationale Studien wie GIM (Ganztagsschulbesuch und Integrationsprozesse bei Migranten, Reinders et al. 2011) und GO! (Ganztagsorganisation im Grundschulbereich, Merkens & Schründer-Lenzen 2010, Merkens & Bellin 2012) zeigen, dass der Besuch einer Ganztagsschule allein noch keine Vorteile im Leistungsbereich bewirkt (vgl. auch IGLU/TIMSS 2011, zsf. Aktionsrat Bildung 2013). Im Persönlichkeitsbereich finden sich hingegen auch einzelne Hinweise auf positive Effekte der

Organisationsform (z. B. auf sozio-emotionale Kompetenzen, Studie PIN. Peers in Netzwerken, Kanevski & Salisch 2011).

Umfassend und differenziert wird die Leistungs- und Persönlichkeitswirkung von Ganztagsangeboten in Deutschland im Rahmen der Studie zur Entwicklung von Ganztagsschulen (StEG) untersucht: Im Leistungsbereich konnte in der ersten Phase von StEG (2004-11) eine förderliche Wirkung von Ganztagsangeboten auf Schulnoten belegt werden (Kuhn & Fischer 2011a). Darüber hinaus fanden sich Hinweise auf ein indirekt leistungsförderliches Potenzial von Ganztagsangeboten, z. B. positive Effekte auf das Klassenwiederholungsrisiko (Steiner 2011) und den subjektiven Lernnutzen aus Sicht der Schülerinnen und Schüler (Radisch et al. 2007) sowie ein protektiver, durch das Sozialverhalten vermittelter Effekt auf Schulnoten (Kuhn & Fischer 2011b). Als zentrale Stellschrauben erwiesen sich auch hier Teilnahmeintensität und Angebotsqualität sowie darüber hinaus das schulische Beziehungsklima (Fischer et al. 2011; zsf. Decristan & Klieme 2016).

In der zweiten Phase von StEG (2012-15) wurden Wirkungen fachbezogener Ganztagsangebote auf die Leistung in standardisierten Tests untersucht. Dabei konnte weder in der Primar- noch in der Sekundarstufe ein Effekt auf fachliche Kompetenzen nachgewiesen werden – auch nicht unter Berücksichtigung von Teilnahmeintensität und Angebotsqualität (StEG-Konsortium 2016). Im Persönlichkeitsbereich wurden in der ersten Phase von StEG (2004-11) positive Effekte ganztägiger Angebote auf Schulfreude, Motivation und Sozialverhalten nachgewiesen – wiederum in Abhängigkeit von Teilnahmeintensität und Angebotsqualität (Fischer et al. 2011, zsf. Decristan & Klieme 2016). Auch in der zweiten Phase (2012-15) zeigten sich vielfältige Effekte im Persönlichkeitsbereich (StEG-Konsortium 2016): Im Primarbereich fanden sich Wirkungen fachbezogener Ganztagsangebote auf Selbstkonzept, Motivation und Interesse bildungsbenachteiligter Kinder, im Sekundarbereich positive Wirkungen fachbezogener Ganztagsangebote auf Motivation und Selbstkonzept. Unabhängig von der Schulstufe wirkten sich Ganztagsangebote zum sozialen Lernen positiv auf das Sozialverhalten aus. Als entscheidende Stellschraube für die Wirksamkeit erwies sich diesmal jedoch nur die Angebotsqualität.

Mit dem Ausbau der Ganztagsschullandschaft ist nicht nur der Anspruch auf optimierte Förderung verbunden. Vielmehr ist die Wirksamkeit von Ganztagsangeboten auch danach zu beurteilen, inwiefern diese zum Abbau herkunftsspezifischer Bildungsdisparitäten beitragen, also für potenziell bildungsbenachteiligte Schülerinnen und Schüler (z. B. mit Migrationshintergrund, niedrigem sozioökonomischen Status) kompensatorisch wirken. US-amerikanische Befunde (zsf. Züchner & Fischer 2014) belegen kompensatorische Wirkungen von *extracurricular activities* und *after school programs* im Leistungs- und Persönlichkeitsbereich (z. B. bzgl. Schulversagen,

Wirkungen des Ganztags auf Leistungs- und Persönlichkeitsentwicklung

Schulnoten, Schulfreude, Problem- und Risikoverhalten) für potenziell bildungsbenachteiligte Schülerinnen und Schüler.

Die nationale Befundlage zur kompensatorischen Wirkung von Ganztagsangeboten (zsf. Züchner & Fischer 2014) ist nicht eindeutig: Erwähnenswert sind zunächst Hinweise auf Selektionseffekte beim Zugang zu und der Inanspruchnahme von Ganztagsangeboten (ebd.), die zeigen, dass die Zielgruppe bildungsbenachteiligter Schülerinnen und Schüler nur teilweise erreicht wird und somit das kompensatorische Potenzial von Ganztagsangeboten von vornherein begrenzt ist. In manchen Studien findet sich keine kompensatorische Wirkung auf Leistung (z. B. IGLU 2006, Radisch et al. 2006), in anderen hingegen sind kompensatorische Wirkungen nachweisbar (Studie GO!, Bellin & Tamke 2010; Studie BiGa NRW, Börner et al. 2010). In der ersten Phase von StEG (2004-11) zeigte sich, dass im Leistungsbereich mit steigender Teilnahmeverbindlichkeit, hoher Teilnahmeintensität und Angebotsqualität ein zunehmender Abbau herkunftsspezifischer Bildungsdisparitäten zu erwarten ist (Züchner & Fischer 2014). Im Persönlichkeitsbereich wurde ein kompensatorisches Potenzial von Ganztagsangeboten bezüglich Wohlbefinden, Motivation und Sozialverhalten belegt (Fischer et al. 2011, zsf. StEG-Konsortium 2010).

Ganztagsorganisation durch Hort-Kooperation: Wirkungen auf Leistung und Persönlichkeit aus verschiedenen Perspektiven und Forschungsparadigmen

Eine mögliche Umsetzungsform ganztägiger Bildung bietet das Modell der Hort-Kooperationsklassen (vgl. Reichert-Garschhammer & Wildgruber 2015), das im Rahmen der Studie Ganztagsorganisation durch Hort-Kooperation am Institut für Grundschulforschung der Friedrich-Alexander-Universität Erlangen-Nürnberg in den Schuljahren 2013-15 untersucht wurde (ausführlich zu Studie und Ergebnissen Elting et al. 2016). Die Kooperation zwischen Lehrkräften (Schule) und pädagogischem Personal (Hort) beruht dabei auf drei Säulen:

- gemeinsame Unterrichtszeit, in der die Erzieherinnen die Kinder an zwei Tagen der Woche im Unterricht begleiten,
- gemeinsame Hortzeit, in der die Lehrkräfte an ein bis zwei Tagen im Hort mitarbeiten,
- gemeinsame Teamzeit von einer Stunde pro Woche.

Somit werden die Kinder durch ein festes, intensiv kooperierendes, multiprofessionelles Team ganztägig betreut und unterstützt. Es liegen quantitative und qualitative Daten vor, welche differenzierte Auskunft über Effekte dieser besonderen bayerischen Form der Ganztagsorganisation geben, Perspektiven verschiedener Akteure berücksichtigen und somit Impulse für die Weiterentwicklung von Ganztagsangeboten geben.

Ganztagsschule als lernende Organisation

Ein Blick auf die Schülerinnen und Schüler

In einem quasi-experimentellen Design mit drei Messzeitpunkten (Ende 1., Mitte 2., Ende 2. Klasse) wurden drei Hort-Kooperationsklassen (HKK: verpflichtender Hortbesuch, intensive Kooperation des Personals; $n1 = 50$ Kinder) und fünf Vergleichsklassen im Halbtagsbetrieb (VK: kein Hortbesuch, keine Kooperation; $n2 = 44$ Kinder) untersucht. Die Leistungsentwicklung wurde über das beispielhaft ausgewählte Merkmal Leseverständnis (Subskalen Wort-, Satz-, Textverständnis, ELFE 1-6, Lenhard & Schneider 2006) erfasst, die Persönlichkeitsentwicklung wurde in einem weiteren Sinne als psychosoziale Entwicklung über die Subskalen Klassenklima, soziale Integration, Fähigkeitsselbstkonzept, Gefühl des Angenommenseins, Lernfreude, Anstrengungsbereitschaft und Schuleinstellung erfasst (FEESS 1-2, Rauer & Schuck 2004).

Die Studie belegt zunächst eine insgesamt erfolgreiche Arbeit der Schule: Die Gesamtstichprobe bleibt in ihrer Entwicklung nicht hinter den Eichstichproben der verwendeten Instrumente zurück. Im Leistungsbereich ist in der vorliegenden Stichprobe über die Subskalen hinweg (multivariat) kein Interaktionseffekt zwischen Messezeitpunkt und Organisationsform feststellbar. D. h. die Kinder entwickeln sich über die Zeit hinweg in HKK und VK gleich. Betrachtet man aber explorativ einzelne Subskalen (univariat), zeigt sich ein signifikanter Vorteil der HKK im Wortverständnis. Daraus lässt sich mit aller Vorsicht folgern, dass die untersuchten HKK möglicherweise leichte Leistungsvorteile, sicher aber keine Nachteile bringen. Im Persönlichkeitsbereich kann auf multivariater Ebene ebenfalls kein Interaktionseffekt nachgewiesen werden. Allerdings zeigt die univariate Betrachtung teilweise unterschiedliche Entwicklungen: In den HKK entwickeln sich Klassenklima und Gefühl des Angenommenseins auch unter Kontrolle der Ausgangsbedingungen ungünstiger als in den VK. Unterschiede zulasten der HKK bestehen also in jenen Variablen, die auf das soziale Beziehungsgefüge Schulklasse verweisen, und deuten darauf hin, dass der erweiterte Zeitrahmen auch ein größeres Konfliktpotenzial bergen kann.

Aufgrund der Erwartungen an Ganztagsangebote, für bildungsbenachteiligte Kinder kompensatorisch zu wirken, interessiert besonders ein Blick auf diese Kinder. In der Studie wurde das Risiko der Bildungsbenachteiligung über die Indikatoren Migrationshintergrund, Alleinerziehung und soziale Herkunft (vgl. Autorengruppe Bildungsberichterstattung 2014) erfasst. In HKK und VK sind in diesem Sinne potenziell bildungsbenachteiligte Kinder in vergleichbarem Anteil vertreten. Unabhängig von der Organisationsform kann für diese Kinder eine positive Leistungsentwicklung konstatiert werden, im Persönlichkeitsbereich bleiben die Mittelwerte stabil, anfängliche Nachteile bleiben erhalten. Diese Befunde gelten sowohl für HKK als auch für VK, ein Interaktionseffekt ist weder im Leistungs- noch im Persönlichkeitsbereich auszumachen. Festzuhalten ist, dass sowohl in HKK als auch in VK weder

Wirkungen des Ganztags auf Leistungs- und Persönlichkeitsentwicklung

ein Schereneffekt im Leistungsbereich noch ein Abwärtstrend im Persönlichkeitsbereich vorliegt. Die potenziell bildungsbenachteiligten Kinder dieser Stichprobe holen also nicht auf (und damit kann keine kompensatorische Wirkung bestätigt werden), sie werden aber auch nicht abgehängt – ein positiver Befund für die Schule, unabhängig von der Organisationsform.

Einschätzungen des Personals und der Eltern

Neben den referierten, über standardisierte Tests erfassten Ergebnissen der Schülerinnen und Schüler ist die Einschätzung der Akteure von Bedeutung. Für die Perspektive des Personals und der Eltern liegen quantitative (N = 45 Eltern) und qualitative Daten (n1 = 10 Elternpaare, n2 = 2 Lehrkräfte, n3 = 4 Erzieherinnen) vor, die Auskunft über die wahrgenommene Wirkung der HKK geben. Die quantitativen Daten wurden fragebogenbasiert erfasst und explorativ deskriptiv ausgewertet; die qualitativen Daten wurden im Rahmen leitfadengestützter Interviews erhoben und mittels qualitativer Inhaltsanalyse (nach Mayring 2010) ausgewertet.[1] Die Analysen zeigen, dass Personal und Eltern positive Effekte der HKK im Bereich der Persönlichkeit und des Sozialklimas wahrnehmen, einen Leistungsvorteil hingegen nicht – dieser Befund steht teilweise im Widerspruch zu den oben berichteten Ergebnissen der Schülerinnen und Schüler, stimmt jedoch mit den skizzierten Tendenzen des Forschungsstandes überein. Personal und Eltern berichten andererseits, dass der erweiterte Zeitrahmen nicht nur Chancen, sondern auch ein erhöhtes Konfliktpotenzial birgt – dieser Befund deckt sich mit den oben berichteten Ergebnissen der Schülerinnen und Schüler. Zugleich stellt er einen Impuls für die Ganztagsschulentwicklung dar, da er auf die Notwendigkeit gezielter Unterstützung in diesem Bereich verweist.

Gibt es eine Antwort auf die Frage, ob Ganztagsschule wirkt?

Die Zusammenschau der vorgestellten Befunde aus internationalen und nationalen Studien sowie der exemplarisch vorgestellten Studie „Ganztagsorganisation durch Hort-Kooperation" erlaubt keine pauschale Antwort auf die Frage, ob sich Ganztagsschule förderlich auf Leistung und Persönlichkeit auswirkt. Zwar finden sich sowohl im Leistungs- als auch im Persönlichkeitsbereich positive und teilweise auch kompensatorische Effekte ganztägiger Bildungsangebote, jedoch nicht durchgängig in allen Studien bzw. Akteursperspektiven.

Die Sichtung der Befunde macht vielmehr deutlich, dass die Frage nach der Wirkung von Ganztagsschule verkürzt und undifferenziert ist: Wirkungen können je nach Form und Modell unterschiedlich ausfallen. Zudem zeigen die Befunde nahezu durchgängig, dass eine intensive Nutzung und hohe

---

[1] Die qualitativen Befunde wurden im Rahmen studentischer Abschlussarbeiten gewonnen. Den Verfasserinnen, Jasmin Weitzenfelder und Kathrin Rögner, gilt unser ausdrücklicher Dank.

Qualität ganztägiger Bildungsangebote für deren Wirkung entscheidend sind. Damit kommt nur „guten" Ganztagsangeboten ein förderliches bzw. kompensatorisches Potenzial im Leistungs- und Persönlichkeitsbereich zu. Entscheidend ist also nicht die Organisationsform an sich, sondern die konkrete Umsetzung der Ganztagsorganisation und die konkrete Ausgestaltung und Nutzung der Ganztagsangebote.

Für die Weiterentwicklung „guter" Ganztagsangebote geben die referierten Befunde ebenfalls Hinweise: Um kompensatorische Wirkungen für bildungsbenachteiligte Schülerinnen und Schüler zu erzielen, muss zunächst dem konstatierten Selektionseffekt entgegengesteuert werden. Die Befunde zu potenziellen sozialklimatischen Nachteilen des erweiterten Zeitrahmens zeigen, dass in ganztägigen Settings eine gezielte Intervention in diesem Bereich nötig sein kann.

Die Befunde im Leistungsbereich machen deutlich, dass Teilnahmeintensität und Angebotsqualität zwar offenbar notwendige, aber nicht unbedingt hinreichende Bedingungen für die förderliche Wirkung von Ganztagsangeboten sind. Noch werden fachspezifische Förderangebote relativ selten angeboten und wahrgenommen und noch sind Ganztagsangebote selten explizit mit dem Unterricht verknüpft (StEG-Konsortium 2016). Wenn ganztägige Bildungsangebote jedoch auch im Leistungsbereich Kompetenzzuwächse erbringen sollen, scheinen die gezielte konzeptionelle Verzahnung unterrichtlicher und außerunterrichtlicher Angebote sowie die Entwicklung und Institutionalisierung einheitlicher Strategien auf Schulebene geboten (Elting et al. 2016, Decristan & Klieme 2016).

Festzuhalten bleibt: Die Frage ist nicht, *ob* Ganztagsschule auf Leistung und Persönlichkeit wirkt, sondern *unter welchen Bedingungen* Wirkungen erzielt werden können und *wie* Verzahnung, Teilnahmeintensität und Angebotsqualität erhöht werden können. In der dritten Phase von StEG (2016-19) werden Antworten hierauf gesucht, indem u. a. geprüft wird, was gute Ganztagsangebote ausmacht bzw. wie sie gestaltet werden können, um in Kombination mit dem Unterricht besonders förderlich zu wirken (*www.projekt-steg.de*).

Literatur

Aktionsrat Bildung (2013): Zwischenbilanz Ganztagsgrundschulen: Betreuung oder Rhythmisierung? Gutachten, Münster.

Autorengruppe Bildungsberichterstattung (2014): Bildung in Deutschland 2014. Ein indikatorengestützter Bericht mit einer Analyse zur Bildung von Menschen mit Behinderungen, Bielefeld.

Bellin, N. & Tamke, F. (2010): Bessere Leistungen durch Teilnahme am offenen Ganztagsbetrieb? In: Empirische Pädagogik, Heft 2, S. 93-112.

Wirkungen des Ganztags auf Leistungs- und Persönlichkeitsentwicklung

Börner, N., Beher, K., Düx, W. & Züchner, I. (2010): Lernen und Fördern aus Sicht der Eltern. In: Wissenschaftlicher Kooperationsverbund (Hrsg.): Lernen und Fördern in der offenen Ganztagsschule, Weinheim, S. 143-225.

Brümmer, F., Rollett, W. & Fischer, N. (2011): Prozessqualität der Ganztagsangebote aus Schülersicht. Zusammenhänge mit Angebots- und Schulmerkmalen. In: Fischer, N., Holtappels, H. G., Klieme, E., Rauschenbach, T., Stecher, L. & Züchner, I. (Hrsg.): Ganztagsschule: Entwicklung, Qualität, Wirkungen. Längsschnittliche Befunde der Studie zur Entwicklung von Ganztagsschulen (StEG), Weinheim u. a., S. 162-186.

Coelen, T. & Dollinger, B. (2012): Geschichte, Gegenwart und Perspektiven der Ganztagsschule. In: Bauer, U., Bittlingmayer, U. H. & Scherr, A. (Hrsg.): Handbuch Bildungs- und Erziehungssoziologie, Wiesbaden, S. 763-777.

Decristan, J. & Klieme, E. (2016): Bildungsqualität und Wirkung von Angeboten in der Ganztagsschule. Einführung in den Thementeil. In: Zeitschrift für Pädagogik, Heft 6, S. 757-759.

Elting, C., Haider, M. & Kopp, B. (2016): Unterstützung von Leistungs- und Persönlichkeitsentwicklung durch Kooperation? Ergebnisse einer wissenschaftlichen Begleitung von Hort-Kooperationsklassen. In: Schulpädagogik heute, Heft 13, S. 1-15.

Fischer, N., Holtappels, H. G., Klieme, E., Rauschenbach, T., Stecher, L. & Züchner, I. (Hrsg.) (2011): Ganztagsschule: Entwicklung, Qualität, Wirkungen. Längsschnittliche Befunde der Studie zur Entwicklung von Ganztagsschulen (StEG), Weinheim u. a.

Kanevski, R. & Salisch, M. v. (2011): Peer-Netzwerke und Freundschaften in Ganztagsschulen. Auswirkungen der Ganztagsschule auf die Entwicklung sozialer und emotionaler Kompetenzen von Jugendlichen, Weinheim u. a.

Kuhn, H. P. & Fischer, N. (2011a): Entwicklung der Schulnoten in der Ganztagsschule. Einflüsse der Ganztagteilnahme und der Angebotsqualität. In: Fischer, N., Holtappels, H. G., Klieme, E., Rauschenbach, T., Stecher, L. & Züchner, I. (Hrsg.): Ganztagsschule: Entwicklung, Qualität, Wirkungen. Längsschnittliche Befunde der Studie zur Entwicklung von Ganztagsschulen (StEG), Weinheim u. a., S. 207-226.

Kuhn, H. P. & Fischer, N. (2011b): Zusammenhänge zwischen Schulnoten und problematischem Sozialverhalten in der Ganztagsschule: Entwickeln sich Ganztagsschüler/-innen besser? Stecher, L., Krüger, H.-H. & Rauschenbach, T. (Hrsg.): Ganztagsschule – Neue Schule? Eine Forschungsbilanz. In: Zeitschrift für Erziehungswissenschaft, Sonderheft 15, Wiesbaden, S. 143-162.

Lenhard, W. & Schneider, W. (2006): ELFE 1-6. Ein Leseverständnistest für Erst- bis Sechstklässler, Göttingen u. a.

Mayring, P. (2010): Qualitative Inhaltsanalyse. Grundlagen und Techniken. 11. Aufl. Weinheim u. a.

Merkens, H. & Bellin, N. (Hrsg.) (2012): Die Grundschule entwickelt sich, Münster u. a.

Merkens, H. & Schründer-Lenzen, A. (Hrsg.) (2010): Lernförderung unter den Bedingungen des Ganztags im Grundschulbereich, Münster u. a.

Radisch, F., Klieme, E. & Bos, W. (2006): Gestaltungsmerkmale und Effekte ganztägiger Angebote im Grundschulbereich? Eine Sekundäranalyse zu Daten der IGLU-Studie. In: Zeitschrift für Erziehungswissenschaft, Heft 1, S. 30-50.

Radisch, F., Stecher, L. & Klieme, E. (2007): Unterrichts- und Angebotsqualität aus Schülersicht. In: Holtappels, H. G. (Hrsg.): Ganztagsschule in Deutschland. Ergebnisse der Ausgangserhebung der „Studie zur Entwicklung von Ganztagsschulen" (StEG), Weinheim u. a., S. 227-260.

Rauer, W. & Schuck, K. D. (2004): Fragebogen zur Erfassung emotionaler und sozialer Schulerfahrungen von Grundschulkindern erster und zweiter Klassen, Göttingen.

Reichert-Garschhammer, E. & Wildgruber, A. (2015): Gelingensbedingungen einer guten Kooperationspraxis von Hort und Ganztagsschule. In: Theorie und Praxis der Sozialpädagogik, Heft 5, S. 22-26.

Reinders, H., Gogolin, I., Gresser, A., Schnurr, S., Böhmer, J. & Bremm, N. (2011): Ganztagsschulbesuch und Integration von Kindern mit Migrationshintergrund im Primarbereich. Erste Näherungen an empirische Befunde einer vergleichenden Untersuchung. In: Stecher, L., Krüger, H.-H. & Rauschenbach, T. (Hrsg.): Ganztagsschule – Neue Schule? Eine Forschungsbilanz. In: Zeitschrift für Erziehungswissenschaft, Sonderheft 15, Wiesbaden, S. 163-183.

Schüpbach, M. (2010): Ganztägige Bildung und Betreuung im Primarschulalter. Qualität und Wirksamkeit verschiedener Schulformen im Vergleich, Wiesbaden.

Schüpbach, M., Herzog, W. & Ignaczewska, J. (2013): Entwicklung der Mathematikleistung von Ganztagsschulkindern: kompensatorische Wirkung der Ganztagsschule? In: Zeitschrift für pädagogische Psychologie, Heft 3, S. 157-167.

StEG-Konsortium (2010): Ganztagsschule: Entwicklung und Wirkungen. Ergebnisse der Studie zur Entwicklung von Ganztagsschulen. Online unter: *www.projekt-steg.de/sites/default/files/Ergebnisbroschuere_StEG_2010.pdf* (Zugriff am: 31.03.2018).

StEG-Konsortium (2016): Ganztagsschule: Bildungsqualität und Wirkungen außerunterrichtlicher Angebote. Ergebnisse zur Entwicklung von Ganztagsschulen 2012-2015. Online unter: *www.projekt-steg.de/sites/default/files/StEG_Brosch_FINAL.pdf* (Zugriff am: 31.03.2018).

Wirkungen des Ganztags auf Leistungs- und Persönlichkeitsentwicklung

Steiner, C. (2011): Ganztagsteilnahme und Klassenwiederholung. In: Fischer, N., Holtappels, H. G., Klieme, E., Rauschenbach, T., Stecher, L. & Züchner, I. (Hrsg.): Ganztagsschule: Entwicklung, Qualität, Wirkungen. Längsschnittliche Befunde der Studie zur Entwicklung von Ganztagsschulen (StEG), Weinheim u. a., S. 187-206.

Züchner, I. & Fischer, N. (2014): Kompensatorische Wirkungen von Ganztagsschulen – Ist die Ganztagsschule ein Instrument zur Entkopplung des Zusammenhangs von sozialer Herkunft und Bildungserfolg? In: Maaz, K., Neumann, M. & Baumert, J. (Hrsg.): Herkunft und Bildungserfolg von der frühen Kindheit bis ins Erwachsenenalter. Forschungsstand und Interventionsmöglichkeiten aus interdisziplinärer Perspektive. In: Zeitschrift für Erziehungswissenschaft, Sonderheft 24, Wiesbaden, S. 349-367.

Benedikt Wisniewski & Klaus Zierer
Feedback im Ganztag – Warum Rückmeldungen ein Schlüssel zur guten Schule sind

Feedback ist ein wesentlicher Teil schulischer Qualitätsentwicklung, vor allem in Bezug auf die Unterrichtsqualität (vgl. Wisniewski & Zierer, 2017a). Lässt sich das Konzept auch auf das Ganztagsangebot von Schulen übertragen?

Das Etablieren einer Feedback-Kultur ist seit Jahren an vielen Schulen ein vorrangiges Schulentwicklungsziel. 70 % deutscher Schulleiterinnen und Schulleiter halten Schülerfeedback, also Rückmeldungen von Schülerinnen und Schülern an ihre Lehrenden zu deren Unterricht, für sehr bedeutsam.

Gleichzeitig liegt die Selbstevaluation von Schulen in Deutschland deutlich unter dem OECD-Durchschnitt (Barfknecht & v. Saldern, 2010) und systematisches Feedback zum Unterricht ist eher die Ausnahme als die Regel. An Ganztagsschulen dürfte sich ein ähnliches Bild ergeben.

Es stellen sich daher folgende Fragen:

- Warum ist Feedback überhaupt wichtig?
- Wodurch zeichnet sich erfolgreiches Feedback im schulischen Ganztag aus?
- Wie kann Feedback an Ganztagsschulen erfolgreich implementiert werden?

Der vorliegende Beitrag stellt einige Überlegungen vor, um Feedback als das scheinbar Selbstverständliche auch an Ganztagsschulen selbstverständlicher zu machen.

Die Hattie-Studie

Seit Erscheinen der Hattie-Studie wird wieder viel darüber diskutiert, welche der aufwändig gewonnenen Erkenntnisse aus der Forschung in der Schulpraxis tatsächlich umgesetzt werden können. Bei mittlerweile 150 Faktoren ist es alles andere als einfach, die richtigen Schlüsse zu ziehen. Konsens besteht darin, dass guter Unterricht durch Klarheit der Lehrperson, hohe Erwartungen an die Lernenden, herausfordernde Ziele und positive Lehrer-Schüler-Beziehungen gekennzeichnet ist.

Doch was heißt all das konkret und wie lassen sich die Befunde auf das Ganztagsangebot von Schulen übertragen? Bei vielen verkürzten und teilweise auch falschen Interpretationen verdichtet Hattie selbst seine Forschungsergebnisse in einer zentralen Botschaft: „Kenne deinen Einfluss!" (vgl. Hattie & Zierer, 2016). Voraussetzung für alle Bedingungen, die

Unterricht und Erziehung erfolgreich machen, sind zuverlässige Informationen darüber, was bei den Schülerinnen und Schülern ankommt.

Ob Lernen oder Erziehen wirklich sichtbar werden, hängt davon ab, in welcher Weise Lehrende oder Erziehende wissen möchten, wie sie das Lernen und Vorankommen ihrer Schülerinnen und Schüler beeinflussen. In diesem Sinne müssen sie keine Forscher sein. Aber: Sie müssen Evaluatoren sein und nach ihrem Einfluss suchen.

Was ist Feedback?

Feedback kann als ein auf Daten basierender Informationsaustausch zwischen zwei Menschen bezeichnet werden. Im schulischen Kontext wird der Begriff in erster Linie als Interaktion zwischen Lernenden und Lehrpersonen verstanden, aber es ist plausibel, den Begriff auch in vergleichbarer Weise auf die Interaktion zwischen Lernenden und dem pädagogischen Personal der Ganztagsbetreuung anzuwenden.

Dabei kann Feedback in zwei Richtungen auftreten: von den Lehrenden/Erziehenden zu den Lernenden oder von den Lernenden zu den Lehrenden/Erziehenden. Mit Blick auf den Forschungsstand zeigt sich Feedback in Bezug auf den Lernerfolg von Schülerinnen und Schülern als der Faktor mit dem besten Verhältnis aus Wirksamkeit und Untersuchungsdichte: 25 Meta-Analysen führen zu einer Effektstärke von 0.75 und Rang 10 (vgl. Hattie 2009, 2013 und Hattie & Zierer 2016). Damit liegt der Einfluss von Feedback deutlich über der durchschnittlichen Effektstärke von 0.4 und ist beispielsweise deutlich größer als der Effekt einer Reduzierung der Klassengröße (0.21) oder für webbasiertes Lernen (0.18).

Abgesehen vom positiven Einfluss auf den Lernerfolg von Schülerinnen und Schülern hat Schülerfeedback eine große Bedeutung für die Berufszufriedenheit und Gesundheit von pädagogischem Personal (Enns et al., 2004). Das Fehlen von Rückmeldungen zum eigenen beruflichen Handeln (und im pädagogischen Kontext sind diese in der Regel rar) ist ein Risikofaktor für ein geringes Selbstwirksamkeitserleben und als Folge davon von Erschöpfungserscheinungen bis hin zum Burn-Out.

Gerade für das Personal der Ganztagsbetreuung beschränken sich Rückmeldungen sehr häufig auf punktuelle Beschwerden von Erziehungsberechtigten. Dagegen fehlen systematische Rückmeldungen, welche ein verlässliches Bild der Zufriedenheit der Schülerinnen und Schüler sowie der Erziehungsberechtigten geben. Umso wichtiger ist es hier, Rückmeldungen zum eigenen beruflichen Handeln auf eine breite Basis zu stellen, anstatt sich auf wenige Einzelmeinungen zu verlassen.

Feedback im Ganztag

Feedback im Ganztag unterscheidet sich in mehrerlei Hinsicht vom „normalen" Schülerfeedback, welches sich in der Regel auf Aspekte der Unterrichtsqualität bezieht. Im Ganztag arbeiten Personen aus unterschiedlichen

Professionen: Lehrerinnen und Lehrer, Sozialarbeiterinnen und Sozialarbeiter, Erzieherinnen und Erzieher, ehrenamtliche Mitarbeiterinnen und Mitarbeiter sowie weiteres pädagogisches Personal.

Diese Personen sind für verschiedene Bereiche zuständig: Mittagsbetreuung, Hausaufgabenbetreuung, Freizeitangebote, Förderkurse etc. Daher ist es nötig, eine Vielzahl von inhaltlichen Bereichen – von der Qualität des Mittagessens bis hin zur pädagogischen Qualität von Förderangeboten – zu berücksichtigen. Es stellt sich die Frage, ob sich die Erkenntnisse, welche zum Schülerfeedback vorliegen, überhaupt auf diese vielfältigen Bereiche übertragen lassen.

Im Gegensatz zu unterrichtsbezogenem Schülerfeedback ergibt sich zudem die Besonderheit, dass zu Aspekten der Ganztagsschule auch das Feedback von Erziehungsberechtigten eingeholt werden kann und sich somit eine weitere Perspektive eröffnet.

Feedback und Ganztag – passt das zusammen?

Wie kann Feedback zum Ganztag gewinnbringend und ohne ungünstige Nebeneffekte eingeholt werden?

Die Verwendung kriteriengeleiteter Instrumente hätte den Vorteil, dass sich der Schwerpunkt von einer vornehmlich subjektiven Rückmeldung, die die Gefahr der Thematisierung von selbstwertrelevanten Merkmalen mit sich bringt, hin zu einer standardisierten Rückmeldung bezüglich relevanter Verhaltensmerkmale verschiebt. Damit geht es weniger darum, wie jemand ist, als vielmehr darum, was sie bzw. er tut.

Hier liegt ein Forschungsdesiderat vor, denn während es für den Bereich des Unterrichts inzwischen wissenschaftlich fundierte und teilweise sogar validierte Instrumente gibt (Wisniewski & Zierer, 2017b), müssen Mitarbeiterinnen und Mitarbeiter der Ganztagsschule im Moment noch auf Evaluationsinstrumente zurückgreifen, die allein aus der Alltagserfahrung heraus generiert wurden. Nachdem die Ganztagsschule flächendeckend eingeführt wurde und weiter ausgebaut wird, müssen nun schrittweise entsprechende Feedback-Instrumente auch für diese Schulform und ihre Angebote entwickelt werden.

Warum hat es Feedback so schwer?

Trotz der positiven Effekte von Feedback ist es an vielen Schulen alles andere als ein Selbstläufer. Laut einer aktuellen Studie von Richter und Pant (2016) geben 35 % der befragten Lehrpersonen an, regelmäßig Feedback von ihren Schülerinnen und Schülern einzuholen. Vergleichbare Daten aus dem Ganztag liegen bisher nicht vor, aber es ist anzunehmen, dass sich in diesem Kontext auch aus o. g. Gründen ein ähnliches Bild ergeben würde. Ein Feedback aus Sicht der Schülerinnen und Schüler findet in der Praxis kaum statt (vgl. Hattie & Zierer, 2016).

Feedback im Ganztag

Ob Feedback von Schülerinnen und Schülern eingeholt wird oder nicht, ist eine Frage der Haltung: Lehrende oder Erziehende haben immer Gründe dafür, etwas zu tun oder auch nicht zu tun. Problematisch ist sicherlich, dass Feedback häufig als Angriff auf das bisherige Rollenverständnis angesehen wird, eng verbunden mit den Befürchtungen, dass sich der Umgang mit den Schülerinnen und Schülern durch eine Art Abhängigkeitsverhältnis (im Sinne von „Du machst, was ich will, dann bewerte ich dich gut!") verändern könnte.

Solche Bedenken stehen eindeutigen Forschungsergebnissen gegenüber: Entgegen der oft geäußerten Befürchtung, Lernende „könnten die Möglichkeit der Befragung zu einer generellen Kritik [am pädagogischen Personal] nutzen, weisen die vorliegenden Ergebnisse eher auf das Gegenteil hin. In der großen Mehrzahl der Befragungen werden hohe Übereinstimmungen zwischen der Selbst- und der Fremdeinschätzung ermittelt" (Gärtner, 2013, S. 121).

Die Einschätzungen von Schülerinnen und Schülern decken sich weitgehend mit der Selbsteinschätzung von Lehrenden bzw. Erziehenden (Peterson, 2000, 2004; Irving, 2004). Gerade deshalb sind Abweichungen des Schülerfeedbacks von der Selbsteinschätzung besonders interessant.

Feedback dient als Eintrittskarte in den Dialog zwischen Schülerinnen und Schülern und den Personen, denen sie von ihren Erziehungsberechtigten anvertraut werden.

Gerade weil es beim pädagogischen Personal ein generell zunehmendes Belastungserleben gibt, stellt sich auch beim Thema Feedback die Frage „Kann ich das noch zusätzlich leisten?" Erfordern Fragebogeninstrumente einen Erhebungs- und Auswertungsaufwand von mehreren Stunden, erleben dies viele Personen als kaum zu rechtfertigen, wenn sie damit nicht einen hohen Nutzen verbinden.

Aus diesen Bedenken kann sich – werden sie nicht aus der Welt geschafft – eine dysfunktionale Haltung ergeben, die sich in der Regel nicht zwangsläufig in der Gegenargumentation oder offenen Ablehnung, sondern auch in Vergessen, Aufschieben und subjektiv wahrheitsgetreuen Erklärungen für die Nichtanwendung äußern kann.

Jenseits der Frage nach dem Nutzen von Feedback stellt sich für viele die Frage nach dem Aufwand. Dabei ist zu bedenken, dass es nicht darum geht, mehr Feedback zu geben. Da sich erfolgreiches Feedback darin zeigt, dass es als Rückmeldung von den Lernenden gegeben wird, wäre es sogar notwendig, dass Lehrende bzw. Erziehende weniger Feedback geben – und stattdessen die Lernenden mehr zu Wort kommen lassen.

Wird das Schülerfeedback dann noch durch ein Feedback der Erziehungsberechtigten ergänzt, erhalten pädagogische Mitarbeiterinnen und Mitarbeiter ein reliables und multiperspektivisches Bild davon, wie ihre Arbeit ankommt – im Gegensatz zu negativen, aber häufig offensiv geäußerten Einzelmeinungen.

Ganztagsschule als lernende Organisation

Kompetenz und Haltung als Erfolgsgaranten

Die erfolgreiche Implementierung von Feedback wird davon abhängen, pädagogischen Mitarbeiterinnen und Mitarbeitern Gründe an die Hand zu geben, warum sie diesen Schritt gehen sollen. Hier kommt den Führungspersonen eine besonders wichtige Rolle zu, denn es wird notwendig sein, sowohl Kompetenzen zu vermitteln als auch Haltungen anzubahnen.

Wichtig ist eine schrittweise und konsequente Implementierung von Feedback. Hierbei stehen folgende Aspekte im Mittelpunkt:

- eine Reflexion der eigenen Haltungen zu Feedback,
- eine klare Unterscheidung von Feedback, Bewertung und Beurteilung,
- eine feste Verankerung im Schulprogramm bzw. Schulprofil und
- eine solide Einführung, die den Sinn und Nutzen für alle Beteiligten verdeutlicht.

Feedback darf niemals Selbstzweck sein, sondern muss für die Feedbackgeber einen Nutzen haben. Dieser zeigt sich dadurch, dass kritische Rückmeldungen in bestimmten Bereichen auch zu tatsächlichen Veränderungen führen. Ist dies nicht der Fall, läuft sich die Rückmeldepraxis zwangsläufig tot. Schülerinnen und Schüler können nicht nachvollziehen, warum sie Rückmeldungen geben sollen, wenn sich danach nichts verändert.

Schließlich ist es nicht unerheblich, den zeitlichen Aufwand für das Einholen und Auswerten von Feedback möglichst gering zu halten. Neue Medien können hierfür hilfreich sein und es gibt mittlerweile ein großes Angebot an Feedback-Software, die von einfachen bis hin zu professionellen Anwendungen reichen: Mit dem professionellen, wissenschaftlich fundierten Instrument FeedbackSchule (*www.feedbackschule.de*) wurde aussagekräftiges Feedback für Lehrerinnen und Lehrer bereits möglich gemacht, für den Ganztag kann man das System im Moment zur Auswertung selbst erstellter Fragebögen nutzen und dabei die in diesem Kontext entscheidenden Perspektiven von Schülerinnen und Schülern, Kolleginnen und Kollegen sowie Erziehungsberechtigten erfassen und abgleichen.

Bei der Überwindung von Aufwandshürden geht es auch darum, eine Feedback-Kultur zu schaffen, ohne Zwang auszuüben, aber gleichzeitig zu vermeiden, dass das Thema durch zu hohe Unverbindlichkeit nach kurzer Zeit im Sande verläuft. Richtig eingesetzt – auch mit Blick auf begrenzte zeitliche Ressourcen des pädagogischen Personals – dient Feedback dazu, über schulische Prozesse ins Gespräch zu kommen. Auf diese Weise ist es möglich, dass an Schulen eine tatsächliche Feedback-Kultur entsteht.

Literatur

Barfknecht, T. & Saldern v., M. (2010): Evaluation und Feedback der Lehrkräfte. In: Demmer, M. & Saldern v., M. (Hrsg.): Helden des Alltags. Erste Ergebnisse der Schulleitungs- und Lehrkräftebefragung (TALIS) in Deutschland. Münster: Waxmann.

Enns, E., Rüegg, R., Schindler, B. & Strahm, P. (2002): Lehren und Lernen im Tandem. Porträt eines partnerschaftlichen Fortbildungssystems. Zentralstelle für Lehrerinnen- und Lehrerfortbildung Kanton Bern.

Gärtner, H. (2013): Wirksamkeit von Schülerfeedback als Instrument der Selbstevaluation von Unterricht. In: Hense, J, Rädiker, S., Böttcher, W. & Widmer, T. (Hrsg.): Forschung über Evaluation. Bedingungen, Prozesse und Wirkungen. Münster: Waxmann, S. 107-124.

Hattie, J. (2009): Visible Learning: A synthesis of over 800 meta-analyses relating to achievement. London: Routledge.

Hattie, J. (2013): Visible Learning for Teachers. London: Routledge.

Hattie, J. & Zierer, K. (2016): Kenne deinen Einfluss! „Visible Learning" für die Unterrichtspraxis. Baltmannsweiler: Schneider Hohengehren.

Helmke, A. & Schrader, F. W. (2013): EMU: Evidenzbasierte Methoden der Unterrichtsdiagnostik und -entwicklung. Online unter: *www.unterrichtsdiagnostik.de* (Zugriff am: 07.10.2017).

Irving, S. E. (2004): The development and validation of a student evaluation instrument to identify highly accomplished mathematics teachers (Dissertationsschrift, Research Space, Auckland).

Peterson, K. D. (2000): Teacher evaluation: A comprehensive guide to new directions and practices. Thousand Oaks: Corwin Press.

Peterson, K. (2004): Research on school teacher evaluation. NASSP Bulletin, 88(639), S. 60-79.

Pittelkow, C. (2016): Ganztag evaluieren – aber wie? Online unter: *www.ganztagsschulen.org/de/16735.php* (Zugriff am: 07.10.2017).

Richter, D. & Pant, H. A. (2016): Lehrerkooperation in Deutschland. Eine Studie zu kooperativen Arbeitsbeziehungen bei Lehrkräften der Sekundarstufe I. Robert Bosch Stiftung.

Wisniewski, B. & Zierer, K. (2017a): Visible Feedback – Ein Leitfaden für erfolgreiches Unterrichtsfeedback. Baltmannsweiler: Schneider Hohengehren.

Wisniewski, B. & Zierer, K. (2017b): Schülerfeedback ist nicht gleich Schülerfeedback. PÄDAGOGIK. 11/17, S. 38-42.

Arnulf Zöller

Gelebte Kultur statt geduldigen Papiers – Das Potenzial eines Schulentwicklungsprogramms für die Stärkung schulischer Entwicklungsarbeit

Mit der im Jahr 2015 erfolgten Änderung des Bayerischen Erziehungs- und Unterrichtsgesetzes (BayEUG) sind alle Schulen verpflichtet, ein Schulentwicklungsprogramm zu erstellen. Der folgende kurze Beitrag zeigt, wie diese Anforderung in einen innerschulischen Entwicklungs- und Qualitätssicherungsprozess integriert und für bestehende schulische Aufgaben und neue bildungspolitische Herausforderungen genutzt werden kann. Ziel des Beitrags ist es zu verdeutlichen, wie Schulprogrammarbeit und traditionelle schulische Aufgaben synergetisch verknüpft werden können und damit den Anspruch einer systematischen, ressourcenorientierten und nachhaltigen Entwicklungsarbeit unterstützen.

Abb. 1: Leitfaden zum Schulentwicklungsprogramm

Gelebte Kultur statt geduldigen Papiers

Der Weg hin zu einer Ganztagsschule, zur Konzipierung eines Ganztagsangebots oder zur nachhaltigen Sicherung und professionellen Gestaltung eines bereits bestehenden Angebots ist eine innerschulische Herausforderung im o.g. Sinn, die eingebettet ist in die bildungspolitische Absicht eines quantitativen und qualitativen Ausbaus derartiger Angebote in Bayern. Was läge also näher, als diese schulische Aufgabe zu einem zentralen Ziel des jeweiligen Schulentwicklungsprogramms zu machen und das Vorhaben mit den Instrumenten und entsprechend der Systematik eines klassischen Qualitätsmanagementprozesses zu gestalten.

Natürlich kann man den Qualitätsbegriff auch überstrapazieren, weil der Anspruch auf Qualität ein selbstverständlicher und alltäglicher ist. Ohne Zweifel erwarten wir bei vielen Dingen unseres Alltags eine hohe Qualität: bei Lebensmitteln, bei Handwerkerleistungen, beim Autokauf, im Gesundheitswesen. Die konsequente Forderung ist deshalb, dass die entsprechenden Institutionen oder Firmen ein professionelles Qualitätsmanagementsystem aufweisen, praktizieren und kenntlich machen. Die schlichte Beteuerung: „Wir wissen schon, was wir tun, und machen das alles, so gut wir können" genügt längst nicht mehr. Es wäre geradezu abwegig, diesen Qualitätsanspruch nicht auch an den Bereich der schulischen Bildung, hier den Aufbau eines Ganztagsangebots, zu stellen. Im Fokus der Qualitätsdiskussion steht dabei immer der Unterricht, aber die Qualitätsfrage darauf zu beschränken, wäre zu vordergründig. Vielmehr ist es legitim, notwendig und hinsichtlich der gewünschten Akzeptanz gar unverzichtbar, die Qualitätsdiskussion auf das Gesamtsystem zu erweitern, also auf die Bildungsplanung, die konzeptionelle Arbeit, die schulischen und außerschulischen Rahmenbedingungen, die Gestaltung von Kooperationsprozessen, die Unterstützungs- und Steuerungssysteme, die Führungsprozesse und die konkreten Prozesse der Unterrichtsplanung, -gestaltung und -nachbereitung. Hier schlösse sich nun die Frage an, wo denn innerhalb des oben geschilderten Gesamtbereichs diese Qualitätsmanagementstrukturen und -systeme sichtbar werden, wo und wie sie gelebt werden und wo sie kenntlich gemacht sind. Im Folgenden soll das Potenzial eines Schulentwicklungsprogramms für die schulische Qualitätsarbeit skizziert werden. Dabei wird immer wieder der Bezug zum klassischen Qualitätsmanagement, zum Qualitätskreislauf und zu den Strukturen des Projekts „Qualitätsmanagement an beruflichen Schulen" (QmbS) hergestellt.

Ganztagsschule als lernende Organisation

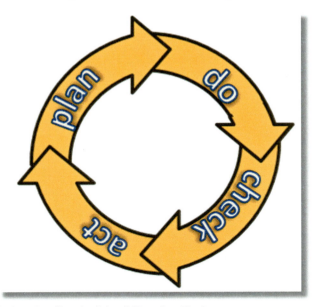

Abb. 2: Klassischer Qualitätskreislauf (Deming-Kreis)

Mit der Verankerung des Schulentwicklungsprogramms im BayEUG ist dessen Realisierung für alle bayerischen Schulen verpflichtend geworden. Schulen aller Schularten sind aufgefordert, in einem Schulentwicklungsprogramm ihre kurz- und mittelfristigen Entwicklungsziele deutlich zu machen, entsprechende Umsetzungsmaßnahmen aufzuzeigen und dies in Abstimmung und im Konsens mit dem Schulforum oder vergleichbaren schulischen Mitbestimmungsgremien. Diesem Anspruch formal gerecht zu werden, ist für eine Schule in der Regel weder eine intellektuelle noch eine operative Hürde. Die Herausforderung besteht vielmehr darin, dies als legitime Forderung eines Bildungssystems und notwendige Aufgabe einer modernen, weltoffenen und lebendigen Schule mehrheitlich zu akzeptieren und als Startsignal hin zur Entwicklung und Absicherung einer dementsprechenden Schulkultur zu verstehen. Einer Schulkultur, die geprägt ist von individueller und organisatorischer Selbstreflexion, von regelmäßiger interner Evaluation und konstruktivem Feedback auf allen Ebenen, von einem offenen und professionellen pädagogischen Diskurs und von einer selbstbewussten Öffnung in die

Gelebte Kultur statt geduldigen Papiers

Gesellschaft hinein. Kurz gesagt: einer Schulkultur, die von einer professionellen Schulentwicklungsarbeit geprägt ist!

	Schulprofil „Was charakterisiert unsere Schule?"
Rahmen-bedingungen	Leistungs-daten	Kollegium	Schülerschaft	Unterricht	Inhaltliche Themen	Besonder-heiten
Neue Gebäude mit vielen räumlichen Möglichkeiten	Hohe Übertrittsquoten	Hoher Altersdurchschnitt	Geringer Migrantenanteil	Hoher Unterrichtsausfall wegen …	MINT-Schwerpunkt	Viele internationale Partnerschaften
Hochentwickelte IT-Landschaft	ISI-Preisträger	Überwiegend männlich	Schwieriges soziales Umfeld	Kaum unterrichtliche Differenzierung	Inklusionsschule	Hoch engagierte Elternschaft
Schwierige Anbindung an öffentlichen Nahverkehr	Häufige Teilnahme an Leistungswettbewerben	Sehr IT- und technikorientiert	Heterogene Leistungsfähigkeit	Individuelle Förderung lt. Externer Evaluation zu wenig ausgeprägt	Defizit im Bereich Neue Medien	Seminarschule
Stark rückläufige Schülerzahlen	…	…	Viele auswärtige Schüler	…	Defizit im musischen Bereich	Lokal stark verwurzelt

Abb. 3: Schulprofil, Dokumentationsbeispiel

Zentrale Elemente jeder Entwicklungsarbeit sind die auf dem schulischen Bildungsauftrag gründende Klarheit der jeweiligen Zielsetzungen und die Qualität der Zielformulierungen. Qualitätskriterien sind dabei einmal deren inhaltliche und sprachliche Aussagekraft. Qualitätskriterien sind aber auch die stringente Legitimation der Ziele aus erkannten schulischen und pädagogischen Handlungsfeldern heraus, die nachhaltige Akzeptanz der Ziele bei einer Mehrheit der Betroffenen und Beteiligten sowie die vernünftige Berücksichtigung der schulischen und personellen Ressourcen und Expertise. Diese genannten Elemente lassen sich alle auch entlang der Aufgabe, ein Ganztagsangebot an der eigenen Schule zu realisieren, konkretisieren.

Die Broschüre zum Schulentwicklungsprogramm (vgl. Abb. 1) schlägt dazu vor, ein sog. Schulprofil zu nutzen (vgl. Abb. 3), also ein Tableau, welches die Stärken und Schwächen einer Schule, bezogen auf klassische schulische Handlungsfelder oder das konkrete Handlungsfeld Ganztagsschule, transparent macht.

Vermutlich hat jede Schulleiterin bzw. jeder Schulleiter ein derartiges Tableau als virtuelles Bild gespeichert – wie sonst könnte sie oder er ohne dieses eine Schule zielgerichtet leiten und ein Kollegium stringent führen? Weniger selbstverständlich ist es vermutlich anzunehmen, dass ein derartiges Tableau auch im Kollegium oder gar in der Schulfamilie bekannt und akzeptiert ist. Dies wäre also eine erste lohnende Aufgabe. Entsprechende Fragen wären dann:

Wo sind wir stark? Wo können wir besser werden? Wo wollen wir hin? In welchen Feldern müssen wir uns weiterentwickeln, um unserem Auftrag gerecht zu werden? Dabei liegt die Betonung auf dem Wort „wir", denn nur gemeinsam getragene Entwicklungsaufgaben haben eine realistische Chance, nachhaltig realisiert zu werden.

Das Tableau hat aber noch einen weiteren Vorteil: Es legitimiert die jeweiligen schulischen Entwicklungsziele, egal, ob die Ziele aus der Zielvereinbarung nach einer externen Evaluation stammen, aus der Schule selbst kommen oder aus einer bildungspolitischen Forderung resultieren. Jedes vernünftige schulische Entwicklungsziel muss sich, ja wird sich auf eines der Handlungsfelder des Tableaus beziehen lassen. Die Erfahrung lehrt uns, dass eine Schule dann erfolgreich ist, wenn sie immer nur an einer überschaubaren Zahl von Zielen (4-6) arbeitet. Nachdem das Tableau aber in der Regel eine deutlich höhere Anzahl von Handlungsfeldern aufzeigt, kann über den Prozess einer begründeten und transparenten Priorisierung eine für den aktuellen schulischen Entwicklungsprozess handlungsleitende Schwerpunktsetzung und damit die Begründung für die im Schulentwicklungsprogramm dargelegten Ziele transparent kommuniziert werden. Ein erster Schritt hin zu einer stärkeren Verbindlichkeitskultur und Nachhaltigkeit wäre damit getan.

Es sei an dieser Stelle darauf hingewiesen, dass die Entwicklung und Nutzung eines derartigen Schulprofils kein „verbindlicher" Teil des Schulentwicklungsprogramms ist. Es ist aber schwer vorstellbar, wie nachhaltige Qualitätsarbeit, also wirksame Schul- und Unterrichtsentwicklung, ohne ein solches Tableau effektiv werden kann.

Schulentwicklung heißt in ihrem Kern immer: Ziele kennen und diese maßnahmengestützt umsetzen. Häufig wird über Ziele nur im Kontext der Zielvereinbarung als Ergebnis einer externen Evaluation gesprochen. Die entsprechende Formulierung im BayEUG macht auch deutlich, dass diese Ziele im Schulentwicklungsprogramm zu berücksichtigen sind.

Abb. 4 illustriert den weiteren Weg der Arbeit: Aus den Zielen müssen Maßnahmen abgeleitet werden. Indikatoren sind zu bestimmen, die helfen, den Erfolg einer Maßnahme, das Erreichen eines Zieles zu markieren. Danach gilt es, dieses Ziele-Maßnahmen-Indikatoren-Paket mit dem Schulforum abzustimmen und als Arbeitsgrundlage für die folgenden Umsetzungsschritte zu definieren.

Abb. 4: Komponenten des Schulentwicklungsprogramms

Gleichzeitig wird aber auch dargelegt, dass schulische Entwicklungsziele aus mehreren Quellen generierbar sind: (1) Ziele, die die Schule selbst generiert (z. B. durch eine Schwerpunktsetzung aus dem o. g. Schulprofil, also beispielsweise den Aufbau eines Ganztagsangebots), (2) Ziele aus der bereits erwähnten Zielvereinbarung mit der Schulaufsicht und (3) Ziele, die sich aus bildungspolitischen Forderungen ergeben (z. B. Inklusion, Medienkompetenz, Ganztagsaufbau). Unabhängig davon, aus welcher Quelle sich schulische Ziele speisen: Solange sie nicht von den Betroffenen akzeptiert und zu eigenen Zielen gemacht werden, bleiben sie Appell. Medienkompetenz wird in einer Schule keine Entwicklungschance haben, wenn sie vom Kollegium als „modernistisch" eingeschätzt wird und das Kollegium selbst eher „medienfern" ist. Das heißt im Umkehrschluss aber, dass schulgenerierte Ziele, die aus einer schulischen Stärken-Schwächen-Analyse stammen und einen schulischen Reflexionsprozess und Diskurs durchlaufen haben, die höchsten Realisierungschancen haben. Qualitätsentwicklung kann nur von innen heraus langfristig wirksam gelebt werden – ein starkes Argument für die Botschaft, dass es um die Schaffung einer innerschulischen Kultur, nicht um die Produktion eines geduldigen Papiers geht.

Häufig hört man die Klage, was man denn noch alles tun solle: Hier der neue LehrplanPLUS, dort evtl. die Umsetzung schulischer Baumaßnahmen,

Konzepte für die Elternarbeit seien zu entwickeln, Alltagskompetenzen zu vermitteln, da könne man sich nicht auch noch um Schulentwicklung kümmern und übrigens seien ja auch die Ressourcen sehr eingeschränkt. Ja, diese Anforderungen gibt es alle. Das Schulentwicklungsprogramm bietet als ein Instrument systematischer Entwicklungsarbeit aber die Chance, diese vielfältigen Aufgaben zu diskutieren, zu reflektieren, ja auch zu priorisieren und zum Inhalt des Schulentwicklungsprogramms zu machen. Es liegt auf der Hand, die innerschulische Implementierung des LehrplanPLUS oder z. B. den Aufbau eines Ganztagsangebots als Ziel in das Schulentwicklungsprogramm zu integrieren. Was kann ich als Schule vor dem Hintergrund meiner konkreten schulischen Situation mit Aussicht auf Erfolg leisten, wo limitieren mich meine personellen und materiellen Ressourcen, wo muss ich auch einmal „Nein" sagen und damit der nachhaltigen Entwicklungsarbeit den Vorzug vor vordergründigem Aktionismus geben? Damit steht Schulprogrammarbeit auch für das pädagogisch nachhaltige Wirken als eigenverantwortliche Schule.

Dies soll auch verdeutlichen, dass der Prozess der Findung und Klärung eigener realistischer und ressourcenorientierter Qualitätsziele der entscheidende, aber auch der langwierigste und konfliktträchtigste Teil der Schulentwicklungsarbeit ist. Seine Qualität ist letztlich erfolgskritisch für die weitere Arbeit. Die Gestaltung dieses Prozesses ist damit erkennbar Führungsaufgabe im Sinne eines Vorlebens, eines Organisierens und eines Unterstützens. Was nun folgt, ist der Schritt hin zum klassischen Projektmanagement. Aufgaben, Zuständigkeiten, Verantwortlichkeiten und Termine sind zu setzen. Evaluationsroutinen zur Überprüfung der Maßnahmen gilt es zu nutzen. Feedbackroutinen zur Überprüfung der eigenen Wirksamkeit und Arbeit können implementiert werden. Eine schulische Infrastruktur, die die operative Arbeit begleitet und organisiert, die aber auch als Controllingstelle wirkt, ist einzurichten. Der Schritt hin zu einem angewandten Projektmanagement ist der Schritt hin zu einer höheren Verbindlichkeitskultur. Unser Schulsystem hat bezogen auf eine belastbare Verbindlichkeitskultur durchaus Entwicklungspotenzial. Hier sei darauf hingewiesen, dass ein vernünftiger Dokumentationsprozess – der nicht als zusätzliche Verwaltungsarbeit diskreditiert werden sollte – den notwendigen Verstetigungsprozess spürbar stützt. Im Zusammenhang mit der konzeptionellen Vorbereitung des Schulentwicklungsprogramms wurde von vielen Schulen eine entsprechende Dokumentationsvorlage eingefordert. Auf den Seiten des Schulentwicklungsportals *(www.schulentwicklung.bayern.de)* findet sich eine entsprechende Downloaddatei.

Gelebte Kultur statt geduldigen Papiers

Abb. 5: Strukturlogo von QmbS

Ein Ja zur Schulprogrammarbeit ist auch ein Ja zu einem kontinuierlichen Qualitätsentwicklungsprozess, mit veränderten Anforderungen an innerschulischer Kommunikation, Transparenz und Beteiligung. Ja, es ist auch mehr Arbeit, es ist aber eine Mehrarbeit, die sich mittelfristig auszahlen sollte, auszahlen in den Kategorien Arbeitsqualität, Lehrergesundheit, Motivation, erlebter Anerkennung und Wertschätzung. Und mit Sicherheit wird davon die Qualität des Unterrichts im positiven Sinne nicht unberührt bleiben.

Die beruflichen Schulen in Bayern haben sich seit fast einem Jahrzehnt diesem Qualitätsprozess gestellt. Das oben erwähnte QmbS-Projekt bietet dazu die notwendige Prozessunterstützung und stellt Instrumente zur Verfügung. Ein Blick auf die Internetseite www.qmbs-bayern.de lohnt sich.

Arnulf Zöller
LehrplanPLUS – ein Projekt hat Fahrt aufgenommen

Im Folgenden soll das aktuelle Großprojekt LehrplanPLUS skizziert werden, in dessen Rahmen die Lehrpläne der allgemeinbildenden Schulen, der Wirtschaftsschulen und der Beruflichen Oberschulen entwickelt werden. Dazu gibt er einen Eindruck von der Komplexität und Vielschichtigkeit dieses Vorhabens und beschreibt die umfangreichen Beteiligungsroutinen bis hin zur In-Kraft-Setzung eines Lehrplans. Schlussendlich beleuchtet er die Phase der Implementierung und der Fortbildung, betont deren Bedeutung und illustriert dies an einem Beispiel. Der Beitrag schließt mit dem Versuch, Lehrplanarbeit als Teil eines dynamischen Prozesses der Weiterentwicklung unseres Bildungssystems zu verdeutlichen bzw. mit dem Anspruch einer eigenverantwortlichen Schule zu verbinden. Der Beitrag steht damit in einem engen Kontext zum vorhergehenden Beitrag, der das Schulentwicklungsprogramm und das Thema Qualitätsmanagement aufgriff. Auch die Implementation eines neuen Lehrplans ist eine Entwicklungsaufgabe und kann mit Hilfe des Qualitätsmanagements angegangen werden.

Er möchte aber auch ganz bewusst das Engagement der vielen beteiligten Kolleginnen und Kollegen betonen und in diesem Zusammenhang dem Vorurteil entgegentreten, dass Lehrpläne praxisfern hinter verschlossenen Türen entstünden.

Als Projekt eine Herausforderung

Selbst für erfahrene „Lehrplanmacher" stellt das aktuelle ISB-Projekt LehrplanPLUS eine positive Herausforderung dar. Eine Herausforderung deshalb, weil es gilt, mehr als 80 parallel arbeitende Kommissionen aus sechs verschiedenen Schularten inhaltlich und organisatorisch zu koordinieren und zu begleiten; positiv deshalb, weil es eine besondere Erfahrung ist, die Lehrpläne in engem Kontakt mit Vertretern anderer Schularten zeitgleich und in einem konstruktiven fachlichen Austausch zu erarbeiten. Erstmals entstehen in Bayern die Lehrpläne aller allgemeinbildenden Schulen, der Wirtschaftsschule und der Beruflichen Oberschule in einem von Beginn an abgestimmten Zeitfenster, unter Nutzung eines gemeinsamen Lehrplanmodells und auf der Basis einer über die Schularten hinweg konsensualen Lehrplanphilosophie. Erstmals wird die Lehrplanarbeit von schulartübergreifenden Expertengruppen vorbereitet, flankiert, koordiniert und gesteuert, ein Prozess, der gerade in unserem vielfältig gegliederten Schulsystem, in dem Übergänge und damit Anpassungsprozesse an neue schulartspezifische Gegebenheiten systemisch angelegt sind, in seiner Bedeutung nicht zu unterschätzen ist. Herausfordernd ist auch der Anspruch, die entstehenden Lehrpläne nutzerfreundlich in ein

LehrplanPLUS – ein Projekt hat Fahrt aufgenommen

umfassendes Datenbanksystem mit einem Serviceteil – das Lehrplaninformationssystem (LIS) – einzubinden. Dort werden Nutzerinnen und Nutzer zielgerichtet und übersichtlich vielfältige Hilfen finden: passend zu den jeweiligen Lehrplanstellen, aktuell und schnell verfügbar, urheberrechtlich unbedenklich.

Projektphase 1:

Konzeption und Modellentwicklung (2009 bis 2011)

Das Schreiben aus dem Kultusministerium, mit dem das ISB beauftragt wurde, ein neues schulartübergreifendes Lehrplanmodell zu entwickeln, datiert vom Juli 2010. Voraus gingen schulartübergreifende Diskussionen und Projektskizzen aus unserem Haus, wie ein derartiges Modell ausschauen könnte und welche Eckpunkte zu beachten seien. Einige Eckpunkte seien genannt:

- Betonung eines ganzheitlichen Bildungsverständnisses,
- schulartübergreifende Struktur,
- Förderung des Kompetenzerwerbs und durchgehende Betonung der Kompetenzorientierung,
- Ausweisung sog. Grundlegender Kompetenzen,
- hinreichend konkrete Inhalte, verknüpft mit entsprechenden Kompetenzerwartungen,
- verbindliche Integration der fächer- und schulartübergreifenden Bildungs- und Erziehungsziele und der Alltagskompetenzen,
- quantitative und qualitative Machbarkeit,
- direkter Zugriff auf Materialien, Aufgaben und Medien in einem Servicebereich.

Diese Modellskizzen sind Realität geworden und liegen heute als Gesamtkonzept unserer Lehrplanarbeit zugrunde. Auf dieser Basis nahmen die ersten Lehrplankommissionen der Grundschule im Herbst 2011 ihre Arbeit auf.

Projektphase 2:

Lehrplanentwicklung (2011 bis 2016)

Während die erste Phase des Projekts LehrplanPLUS gekennzeichnet war durch konstruktive, aber auch intensive und konträre Diskussionen zwischen den Schularten, aber auch zwischen den Fächern und Fächergruppen, steht die Phase 2 für operative Kommissionsarbeit und Lehrplanentwicklung.

Mit dem Schuljahr 2011/12 begannen die Kommissionen der Grundschule ihre zweijährige Lehrplanarbeit. Im Schuljahr 2012/13 folgten die Kommissionen der Mittelschule, der Realschule, des Gymnasiums und der Wirtschaftsschule. Im Schuljahr 2014/15 begann die Arbeit an den Lehrplänen der

Beruflichen Oberschule. In der Mehrzahl arbeiten die Lehrplankommissionen zwei Jahre.

Eine kriteriengestützte und prozessbegleitende Evaluation unterstützt die Kommissionen bei ihrer Arbeit und garantiert eine erste hausinterne Qualitätssicherung der Lehrplanentwürfe. Verständlicherweise beobachten Hochschulen, relevante Verbände und insbesondere Schulbuchverlage diese Entwicklungsarbeit mit hohem Interesse.

Diesem Interesse entsprechen wir:

- durch eine Einbindung von Wissenschaftlern in die Kommissionsarbeit,
- die Zusammenarbeit mit einem Lehrplanbeirat,
- und die regelmäßige Information des Landesschulbeirats,
- sowie schulartbezogene Informationstage für Verlage.

Projektphase 3:

Implementierung und In-Kraft-Setzung (ab 2013)

Die dritte Phase nach Abschluss der Lehrplanarbeit, die Phase der Implementierung und In-Kraft-Setzung, ist geprägt durch eine Vielzahl zentraler Aktionen:

- fortlaufende Information der Schulbuchverlage,
- Entwicklung schulartspezifischer Fortbildungskonzepte in Abstimmung mit den Fortbildungsanbietern und Durchführung flächendeckender Fortbildungen,
- Einholung von Fachgutachten durch die Lehrerbildungsinstitute der Universitäten,
- Einholung von Gutachten der gesellschaftlichen Gruppen und Verbände (Verbandsanhörung),
- Abstimmung der Lehrpläne in den Fachabteilungen des Staatsministeriums,
- Genehmigung und In-Kraft-Setzung.

Die im Projekt LehrplanPLUS entstehenden Lehrpläne werden zwar jeweils als Gesamtlehrplan vorgelegt und genehmigt, dann aber stufenweise in Kraft gesetzt: der Lehrplan der Grundschule im Sommer 2014 für die Jahrgangsstufen 1 und 2, im Sommer 2015 für die Jahrgangsstufe 3 und 2016 für die vierte Jahrgangsstufe. Danach folgen jahrgangsstufenaufsteigend die weiterführenden allgemeinbildenden Schulen, beginnend mit dem Schuljahr 2017/2018. Die Lehrpläne der Wirtschaftsschule traten davon abweichend schon ab dem Sommer 2014 in Kraft. Folgt man dieser Systematik, so endet diese dritte Phase in ca. zehn Jahren.

LehrplanPLUS – ein Projekt hat Fahrt aufgenommen

Mit dem PLUS einen Schritt nach vorn

Böse Zungen deuten das PLUS in LehrplanPLUS dahingehend, die neuen Lehrpläne würden im Vergleich mit den bestehenden Plänen noch mehr Inhalte transportieren. Dem ist natürlich nicht so! Einige PLUS-Punkte der neuen Lehrplangeneration sind weiter oben schon genannt.

Der zentrale Schritt nach vorn ist die im Lehrplan erkennbare durchgängige und konsequente Kompetenzorientierung, also die Wende weg von den bisherigen lernzielorientierten Lehrplänen (Input-Orientierung) hin zur Frage, was denn am Ende bleibt, also zum nachhaltigen Kompetenzerwerb (Outcome-Orientierung). Dieser Outcome bedient dabei nicht einen generellen arbeitsmarktrelevanten Verwertungsaspekt, wie er häufig von Skeptikern der Kompetenzorientierung unterstellt wird, sondern fokussiert das hohe Ziel eines nachhaltigen Lernprozesses: Gelerntes für nachfolgende Lernszenarien nutzbar machen, Gelerntes durch Verknüpfung mit ganzheitlichen Kontexten sinnhaft machen, Gelerntes durch stärker selbstverantwortetes Erarbeiten nachhaltig machen.

Der Lehrplan bedient diesen Anspruch der Kompetenzorientierung im Wesentlichen durch drei Annäherungen:

- Er nutzt schulartübergreifende Kompetenzstrukturmodelle als Orientierungsgrundlage.
- Er verknüpft Inhalte mit Kompetenzerwartungen.
- Er beschreibt jahrgangs- und fachbezogene Grundlegende Kompetenzen.

Insbesondere die Nutzung der Kompetenzstrukturmodelle als fachliche Orientierungs- und Strukturierungshilfen sei hervorgehoben: Sie benennen all die Kompetenzbereiche (Gegenstandsbereiche und prozessbezogene Kompetenzen), die den Anspruch, „in diesem Fach kompetent zu sein", repräsentieren. Sie erlauben es zudem, durch qualitativ und quantitativ unterschiedliche Zuordnung von Inhalten und Kompetenzerwartungen die verschiedenen Anspruchsniveaus des bayerischen gegliederten Schulsystems (Stichwort: innerfachliche Progression) und die unterschiedliche Schwerpunktsetzung deutlich zu machen.

Den Lehrplanentwicklern ist bewusst, dass dieser neue pädagogische Anspruch nicht sofort mit der In-Kraft-Setzung des neuen Lehrplans flächendeckend wirksam werden wird. Wie alle pädagogischen Entwicklungen wird er Zeit benötigen, wie alle pädagogischen Neuerungen wird er Widerstände überwinden müssen. LehrplanPLUS versteht sich hier auch als mittelfristig standardsetzendes und innovationsförderndes Planungs- und Unterstützungsinstrument.

Als zweiter PLUS-Punkt sei der Anspruch genannt, schulische Übergänge zu harmonisieren, und zwar nicht nur am Übergang Grundschule-Gymnasium. Diese Harmonisierung wurde im Wesentlichen durch fachlichcurriculare Abstimmungsprozesse erreicht. Es kann durchaus als ein Novum bezeichnet werden, dass bereits ein Jahr vor Beginn der konkreten Lehrplanarbeit schulartübergreifende Fachgruppen die Arbeit aufnahmen. So konnten beispielsweise die Fremdsprachenreferenten aller Schularten ihre Schnittstellen besprechen und ihre Abstimmungsprozesse gestalten. Auch die Entwicklung der Kompetenzstrukturmodelle oblag diesen Fachgruppen, soweit sie nicht als KMK-Modelle vorlagen.

Als dritter PLUS-Punkt sei hier die strukturelle Einbindung der vielen schulart- und fachübergreifenden Bildungs- und Erziehungsziele in den Lehrplan angeführt. Dieses Plus ist der Situation geschuldet, dass das schulische Aufgabenfeld zunehmend um gesellschaftspolitisch relevante Themenfelder erweitert wird, die sich in der Regel nicht einem einzigen Fach zuordnen lassen und deshalb häufig im schulischen Alltag unter die Räder – respektive Fächer – kommen. Bei einem prinzipiell gleichbleibenden Zeitkontingent und wachsenden Aufgaben ein herausforderndes Thema! LehrplanPLUS versucht diesen Spagat durch eine konsequente und transparente Verknüpfung von verbindlichem Lehrplan und verbindlichen schulart- und fächerübergreifenden Bildungs- und Erziehungszielen zu leisten.

Insbesondere auch mit Blick auf das Interesse von Eltern, Schülerinnen und Schülern und gesellschaftlichen Interessensgruppen ist die Rückkehr bayerischer Lehrpläne zu einem über das annähernd gesamte Schulsystem gleichen Lehrplanmodell hervorzuheben. Insbesondere auch für Eltern wird damit die Orientierung an verschiedenen Lehrplanstrukturen und -modellen nicht mehr notwendig sein.

Schließlich stellt der an den Lehrplan angegliederte Serviceteil, das Lehrplaninformationssystem (LIS), ein Novum in den bayerischen Lehrplänen dar. Das schnell verfügbare Angebot an Materialien und illustrierenden Aufgaben, der kurze Weg zu Medien, die transparente Hervorhebung von Verknüpfungen zu den Themen Inklusion und Alltagskompetenzen, verbunden mit anwenderfreundlichen Such- und Darstellungsfunktionalitäten: ein wirklicher PLUS-Punkt unserer neuen Lehrpläne.

Ein Wort zu den „Machern"

Im Rahmen des Projekts LehrplanPLUS arbeiten am ISB ca. 120 Lehrplankommissionen. Diese werden in der Regel über einen Zeitraum von zwei Jahren berufen und treffen sich pro Jahr zu ca. sechs Sitzungstagen. Setzt man pro Kommission ca. sechs Mitglieder an, sind also über alle Schularten hinweg mehr als 700 Lehrkräfte für zwei Jahre in das Projekt eingebunden. Diese Kolleginnen und Kollegen stehen tagtäglich im Unterricht: in großen und kleinen Schulen, Stadt- und Landschulen, in allen Regionen Bayerns. Sie haben sich für diese Arbeit beworben (so beim Grundschullehrplan), sind als motivierte und innovationsoffene Lehrkräfte bekannt und empfohlen, sind häufig als Schulbuchautoren tätig und sind allesamt gestandene Praktiker.

LehrplanPLUS – ein Projekt hat Fahrt aufgenommen

Unterstützt werden diese Kommissionen häufig schon im Prozess der Lehrplanentstehung durch externe Experten, z. B. durch Vertreter der jeweiligen Fachdidaktiken. Lehrpläne entstehen also aus der Mitte der schulischen Praxis heraus. Eine zweite Schiene, auf der die schulische Praxis eingebunden wurde, waren die ausführlichen Befragungen im Vorfeld der Lehrplanarbeit. Mit Fragebögen wurden die Lehrkräfte zu den bestehenden Lehrplänen hinsichtlich Zufriedenheit, Entwicklungspotenzialen, quantitativer und qualitativer Einschätzung und vielem mehr befragt. Die Ergebnisse wurden von Sozialwissenschaftlern ausgewertet und den Lehrplankommissionen ebenso wie dem Staatsministerium vor Beginn der Lehrplanarbeit zur Verfügung gestellt. Lehrpläne haben mit ihrer In-Kraft-Setzung normativen Charakter. Da es aber neben den Vorgängerplänen, an die neue Pläne natürlich anknüpfen sollten, nur in wenigen Fällen institutionelle inhaltliche Setzungen gibt, haben die Lehrplankommissionen und ihre Berater – also die Praxisvertreter – einen großen inhaltlichen Gestaltungsspielraum, aber auch eine hohe Verantwortung bei der Lehrplanentwicklung.

Im Projekt LehrplanPLUS arbeiteten darüber hinaus bereits im Vorfeld Arbeitsgruppen, die die Lehrpläne anderer deutschsprachiger Länder analysierten und für die bayerische Lehrplanarbeit nutzbar gemacht haben. Schulartübergreifende Fachgruppen (z. B. alle Mathematikreferentinnen und -referenten des ISB in der Fachgruppe Mathematik, alle Fremdsprachlerinnen und -sprachler in der Fachgruppe Fremdsprachen) erörterten ihre Schnittstellenprobleme, diskutierten Fragen der schulartübergreifenden Progression von Inhalten und Kompetenzerwartungen, entwickelten ihre jeweiligen Kompetenzstrukturmodelle, bevor die erste Zeile eines Lehrplans geschrieben wurde, und sie setzen diese Kooperation auch während der Lehrplanarbeit fort. Zur Unterstützung wurde den Kommissionen eine eigens entwickelte und zwischen allen Beteiligten abgestimmte Handreichung zur Verfügung gestellt.

Eine transparente, weil kriteriengestützte Prozess- und Produktevaluation durch ein hausinternes Evaluationsteam begleitet diese Phase der unmittelbaren Lehrplanarbeit. Engagierte, aufwändige und professionelle Arbeit kennzeichnet damit die Entstehung eines Lehrplans.

Beteiligungsstrukturen im Prozess der Lehrplanarbeit

Der vorhergehende Abschnitt skizzierte die Struktur und die Arbeit der jeweiligen Lehrplankommissionen am ISB. Bis zur endgültigen Verabschiedung eines Lehrplans durchläuft dieser jedoch noch weitere umfängliche interne und externe Beteiligungs- und Anhörungsroutinen.

Innerhalb des Staatsinstituts begleiten mehrere schulart- und fächerübergreifende Arbeitsgruppen die Lehrplankommissionen steuernd und impulsgebend. Diese Arbeitsgruppen haben, im Gegensatz zu den Kommissionen und Fachgruppen, immer das Gesamtprojekt LehrplanPLUS im Auge. Im

Bayerischen Staatsministerium für Bildung und Kultus, Wissenschaft und Kunst stellt eine Steuergruppe die abteilungsübergreifende Abstimmung und Kommunikation sicher. So können notwendige Entscheidungen schnell und transparent getroffen und kommuniziert werden. Alle Fachreferate der jeweiligen Schulabteilungen des Kultusministeriums werden in Form von Sitzungsprotokollen kontinuierlich über die Lehrplanentwicklung informiert. Unterstützt wird dieser Informationsfluss in die fachlichen und politischen Gremien des Staatsministeriums durch eine halbjährliche ausführliche Berichterstattung aus dem ISB.

Ein Lehrplanbeirat mit Vertretern der relevanten gesellschaftlichen Interessensgruppen wird zweimal jährlich über die wesentlichen Entwicklungsschritte und Inhalte informiert und kann damit noch im laufenden Prozess seine Expertise gewinnbringend einfließen lassen. Zudem wird auch der Landesschulbeirat, ein Gremium, in dem sich auf Einladung des Bildungsministeriums Vertreterinnen und Vertreter der wichtigsten gesellschaftlichen Gruppen zwei- bis dreimal jährlich treffen, regelmäßig über den Fortgang der Lehrplanarbeit informiert. Naturgemäß haben die Schulbuchverlage ein hohes Interesse an der strukturellen und inhaltlichen Lehrplanarbeit. Hier gilt es, durch eine zeitlich und inhaltlich abgestimmte Informationsarbeit für alle Verlage gleiche Wettbewerbschancen zu gewährleisten. Dazu haben alle Kommissionsmitglieder eine Verschwiegenheitserklärung abgegeben; die Weitergabe von Informationen obliegt der Kommissionsleitung und findet in sog. Verlagsveranstaltungen statt.

In zweierlei Hinsicht ist die Einbindung der Universitäten für die Lehrplanarbeit wichtig. Zum einen bereichert die dortige fachliche und didaktische Kompetenz die Qualität der Lehrpläne, zum anderen ist es ein zentrales Interesse des Kultusministeriums und des ISB, dass die Institutionen der Lehrerbildung den konzeptionellen und inhaltlichen Anspruch der neuen Lehrpläne frühzeitig in ihre Lehre einbinden und mit den zukünftigen Lehrkräften diskutieren. Deswegen werden die Lehrpläne, sobald sie ein belastbares Entwurfsstadium erreicht haben, in der Regel nach einem ersten Abschluss der Kommissionsarbeit, den Lehrerbildungszentren der bayerischen Universitäten zur Begutachtung vorgelegt. Dieses Vorgehen hat sich beim Lehrplan für die Grundschule bereits bewährt. Mehr als 500 Seiten konstruktiver Kritik und Rückmeldungen wurden gesichtet und in Abstimmung zwischen Ministerium und Lehrplankommissionen in den Lehrplänen berücksichtigt. Die im geschilderten Prozessverlauf mehrfach begutachtete und weiterentwickelte Lehrplanfassung wird dann in die öffentliche Anhörung (Verbandsanhörung) gegeben. In dieser haben mehr als 100 gesellschaftliche und weltanschauliche Gruppen und Verbände die Gelegenheit, Stellung zu nehmen. Parallel dazu wird der Lehrplan als Entwurfsfassung im Internet allen Interessierten zugänglich gemacht. Erst nach diesem letzten Verfahrensschritt wird der Lehrplan genehmigt und schulartspezifisch getaktet in Kraft gesetzt.

LehrplanPLUS – ein Projekt hat Fahrt aufgenommen

Dieses vielschichtige und beteiligungsoffene Verfahren bringt es mit sich, dass Lehrpläne letztlich sowohl fachlich-didaktische wie gesellschaftliche Kompromisspapiere sind. Der Kompromiss ist hier nicht als eine Einigung auf dem kleinsten gemeinsamen Nenner und damit als ein Weniger an Qualität zu verstehen, sondern als ein Mehr an Akzeptanz und schulischer Wirksamkeit. Lehrpläne entstehen immer aus einem theoretisch reflektierten Praxisverständnis heraus, wobei das „Nötige" und das „Mögliche" abzugleichen sind. Lehrpläne werden in einem demokratisch legitimierten Beteiligungsprozess entwickelt und beschlossen. Eines sind Lehrpläne nicht: institutionell gesteuerte und hierarchische Setzungen einiger weniger praxisfern arbeitender Beamten.

Letztlich entscheidet der Prozess der Implementierung über den Erfolg
Zwei Etappen des langen Lehrplanprozesses wurden bisher durchlaufen:

1. Die Lehrkräfte aller betroffenen Schularten wurden nach ihren Erfahrungen und Entwicklungswünschen bezüglich der aktuellen Lehrpläne befragt und die Ergebnisse in den Entstehungsprozess eingespeist.
2. Die neuen Lehrpläne für die Grundschule und für die Wirtschaftsschule wurden geschrieben, im Rahmen der oben genannten Beteiligungsprozesse fertiggestellt, genehmigt und unter Nutzung moderner Kommunikationsformen veröffentlicht.

Die nachhaltige Wirksamkeit von Innovationen hängt aber ganz wesentlich von der Qualität des Implementierungsprozesses ab. Hierfür stellen sich folgende Fragen:

- Werden alle Betroffenen zuverlässig und frühzeitig informiert?
- Werden die PLUS-Punkte offensiv und mit einer Stimme kommuniziert und als hilfreich und nützlich wahrgenommen?
- Wird der neue Lehrplan als Teil eines stimmigen bildungspolitischen und pädagogischen Entwicklungsprozesses verstanden?
- Werden strukturelle und inhaltliche Neuerungen des Lehrplans mit entsprechenden Fortbildungsinitiativen flankiert?
- Stehen nützliche und unterstützende Materialien zur Verfügung?
- Werden innovationsbegleitende Ängste ernstgenommen und aufgegriffen?
- Steht ein ausreichendes Zeitfenster für die Umsetzung zur Verfügung?
- Werden ausreichende Ressourcen für die Implementierung bereitgestellt?

Dies sind wohl die wesentlichen Fragestellungen, die im Kontext der Einführung neuer Lehrpläne relevant werden.
Gleichzeitig wird deutlich, dass spätestens ab dem Zeitpunkt der Fortbildung der Lehrkräfte und der Implementierung des Lehrplans neue Akteure mit neuen Zuständigkeitsbereichen in den Prozess eintreten. Für das

Gesamtprojekt LehrplanPLUS hat das ISB ein generelles Kommunikationskonzept entwickelt, welches

- Zeitfenster,
- Zielgruppen,
- Kommunikationswege und
- Inhalte

festschreibt. In Abstimmung mit der Akademie für Lehrerfortbildung und Personalführung (ALP) haben die Verantwortlichen der einzelnen Schularten konkrete Fortbildungskonzepte erarbeitet. Die Fortbildung im Grundschulbereich beispielsweise läuft über mehrere Ebenen. Eine Gruppe fachlich und fortbildungsmethodisch qualifizierter Grundschulexperten bildete in mehreren Staffeln mehr als 300 Lehrplanmultiplikatoren aus, die ihrerseits als Fortbildungstandems auf Schulamtsebene wirken, indem sie alle Grundschullehrkräfte in regionalen Fortbildungsveranstaltungen über die wesentlichen strukturellen und inhaltlichen Neuerungen des Lehrplans informieren und einarbeiten.

Darüber hinaus gibt es in allen Grundschulen Lehrplanbeauftragte, die den weiteren schulinternen Umsetzungsprozess begleiten. Von Seiten der ALP und des ISB wurden dazu abgestimmte und bayernweit einsetzbare Fortbildungsmaterialien zur Verfügung gestellt. Die Mitglieder der jeweiligen Lehrplankommissionen waren in diesen Fortbildungsprozess aktiv eingebunden. Alle bayerischen Grundschullehrkräfte haben damit vor der In-Kraft-Setzung des Lehrplans eine einschlägige Fortbildung besucht – eine logistische Mammutaufgabe.

Die Hinwendung zu einer kompetenzorientierten Lehrplanformulierung machte terminologische Klärungen und Festsetzungen notwendig. Im Serviceteil des Lehrplaninformationssystems findet sich ein Abschnitt (FAQ), der sowohl schulartübergreifend als auch schulartspezifisch die wesentlichen Fragen beantwortet. Ängsten und Widerständen gegen diese Hinwendung zur Kompetenzorientierung wird durch eine niedrigschwellige, aber klare Betonung des Neuen als einem Entwicklungsschritt hin zu einer weiterentwickelten Unterrichtsgestaltung begegnet. Der Lehrplan selbst versucht durch das Angebot von „illustrierenden Aufgaben und Materialien" im Serviceteil die Nutzer zu unterstützen. Fortbildungen durch Vertreter des Staatsinstituts bei Schulleitertagungen, Seminarveranstaltungen oder ähnlichen Treffen zielen ebenfalls in diese Richtung.

Letztendlich wird es aber auch an der Bereitschaft und Offenheit der vielen Fachschaften, Kollegien und Lehrkräfte liegen, diese Weiterentwicklung konstruktiv aufzunehmen, zu diskutieren und in ihre tägliche Arbeit zu integrieren. Wie die bisherigen sind auch die neuen Lehrpläne gekennzeichnet durch große schulische Gestaltungsspielräume, sei es bei der inhaltlichen

Schwerpunktsetzung, der methodisch-didaktischen Ausgestaltung oder der Einbettung in schulische Entwicklungskonzepte. Allein die Grundphilosophie – die Stärkung der Kompetenzorientierung, die Orientierung am erwarteten Outcome – sollte nicht zur Disposition gestellt werden.

Lehrpläne in Zeiten eigenverantwortlicher Schulen

Ob der neue Lehrplan als Teil eines stimmigen bildungspolitischen und pädagogischen Entwicklungsprozesses wahrgenommen wird, war eine der oben formulierten Fragestellungen. Die im Rahmen des Projekts LehrplanPLUS entstehenden neuen kompetenzorientierten Lehrpläne fügen sich nahtlos ein in die bildungspolitische Zielsetzung, dass sich bayerische Schulen bei ihrer tagtäglichen schulischen und unterrichtlichen Arbeit einbetten in ein Mehr an Eigenverantwortung, einen Prozess fundierter und nachhaltiger Schul- und Qualitätsentwicklung sowie der Verpflichtung einer regelmäßigen Rechenschaftslegung.

Der neue kompetenzorientierte Lehrplan impliziert auch, dass bei aller Bedeutung einzelner verbindlicher Lerninhalte der jeweilige Lernweg, die einzelne Lehr-Lern-Situation, hinter dem Ziel, der angestrebten Kompetenz, zurücksteht. Konsens über das zu Erreichende, das nachhaltig zu Sichernde, erlaubt eine hohe Variabilität auf dem Weg dorthin, schulisch und individuell. Eigenverantwortung und Rechenschaftslegung sind hier nur zwei Seiten einer Medaille. Die aktuellen bildungspolitischen Formeln, z. B. „Eigenverantwortliche Schule" oder „Schulentwicklungsprogramm", verbinden sich so harmonisch mit den pädagogischen Formeln der „individuellen Förderung", dem „selbstverantwortlichen Lernen" und letztlich auch dem Anspruch der Kompetenzorientierung.

Das Projekt LehrplanPLUS ist damit nicht nur ein Vorhaben, in dessen Rahmen aktuelle und pädagogisch weiterentwickelte Lehrpläne entstehen. LehrplanPLUS verknüpft darüber hinaus auch die individuelle pädagogische Unterrichtsebene mit den eher organisatorischen schul- und bildungspolitischen Ebenen.

Literatur

Bayerisches Staatsministerium für Bildung und Kultus, Wissenschaft und Kunst. (Hrsg.) (2014): Schulentwicklungsprogramm. Leitfaden für die schulische Qualitätsentwicklung in Bayern. München.

Zöller, A. & Frey, A. (Hrsg.): Mit Qualitätsmanagement zur Qualitätskultur. Beiträge zu länderspezifischen Qualitätsmanagementinitiativen mit Schwerpunkt auf dem bayerischen QmbS-Projekt. Detmold: Eusel.

LehrplanPulus – Fragenteil

Nennen Sie die zentralen Bestandteile, die ein Schulentwicklungsprogramm kennzeichnen.

_____

_____

_____

_____

_____

_____

_____

Nennen Sie die wesentlichen Neuerungen der LehrplanPLUS-Lehrpläne. Welche der Innovationen ist Ihrer Meinung nach der zentrale pädagogische Schritt nach vorn?

_____

_____

_____

_____

_____

_____

_____

Wolfgang Schönig, Sandra Krump & Barbara Reif
Die Erzbischöfliche Pater-Rupert-Mayer-Volksschule Pullach auf dem Weg zum voll gebundenen rhythmisierten Ganztag: Christliches Profil und ganzheitliche Bildung

Der Text bezieht sich auf die aktuelle Entwicklung der Erzbischöflichen Pater-Rupert-Mayer-Volksschule Pullach (PRMVS). Im ersten Teil wird über die äußeren Rahmenbedingungen der Schule Auskunft gegeben (1). Anschließend wird die Umstellung der Schule auf den voll gebundenen rhythmisierten Ganztag vor dem Hintergrund des christlichen Erziehungs- und Bildungsauftrags erörtert (2). Die Ziele, Prinzipien und Verfahren der wissenschaftlichen Begleitung werden vorgestellt (3) und der Text schließt mit einem knappen Ausblick (4).

1. Die äußeren Merkmale der Erzbischöflichen Pater-Rupert-Mayer-Volksschule Pullach

Die heutige Grund- bzw. Volksschule ging 1953 aus dem von Marga Müller und Gudrun Weißmann 1950 gegründeten Kindergarten hervor. Das Einzugsgebiet der Schule ist der Großraum München. Die Schule liegt in südlicher Stadtrandlage im Landkreis München in der Ortschaft Pullach im Isartal. Die Anzahl ihrer Schulklassen (17) ist seit über zehn Jahren konstant: Sie führt jeweils vier Klassen derselben Jahrgangsstufe sowie eine 5. Teilhauptschulklasse[1] unter einem Dach. Maximal 25 Schülerinnen und Schüler leben und lernen gemeinsam in einer Klasse; die Gesamtschülerzahl beträgt im Herbst 2017 393.

Der Großteil der Kinder gelangt mit 12 Schulbuslinien zur Schule und zum Unterricht; Kinder in Wohnnähe zur Schule (zwei bis drei Kilometer im Umkreis) werden mit dem Auto gebracht, kommen zu Fuß, mit Fahrrad oder Roller. Die Zusammensetzung der Schülerschaft ist unter anderem auch durch den Status der Bekenntnisschule mitbestimmt. Es gibt eine lange Tradition, auch Kinder mit Inklusionsbedarf aufzunehmen.

Das Kollegium setzt sich zusammen aus 23 Lehr- und Fachlehrkräften, über die Hälfte davon in Teilzeit, sowie 19 Erzieherinnen und Erziehern, davon 17 in Teilzeit, aus fünf pädagogischen Zweitkräften (Kinderpflegerinnen) in Teilzeit, drei Praktikanten und einer Sozialpädagogin mit dem Arbeitsschwerpunkt im Förderbereich. Für den Ganztagsbereich sind eine

---

[1] Diese 5. Hauptschulklasse wird als sog. Gelenkklasse geführt. D.h., sie wird von Schülerinnen und Schülern besucht, die nach der 4. Klasse Grundschule noch längere Zeit für einen Wechsel an Realschule oder Gymnasium benötigen. Die Gelenkklasse ist bewusst nicht im Gebäude der Grundschule untergebracht, sondern liegt im historischen Hauptgebäude, wo auch die 5. Klassen der Realschule und des Gymnasiums untergebracht sind.

Ganztagsschule als lernende Organisation

Schulleiterin, ihre Stellvertreterin und eine Koordinatorin für den Ganztag (vormals Tagesheimleitung) als pädagogisches Team verantwortlich.

2. Begründung und Umsetzung einer pädagogischen Idee: Der voll gebundene rhythmisierte Ganztag der PRMVS

Die PRMVS ist Teil eines größeren Anliegens der Erzdiözese München und Freising. Die Erzdiözese ist Trägerin von 23 Schulen, die in den zurückliegenden ca. 25 Jahren aus anderen katholischen Trägerschaften, überwiegend Ordensträgerschaften, übernommen wurden. Der Schulcampus in Pullach ist der größte dieser kirchlichen Schulstandorte und umfasst die Erzbischöfliche Marga-Müller-Kita (einschließlich Krippe), die Erzbischöfliche PRM-Grundschule, der eine fünfte Klasse Teilhauptschule angeschlossen ist (zusammen die PRMVS) sowie die Erzbischöfliche Pater-Rupert-Mayer-Realschule und das Erzbischöfliche Pater-Rupert-Mayer-Gymnasium. Insgesamt sind aktuell 1.369 Kinder und Jugendliche im Alter von sechs Monaten bis 18 Jahren auf dem Gelände.

Die nach dem 2. Weltkrieg sukzessive Gründung dieser Einrichtungen erfolgte vorrangig unter dem Aspekt, durch christliche Ganztagsangebote die Mütter, die verwitwet und deshalb in der Situation von Alleinerziehenden und Alleinverdienenden waren, zu entlasten und zu unterstützen. Der Ganztagskindergarten und die Tagesheimschulen sind die ältesten Ganztagseinrichtungen in Bayern. Aus den Leitgedanken der Tradition heraus und mit Blick auf gesellschaftliche Entwicklungen wurden seitens der Erzdiözese die folgenden grundsätzlichen Ziele für den Kita- und Schulstandort in Pullach festgelegt:

- Die Besonderheit, Kinder und Jugendliche über einen langen Zeitraum und in für die Entwicklung prägenden Jahren an einem Ort begleiten, erziehen und bilden zu können, soll noch stärker in den Bereichen der pädagogischen, der schulorganisatorischen und der architektonisch-baulichen Entwicklung berücksichtigt werden.
- Der ganzheitliche Blick auf die Entwicklung der Kinder und Jugendlichen sowie die Ermöglichung und Unterstützung individueller Bildungswege sind dabei maßgeblich.
- Ein besonderer Schwerpunkt liegt auf der pädagogischen Gestaltung der Übergänge.
- Die Ganztagsangebote sollen pädagogisch und schulorganisatorisch weiterentwickelt und in ihren neuen Konzepten architektonisch-baulich unterstützt werden.

Aus diesen Zielen wurden von Seiten der Erzdiözese wiederum folgende Entscheidungen bzw. Vorgaben abgeleitet:

Institutionell: Zusätzlich zum bestehenden Kindergarten wurde die zweigruppige Krippe gegründet.

Die Erzbischöfliche Pater-Rupert-Mayer-Volksschule Pullach

Pädagogisch-schulorganisatorisch: Die Grundschule soll ihr bisheriges Ganztagsangebot zu einem rhythmisierten vollgebundenen Ganztagsangebot weiterentwickeln. Die Kooperation aller Einrichtungen auf dem Campus und ihre Vernetzung sollen weiter gestärkt sowie strukturell und pädagogisch intensiver verankert werden.

Baulich: Für den notwendigen Neubau von Kita und Grundschule wurden darauf abgestimmt ein Raumprogramm sowie weitere Vorgaben zur Umsetzung des Raumprogramms entwickelt.

Dabei waren folgende Leitgedanken wegweisend:

- die Balance zwischen der Ermöglichung der Erfahrung, Teil einer großen Gemeinschaft zu sein, und der Berücksichtigung sehr unterschiedlicher Bedürfnisse von Kindern in der Altersspanne von 0,5 bis 10 Jahren,
- die gemeinsame Nutzung von Flächen und Räumen im Unterricht *und* in den Ganztagsangeboten,
- die bauliche Umsetzung flexibler, für die Differenzierung und Rhythmisierung des Unterrichts nutzbarer und eine Rhythmisierung des Schultags unterstützender Raumkonzepte sowie
- die konsequente Berücksichtigung der Gestaltung des Außengeländes.

Abb. 1: Skizze des Erdgeschosses (Quelle: Schönig)

Aus diesen Vorgaben wurde gemeinsam mit dem Architekten ein bauliches Konzept realisiert, das durch zahlreiche Sichtfenster, Sichtachsen zwischen Räumen und mobile Trennwände eine hohe Flexibilität, intensive Kommunikation und zielgerichtete Kooperation ermöglicht. Mit der Konzeption von „Etagen" in den Klassenhäusern sind kleinere und überschaubare Einheiten geschaffen worden, die wie große Wohnungen für jeweils vier Klassen organisiert sind: mit vier Klassenzimmern, zwei jeweils dazwischenliegenden ergänzenden Räumen, die über mobile Trennwände zusätzlich zur in der Mitte liegenden gemeinsamen Lernzone geöffnet werden können. Auf jeder Etage befinden sich zudem große Garderobenbereiche, Lehrerstützpunkte mit Arbeitsplätzen und ein Materialraum. Durch dieses Raumarrangement soll das christliche Profil des Unterrichtens, Bildens und Erziehens hinreichend unterstützt werden.

Abb. 2: Lernsituation in Klassenzimmer (Quelle: Hannig, Kollmer)

Warum erscheint der Schulträgerin der voll gebundene rhythmisierte Ganztag als Projekt für diese Grundschule so wichtig? Grundsätzlich gibt es einen internationalen gesellschaftlichen und schulpolitischen Trend zur ganztägigen Betreuung von Kindern, der sich im Ausbau von Ganztagsschulen auch in der Bundesrepublik widerspiegelt. Die Nutzung von Ganztagsschulen hat sich in Deutschland zwischen 2006 und 2015 verdreifacht, sodass heute jedes dritte

Grundschulkind eine Ganztagsschule besucht.[2] Voll ausgebaute Ganztagsgrundschulen sind indes laut Aktionsrat Bildung selten. Lediglich 1,8 % aller Grundschulen werden laut KMK in der voll gebundenen Form geführt (Aktionsrat Bildung 2013, S. 29).

Allein der quantitative Ausbau vor allem der offenen Ganztagsschulen bietet freilich keine Gewähr für die Erhöhung der Schulqualität. Vielmehr gilt es, den Unterricht am Vormittag und das außerunterrichtliche Angebot am Nachmittag in einen konzeptionellen und curricularen Zusammenhang zu stellen, um der Gefahr einer Verschulung der Kindheit zu begegnen. Entsprechend wird in den prominenten StEG-Studien verschiedentlich darauf hingewiesen, dass die enttäuschenden Forschungsergebnisse hinsichtlich der Fachkompetenzen von Ganztagsschülerinnen und -schülern auf didaktische und konzeptionelle Mängel zurückzuführen sein dürften.[3] Auch die ehemalige Bundesbildungsministerin Edeltraud Bulmahn weist auf noch unausgeschöpfte Potenziale hin: „Allerdings gibt es noch viel zu tun, damit Ganztagsschulen nicht nur ganztägig offen sind, sondern ein gemeinsamer Lern- und Begegnungsraum für Kinder und Jugendliche aller Bevölkerungsschichten."[4]

Die Entscheidung der Schulträgerin für die voll gebundene rhythmisierte Ganztagsgrundschule ist weniger dem allgemeinen Trend zur Ganztagsbetreuung geschuldet als vielmehr dem Ziel, Ganztagsbildung zu ermöglichen und pädagogisch zu gestalten. Ganztagsschule kann ihrem Anspruch der umfänglichen Förderung des Kindes in all seinen Daseinsdimensionen nicht durch „noch mehr Schule" gerecht werden. Stattdessen sollte sie ein Ort sein, an dem das Aufwachsen als Bereicherung erfahren werden kann – durch die konzeptionelle Einheit aus räumlichem Gefüge, zeitlich geschmeidigen Arrangements und liebevoller Pädagogik sowie einer sinnvollen Rhythmisierung des Schultages mit einem kindgerechten Wechsel aus unterrichtlichem Lernen, Bewegung, Spiel, Erholung und Arbeitsgemeinschaften.

3. Transformationen oder: Schulentwicklung durch Beratung wissenschaftlich begleiten

Anfang 2016 stand das Kollegium vor der Frage, wie die Umstellung auf eine neue pädagogische Praxis im rhythmisierten Ganztagsbetrieb praktisch bewerkstelligt werden könnte. Es war offensichtlich, dass die immense

---

[2] Vgl. Prognos AG: Gute und verlässliche Ganztagsangebote für Grundschulkinder. Online unter: *www.prognos.com/uploads/tx_atwpubdb/20170731_chartbook* (Zugriff am: 22.09.2017).

[3] StEG steht für „Studie zur Entwicklung von Ganztagsschulen" und ist ein aufwändiges Konsortialprojekt verschiedener Forschungseinrichtungen. Es wurde bislang in mehreren Phasen und in einzelnen Teilstudien durchgeführt und hatte unterschiedliche Untersuchungsschwerpunkte und -designs; vgl. *www.projekt-steg.de*).

[4] Interview mit Edeltraud Bulmahn: „Herausgefordert ja, überfordert nein". In: Die ZEIT Nr. 38 vom 14.09.2017, S. 80.

Komplexität des Schulentwicklungsprozesses eine systematische, langfristige und effektive Veränderungsstrategie erforderte. Die Schule sah sich vor der Aufgabe, die Transformation der Praxis auf mindestens drei Ebenen zu bewältigen, wie sie vom norwegischen Erziehungswissenschaftler Per Dalin angesprochen werden (vgl. Dalin 1999).

Auf der *technologischen Ebene* stand die Aufgabe im Vordergrund, wie der räumliche Wechsel der Schule aus Räumen, die nicht für schulische Zwecke gedacht waren (frühere Nebengebäude des Jesuitenkollegs, zuletzt auch Container) in ein großzügig angelegtes, offenen Unterricht herausforderndes Schulgebäude gelingen könnte. Dazu zählten auch Lehr-Lern-Formen und Unterrichtskonzeptionen, die zum Raumpotenzial passen, die aber im Kollegium nicht als selbstverständlich vorausgesetzt werden konnten. Die Ausstattung der Räume mit flexiblem Mobiliar und vielfältigen Lernmaterialien sowie die funktionale Differenzierung des Raumangebots mussten geklärt werden.

Auf der *politischen Ebene* stehen Überlegungen zu den Ressourcen – Raum, Zeit, Stundentafeln, Personaleinsatz, Investitionen – im Mittelpunkt. Die gerechte Verteilung dieser Ressourcen birgt häufig ein erhebliches Konfliktpotenzial und verlangt eine sensible und überzeugende Leitung.

Die *kulturelle Ebene* betrifft die pädagogischen Grundauffassungen eines jeden Einzelnen sowie das kollegiale Gefüge von Werten, Normen, Regeln und Handlungsweisen in einem nach Möglichkeit *gemeinschaftlichen* Problemlösungszusammenhang. Dabei galt es, eine Organisationskultur zu entwickeln, die die relative pädagogische Autonomie jeder Person respektiert und die zugleich ein hohes Maß an einheitlichen Standards sicherstellt.

Die kulturelle Ebene war schließlich maßgebend für eine Grundsatzentscheidung, die vom gesamten Kollegium zu treffen war: Ist eine wissenschaftliche Begleitung für unsere Schule sinnvoll? Der Lehrstuhl für Schulpädagogik der Katholischen Universität Eichstätt-Ingolstadt wurde angefragt und stellte am 25.01.2016 sein Arbeitskonzept vor. Im Vordergrund dieses Beratungsansatzes steht die Vorstellung, dass stabile Veränderungen nur dann erreicht werden können, wenn die Arbeitsweise die *tatsächlichen Veränderungsbedürfnisse* trifft, und die Arbeit an Problemen nur dann aussichtsreich ist, wenn das Kollegium für die Problemlösung genügend Energie bereitstellen kann. Das Kollegium entschied sich mit 36 Ja-Stimmen zu zwei Nein-Stimmen für eine zunächst dreijährige Zusammenarbeit mit dem Lehrstuhl. Ein schriftliches Arbeitsbündnis wurde von den Repräsenten der Schule unterschrieben. Die Schulträgerin war von Anfang an bereit, die Kooperation vielfältig zu unterstützen. Damit war eine solide Arbeitsbasis gegeben.

Die folgenden Informationen zeigen die Arbeitsschritte und -schwerpunkte der zurückliegenden Reformbemühungen.

Einrichtung einer Koordinationsgruppe. Es gehört seit einigen Jahren zum bewährten Repertoire der Schulentwicklung, mit Steuerungsgruppen zu

Die Erzbischöfliche Pater-Rupert-Mayer-Volksschule Pullach

arbeiten. Diese Praxis zielt darauf ab, eine zusätzliche Kooperationsebene in die formelle Arbeitsstruktur der Schule einzubauen, um ein Bindeglied zwischen Kollegium und Beratungsteam zu etablieren und das Kollegium zugleich von Organisationsaufgaben zu entlasten. An der PRMVS hatten sich zwölf Personen aus beiden Professionen einschließlich des Leitungsteams zusammengefunden. Dieser Personenkreis hat fortan den Löwenanteil der Arbeit geleistet. Eine seiner zentralen Aufgaben ist es, in das Kollegium „hineinzuhören", um die Bedürfnisse, Themen, Sorgen und gewünschten Arbeitsverfahren für Tagungen zu eruieren. Auf dieser Grundlage sind „maßgeschneiderte" Tagungskonzepte entstanden. Jede Tagung wurde von der Koordinationsgruppe vorbereitet und ausgewertet.

Zeitmanagement. Zeit ist in der Schule chronisch knapp. Die Planung aus dem Alltagsgeschehen des Kollegiums heraus konnte dabei helfen, günstige Zeiten und Rahmenbedingungen für Koordinationstreffen, Tagungen und Expertenanhörungen zu finden und das Kollegium vor Überlastung zu schützen.

Arbeitsformen. Seit Mitte 2016 hat es verschiedene Arbeitsformen gegeben: Themenspezifische alltagsbegleitende Arbeitsgruppen, zahlreiche Treffen der Koordinationsgruppe, Gespräche mit dem Leitungsteam und dem Ordinariat, drei Tagungen mit dem gesamten Kollegium.

Dabei standen die folgenden Themen im Vordergrund:

- Einrichtung des neuen Schulgebäudes und Gestaltungsoptionen durch das neue Raumangebot
- Organisation, Gestaltung und Auswertung des rhythmisierten Ganztagsschulbetriebs
- Erweiterung bereits vorhandener Formen eines schüleraktivierenden, adaptiven und offenen Unterrichts in Korrespondenz mit dem Schulraum und im Zeichen der Rhythmisierung
- Koordination der Rollen von Erzieherinnen und Erziehern, Lehrkräften und des weiteren Personals sowie Teamentwicklung
- Regeln für die Erziehung und die Steuerung des Schülerverhaltens im Ganztag

Teambildung: Die bisherige Praxis der Tagesheimschule bot einen guten Ausgangspunkt für die *Vertiefung der Zusammenarbeit* von Lehrkräften und Erzieherinnen und Erziehern. Die Mitglieder des Kollegiums und des Leitungsteams haben erkannt, dass der Erfolg einer voll gebundenen rhythmisierten Ganztagsschule in hohem Maße von *strukturell abgesicherter* Kooperation abhängig ist. Deshalb wurden für jeweils vier Klassen auf einer Etage des Schulgebäudes sog. „Etagenteams" gebildet, bestehend aus beiden Professionen. Nach dem Einzug der Schule in das neue Schulgebäude zum Schuljahr 2017/18 nahmen vier Teams ihre Arbeit auf.

Zusätzliche Expertise von außen: An einigen Wegmarken des Schulentwicklungsprozesses zeigte sich der Einbezug von Experten als unerlässlich. So benötigte die Schule z. B. Unterstützung bei der Entscheidung über das Equipment der Klassenräume und offenen Lernzonen, bei der Gestaltung von Lernwerkstätten und bei der Aufstellung von Kriterien für die Zusammenstellung der Teams.

Verfahrenssicherheit und Evaluation: Die Moderation der Arbeitsprozesse zielte darauf ab, eine hohe Motivation und Identifikation der Beteiligten mit den Ergebnissen *und* Prozessen zu entwickeln und aufrecht zu erhalten. Der Sinn der Vorgehensweise sollte allen Beteiligten ersichtlich sein. Deshalb wurde für *klare Arbeitsziele*, *transparente Verfahren* und *strikte Ergebnisorientierung* gesorgt. Es wurden immer wieder „Haltestellen" eingerichtet, um die Ergebnisse in das Kollegium zurückzuspiegeln und die Zufriedenheit mit den Arbeitsprozessen zu reflektieren. Durch diese evaluativen Zwischenschritte wurde es möglich, Nachjustierungen vorzunehmen.

4. Ausblick

Seit dem Einzug ins neue Schulgebäude lässt sich beobachten, wie eine Korrespondenz zwischen Raumangebot und pädagogischer Praxis entsteht. Dabei entwickeln sich in den einzelnen „Etagenteams" allmählich unterschiedliche Arbeits*kulturen* in Abhängigkeit von gemeinsamen Zielen. Gleichwohl steht das gesamte Kollegium in den nächsten Jahren vor der großen Aufgabe, die Öffnung des Unterrichts voranzubringen, Projekte und Konzepte für den neuen Ganztag zu erproben, Lernräume einzurichten und die systematische Zusammenarbeit zu stärken. Aus der christlichen Perspektive soll die positive Entwicklung des einzelnen Kindes begleitet und gefördert werden: Im Mittelpunkt stehen die Kinder mit ihren geistigen, körperlichen und sozial-emotionalen Fähigkeiten. Ziel ist es, dass sie nach erfolgreichem Schulabschluss fähig sind, sich in ihren Stärken bzw. Schwächen zu sehen und anzunehmen, im menschlichen Miteinander und sozialen Umgang zu bestehen und sich einer religiösen Dimension des menschlichen Daseins bewusst zu sein. Entsprechend zielt die ganztätige Förderung zukünftig besonders intensiv auf die drei Dimensionen der *Persönlichkeitsentfaltung*, der *sozialen Bildung und Erziehung* und der *religiösen Bildung und Erziehung* ab – analog zum „Pädagogischen Grundkonzept der Erzbischöflichen Schulen", das für die Schulen in Trägerschaft der Erzdiözese München und Freising erarbeitet wurde.

Die Erzbischöfliche Pater-Rupert-Mayer-Volksschule Pullach

Literatur

Vereinigung der Bayerischen Wirtschaft e. V. (vbw) (Hrsg.) (2013): Zwischenbilanz Ganztagsgrundschulen: Betreuung oder Rhythmisierung? Gutachten des Aktionsrats Bildung. Münster.

Dalin, P. (1999): Theorie und Praxis der Schulentwicklung. Berlin.

Staatsinstitut für Schulqualität und Bildungsforschung (Hrsg.) (2015): Bildungsbericht Bayern 2015. München.

Ganztagsschule als lernende Organisation – Fragenteil

Nennen und erläutern Sie die Instrumente des Qualitätsmanagements für Ganztagsschulen in Bayern.

Fragen – Reflexion – Concept Mapping

Skizzieren Sie ganztagsspezifische Handlungsfelder der Schulentwicklung.

Ganztagsschule als lernende Organisation – Reflexionsteil

Denken Sie noch einmal an die Inhalte des Kapitels. Vervollständigen Sie einen der folgenden Satzanfänge, indem Sie Ihre Gedanken dazu ausführen.

- „Eine Schlüsselerkenntnis für mich war…"
- „Die neue Perspektive für mich ist…"
- „Ich habe gelernt/verstanden, dass…"

_____

_____

_____

_____

_____

_____

Welche Auswirkungen hat das auf Ihr persönliches Rollenverständnis als Lehrerin bzw. Lehrer?

_____

_____

_____

_____

_____

_____

Fragen – Reflexion – Concept Mapping

Welche Anregungen/Ideen möchten Sie sich für Ihre spätere berufliche Praxis bewahren?

_____
_____
_____
_____
_____
_____
_____
_____

Worüber möchten Sie noch mehr erfahren?

_____
_____
_____
_____
_____
_____
_____
_____
_____
_____

Ganztagsschule als lernende Organisation – Concept Mapping

Stellen Sie Ihren jetzigen Kenntnisstand zum Themenkomplex mithilfe eines Schaubildes dar. Ergänzen Sie dieses mit Hinweisen und Symbolen, die Ihnen beim Lernen helfen und das Gelernte in Beziehung setzen.

Autorenspiegel

Derecik, Ahmet, Prof. Dr., 2004 Diplom (Sportwissenschaft), 2011 Promotion, derzeit Professor und Leiter des Arbeitsbereiches Sport und Gesellschaft an der Universität Osnabrück, Forschungsschwerpunkte: Schulraumgestaltung, Partizipation, sozialräumliche Aneignung und informelles Lernen in Ganztagsschulen.

Elting, Christian, 2013 1. Staatsexamen (Grundschullehramt), derzeit Wissenschaftlicher Mitarbeiter und Promovend am Lehrstuhl für Grundschulpädagogik und -didaktik I der Universität Erlangen-Nürnberg, Forschungsschwerpunkte: Ganztagsbildung, Heterogenität, Inklusion.

Gläser-Zikuda, Michaela, Prof. Dr., 1987-1995 Studium für das Lehramt an Grund- und Hauptschulen sowie der Erziehungswissenschaft und Pädagogischen Psychologie (Diplom), 1995-1997 Vorbereitungsdienst, 2000 Promotion, 2007 Habilitation, 2008-2014 Lehrstuhlinhaberin für Schulpädagogik an der Universität Jena, seit 2014 Lehrstuhlinhaberin für Schulpädagogik am Institut für Erziehungswissenschaft der Universität Erlangen-Nürnberg, Forschungsschwerpunkte: Unterrichtsforschung, Allgemeine und (Fach-)Didaktik, Emotionen in Schule und Hochschule, selbstreguliertes Lernen, qualitative Forschungsmethoden und Mixed Methods.

Haag, Ludwig, Prof. Dr., 1975-1982 Studium der Psychologie und Klassischen Philologie, 1991 Promotion, 1999 Habilitation in Psychologie, 2002 Erweiterte Habilitation in Schulpädagogik, Lehrstuhl für Schulpädagogik der Universität Bayreuth, Forschungsschwerpunkte: empirische Unterrichtsforschung zu den Themenfeldern individuelle Förderung, Umgang mit Heterogenität, Klassenführung, tutorielles Lernen, Hausaufgaben, Nachhilfeunterricht.

Haider, Michael, Dr., 2009 2. Staatsexamen (Grundschullehramt), 2008 Promotion, derzeit Akademischer Rat am Lehrstuhl für Pädagogik (Grundschulpädagogik) der Universität Regensburg, Forschungsschwerpunkte: Ganztagsbildung, Sachunterricht, Unterstützung von Lernprozessen, Medienpädagogik.

Hansen, Christina, Prof. Dr., Studium Psychologie und Bildungswissenschaften an der Universität Wien, Lehramt für die Sonderschule, 2007-2010 Professur für Inklusive Begabungsforschung, seit 2011 Lehrstuhlinhaberin für Grundschulpädagogik und -didaktik an der Universität Passau, Forschungsschwerpunkte: Diversität und Begabung, Bildung und Raum, Pädagogische Professionalisierung.

Autorenspiegel

Hartinger, Andreas, Prof. Dr., 1987-1992 Studium Lehramt an Grundschulen an der Universität Regensburg, 1995 Promotion, 1995-1998 Referendariat und Grundschullehrer, Professor für Grundschulpädagogik und Grundschuldidaktik an der Universität Augsburg, Forschungsschwerpunkte: Sachunterricht (u. a. frühes naturwissenschaftliches Lernen), Grundschulpädagogik (u. a. Interessenförderung, Jahrgangsmischung), Lehrerprofessionalität.

Hiebl, Petra, Dr., 1995-2003 Lehrerin an Grund- und Hauptschulen, 2003-2010 Dozentin des Referats Pädagogik und Didaktik der Grundschule an der Akademie für Lehrerfortbildung und Personalführung Dillingen, seit 2010 Akademische Rätin mit Forschungsaufgaben am Lehrstuhl für Grundschulpädagogik und Grundschuldidaktik der Katholischen Universität Eichstätt-Ingolstadt, Arbeits- und Forschungsschwerpunkte: Lehrerbildung, Schul- und Unterrichtsentwicklung, Pädagogische Kinderforschung.

Hofmann, Florian, Dr., 1998-2003 Studium für das Lehramt an Realschulen (Deutsch und Geschichte), 2003-2005 Vorbereitungsdienst, 2007-2008 Sondermaßnahme für das Lehramt an beruflichen Schulen, 2010-2017 wissenschaftlicher Mitarbeiter am Lehrstuhl für Schulpädagogik der Universität Erlangen-Nürnberg, 2016 Promotion, seit 2017 Akademischer Rat am Lehrstuhl für Schulpädagogik der Universität Erlangen-Nürnberg, Forschungsschwerpunkte: Förder- und Adaptionsdiagnostik (formative Leistungsmessungen), Selbsteinschätzungen, Feedback, Emotionen in Schule und Unterricht.

Hopf, Andrea, Dr., 2004-2009 Studium der Sozialwissenschaften, Psychologie und Erziehungswissenschaft an der Justus-Liebig-Universität Gießen, 2017 Promotion in Erziehungswissenschaften, derzeit Wissenschaftliche Mitarbeiterin an der Professur für Empirische Bildungsforschung der Justus-Liebig-Universität Gießen, Forschungsschwerpunkte: Hochschul- und Ganztagsschulforschung.

Inckemann, Elke, Prof. Dr., Studium Lehramt an Grundschulen, Lehrerin an Grundschulen in Oberbayern, 1997 Promotion, 2008 Habilitation, seit 2011 Professorin an der LMU München, Forschungsschwerpunkte: Schriftspracherwerbsdidaktik, Förderung von neu zugewanderten Kindern, Inklusion, Ganztagsschule.

Ivanova, Alina, 2005-2012 Diplomstudium der Pädagogik, Germanistik und Interkulturellen Kommunikation und Masterstudium Interkulturelle Bildung, Migration und Mehrsprachigkeit, derzeit wissenschaftliche Mitarbeiterin am Lehrstuhl für Schulpädagogik der LMU München, Forschungsschwerpunkte: pädagogische Professionalität in der Migrationsgesellschaft, kultur- und rassismuskritische Bildung, reflexionsorientierte Bildungsmethoden.

Autorenspiegel

Kiel, Ewald, Prof. Dr., 1979-1984 Studium für das Lehramt an Gymnasien in Göttingen, 1987-1988 Studium Applied Linguistics an der University of California in Los Angeles, 1988-1992 Promotion Germanistik, 1997-2000 Gymnasiallehrer in Herzberg, 1997 Habilitation in Erziehungswissenschaften, 2000-2004 Professor für Schulpädagogik an der Pädagogischen Hochschule Heidelberg, 2004-2018 Professor für Schulpädagogik an der LMU München, z. Zt. Direktor des Departments für Pädagogik und Rehabilitation, Arbeitsschwerpunkte: Lehrerprofessionsforschung, Inklusion und interkulturelle Schulentwicklung.

Kielblock, Stephan, wissenschaftlicher Mitarbeiter im Projekt Studie zur Entwicklung von Ganztagsschulen (StEG) am Institut für Erziehungswissenschaft der Justus-Liebig-Universität Gießen, Forschungsschwerpunkte: Professionalisierung pädagogisch Tätiger.

Konrad, Franz-Michael, Prof. Dr., 1973-1981 Zivildienst und Studium für das Lehramt an Gymnasien (Germanistik, Geschichte, Erziehungswissenschaft), anschließend Referendariat und Schuldienst, 1991 Promotion, 1997 Habilitation an der Universität Tübingen, seit 1998 Professor für Historische und Vergleichende Pädagogik an der Katholischen Universität Eichstätt-Ingolstadt, Forschungsschwerpunkte: Historische Bildungsforschung, Geschichte der Sozialpädagogik, Wilhelm von Humboldt, Methodenlehre.

Kopp, Bärbel, Prof. Dr., 1994 2. Staatsexamen (Grundschullehramt), seit 2010 Inhaberin des Lehrstuhls für Grundschulpädagogik und -didaktik I der Universität Erlangen-Nürnberg, Forschungsschwerpunkte: Ganztagsbildung, Heterogenität, Sachunterricht.

Krump, Sandra, Dr., Studium des Lehramts für Gymnasien (Katholische Religionslehre, Deutsch, Geschichte), Promotion in Germanistik, Referendariat und Lehrtätigkeit an Gymnasien in Bayern, Mitarbeiterin am Bayerischen Staatsministerium für Unterricht und Kultus, seit 2012 Leiterin des neu gegründeten Ressorts Bildung der Erzdiözese München und Freising (Kita, Religionsunterricht, Erzbischöfliche Schulen, Außerschulische Bildung).

Munser-Kiefer, Meike, Prof. Dr., 1994-1999 Studium Lehramt an Grundschulen, 1999-2004 Referendariat und Grundschullehrerin, 2011 Promotion, Professorin für Pädagogik (Grundschulpädagogik) an der Universität Regensburg. Forschungsschwerpunkte: Grundschulpädagogik (u. a. Ganztagsschulpädagogik, Jahrgangsmischung), Sachunterricht (u. a. Gesundheitsförderung), Schriftspracherwerb (u. a. Leseförderung), Lehrerprofessionalität.

Autorenspiegel

Rahm, Sibylle, Prof. Dr., Lehrstuhl für Schulpädagogik an der Otto-Friedrich-Universität Bamberg, Forschungsschwerpunkte: Schulentwicklung, Lehrerbildung.

Rank, Astrid, Prof. Dr., Studium für das Lehramt an Grundschulen, 2007 Promotion, 2011-2014 Professorin für Grundschulpädagogik in Landau (Pfalz), seit 2014 Inhaberin des Lehrstuhls für Grundschulpädagogik an der Universität Regensburg, Forschungsschwerpunkte: Sprache im Fachunterricht, Kompetenzentwicklung in Aus- und Fortbildung, Situiertes Lernen, Bildung für nachhaltige Entwicklung.

Reif, Barbara, Studium des Lehramts an Grundschulen (Deutsch, Katholische Religionslehre, Geographie, Kunst), Lehrerin an verschiedenen Grund- und einer Hauptschule in München, Rektorin.

Richter, Andrea, Prof. Dr., Professurvertretung für Pädagogik mit Schwerpunkt Vergleichende Bildungsforschung an der Universität Augsburg, Arbeitsschwerpunkte: Erziehungs- und Bildungsgeschichte (v. a. Reformpädagogik, Kulturpädagogik), Pädagogische Anthropologie (v. a. pädagogische Gestaltung des Raums, außerschulische Lernorte), Schulentwicklungsforschung (v. a. Didaktische Theorien, Lehr- und Lernmittelforschung).

Scharfenberg, Jonas, 2007-2013 Magister Artium und Studium für das Lehramt an Gymnasien, derzeit Promotion und Tätigkeit als wissenschaftlicher Assistent am Lehrstuhl für Schulpädagogik der LMU München, Forschungsschwerpunkte: Lehrerprofessionalität, Studien- und Berufswahl, Heterogenität und Interkulturalität.

Schönig, Wolfgang, Prof. Dr., Studium des Lehramts (Katholische Religionslehre, Kunst) und der Pädagogik (Diplom) in NRW, Lehrer an verschiedenen Schulen und Schulformen, 1989 Promotion, Lehr- und Forschungstätigkeit an mehreren Hochschulen (Tübingen, Ludwigsburg, Jena), 1998 Habilitation in Jena, seit 2000 Professor für Schulpädagogik an der Katholischen Universität Eichstätt-Ingolstadt, Arbeits- und Forschungsschwerpunkte: Schulentwicklung, Theorie des Schulraums und der Bildung, Inklusion, Evaluation und Schulqualität.

Schultheis, Klaudia, Prof. Dr., seit 1998 Professorin für Grundschulpädagogik und Grundschuldidaktik an der Katholischen Universität Eichstätt-Ingolstadt, Arbeits- und Forschungsschwerpunkte: Theorie der Erziehung unter Berücksichtigung der Leibdimension, Pädagogische Kinderforschung (Perspektive der Kinder auf Schule, Lernen und Erziehung), Internationalisierung der Lehrerausbildung, digitale Medien im Unterricht der Grundschule.

Autorenspiegel

Schüpbach, Marianne, Prof. Dr., Universität Bamberg, Lehrstuhlinhaberin für Grundschulpädagogik und -didaktik. Arbeitsschwerpunkte: Schulleistungsentwicklung sowie sozioemotionale Entwicklung der Schülerinnen und Schüler (Ganztagsschule, Klassenwiederholung), pädagogische Qualität von Ganztagsschule und Unterricht, Kooperation in Unterricht und Ganztagsschule.

Stecher, Ludwig, Prof. Dr., seit 2008 Professor für Empirische Bildungsforschung am Institut für Erziehungswissenschaft der Justus-Liebig-Universität Gießen, Studium der Sozialwissenschaften an der Universität Wuppertal, 2000-2007 Promotion und Habilitation in Erziehungswissenschaft an der Universität Siegen, Forschungsschwerpunkte: Bildungsprozesse im Bereich non-formaler Kontexte (Extended Education), Bildung im Lebenslauf, Bildung und soziale Ungleichheit, Kindheit, Jugend, Familie und Bildung, Ganztagsschulen.

Steinhäuser, Henry, Staatsexamen für das Lehramt an Gymnasien für die Fächer Deutsch und Englisch, derzeit Leiter des Referats für Ganztagsschulen am Staatsinstitut für Schulqualität und Bildungsforschung (ISB), Lehrauftrag an der Universität Augsburg, Arbeitsschwerpunkte: Qualitätssicherung, Lehrerbildung.

Syring, Marcus, Dr., 2005-2011 Studium für das Lehramt an Gymnasien, 2014 Promotion, derzeit Akademischer Rat auf Zeit am Lehrstuhl für Schulpädagogik der LMU München, Forschungsschwerpunkte: Lehrerprofessionalität, Schulentwicklung, Heterogenität.

Vogt, Beatrix, 2012-2017 Studium für das Lehramt an Grundschulen, 2012-2013 abgeschlossene Ausbildung zur Ganzheitlichen Ernährungsberaterin, Tätigkeitsbereiche: Ernährungsberatung, praktische Ernährungsbildung mit Kindern, Leitung Kinderkochkurse, Dozentin an der Volkshochschule.

Vollmer, Theresa, M. A., Studium der Pädagogik und Bildungswissenschaft, derzeit wissenschaftliche Mitarbeiterin / Doktorandin am Lehrstuhl Allgemeine Pädagogik an der Universität Bayreuth, Forschungsschwerpunkte: u. a. aktuelle Bildungskonzeptionen, Netzwerkforschung, Diversität.

Wisniewski, Benedikt, Dr., Staatlicher Schulpsychologe an der Schulberatungsstelle für die Oberpfalz und wissenschaftlicher Mitarbeiter an der Universität Augsburg, langjährige Tätigkeit als Lehrer und Seminarlehrer, Entwicklung eines Online-Systems für App-gestütztes Unterrichtsfeedback (www.feedbackschule.de).

Autorenspiegel

Zierer, Klaus, Prof. Dr., seit 2015 Ordinarius für Schulpädagogik an der Universität Augsburg, davor Professor für Erziehungswissenschaften mit Schwerpunkt Allgemeine Didaktik/Schulpädagogik an der Carl-von-Ossietzky-Universität Oldenburg, 1996-2001 Studium Lehramt an Grundschulen, 2003 Promotion an der LMU, 2004-2009 Grundschullehrer, 2009 Habilitation und Visiting Research Fellow am Department of Education der University of Oxford, seit 2010 Associate Research Fellow am ESRC Centre on Skills, Knowledge and Organisational Performance (SKOPE) der University of Oxford.

Zöller, Arnulf, Berufsschullehrer für die Fächer Chemie und Sozialkunde, bis März 2018 Leiter der Grundsatzabteilung und stellvertretender Direktor des Staatsinstituts für Schulpädagogik und Bildungsforschung (ISB), Arbeitsschwerpunkte: Qualitätsmanagement, Schulentwicklung.